・・Postmodern Media・・

ポストモダンのメディア論2.0

ハイブリッド化するメディア・産業・文化

水野 博介

学文社

はじめに

　本書は，2014年に上梓した『ポストモダンのメディア論』の改訂新版であるが，半分以上改訂したので，書名に『2.0』を付加した。

　前回の出版からわずか三年しかたっていないが，この三年間でメディアの状況は大きく変わったと感じる。また，今が「ポストモダン」であるという時代認識も，以前よりは多少増加してきたようにも感じる。ただ，学生たちに聞いてみると，「ポストモダン」という言葉自体をこの本で初めて知ったという学生が多く，他は，入試の国語の問題で知ったとか，社会科学関連の他の授業で聞いたという学生が散見される程度である。時代状況は大きく変わりつつあると思うが，それを「ポストモダン」と認識するか否かは意見が分かれる。

　筆者（水野）も，前回は，むしろ「ポストモダン」という「仮定」を措いて，思考実験をやってみるつもりで前著を書いたが，三年を経て，実際にポストモダンであるという認識が強まった。特に，アメリカにおけるトランプ大統領の出現で，ポストモダン期の「混乱」が見えた気がした。トランプ大統領の評価は別として，大統領選の過程でメディアやジャーナリズムの意義が問い直され，今や，価値観の大きな転換期であるという思いが強い。

　本書のキー概念になっている「ハイブリッド」は，特にインターネットが主流になるにつれ，いろいろなものを結びつけ，組み合わせる要になっている。メディアや産業の領域だけでなく，日本はもともと和洋折衷など，既成のものを組み合わせて新しいものを創り出すことが得意であるが，日本の漫画・アニメや音楽などが広く世界に知られるようになり，改めて日本文化のハイブリッド性が注目されつつある。

　そのことも含めて，この段階で改訂新版を出す意義はあると信じ，2016年末に，前著の改訂の試みに着手した。時間的な余裕はあまりなく，準備が十分ではなかったが，何とか一応の形にはなったかと思う。内容の出来については，大方の批評・批判に委ねたいと考える。

2017年3月　　　　　　　　　　　　　　　　　　　　　　　水野　博介

● 目　　次 ●

はじめに　i

第1部　序　　論

序　「モダン」と「ポストモダン」——————————— 3
　　① ポストモダンとは何か？　4
　　② ポストモダンの政治的・経済的背景　8
　　③ 「モダン」とは何だったのか？　14

第1章　「メディア」とは何か？————————————— 19
　　① 「メディア」の定義　19
　　② 「マスメディア」とは何か？　24
　　③ メディアにおける「ハイブリッド」　32

第2部　モダン期

第2章　「モダン」期の「ライフスタイル」と「文化」————— 41
　　① 「電化」による「モダン」な「ライフスタイル」の実現　41
　　② 「都市インフラ」と「消費文化」　52
　　③ 「都市的ライフスタイル」と「大衆文化」　～デパートや劇場の文化～　58

第 3 章 「モダンメディア」としての「映画」・「アニメ」・「放送」と
　　　　「大衆文化」——————————————————— 67
　　1 「映画」の誕生とその「影響力」　67
　　2 「アニメ」の誕生とその「影響力」　78
　　3 「放送」の始まりとその「影響力」　84

第 4 章 モダニティとモダン文化 ——————————————— 99
　　1 「モダン」期の人間観と社会　99
　　2 「モダン」期における大衆社会と視覚メディアの発展　103
　　3 大衆文化の繁栄〜日本と英語圏におけるポピュラー音楽〜
　　　　112

第 3 部　モダン期からポストモダン期へ

第 5 章 コンピュータの誕生とデジタル化の進展 ————————— 135
　　1 コンピュータの誕生〜メインフレーム・コンピュータとパ
　　　ーソナル・コンピュータ〜　135
　　2 コンピュータ・ネットワークの形成　〜パソコン通信から
　　　インターネットへ〜　142
　　3 デジタル化の進展　154

第 6 章 口コミからソーシャル・メディアへ ——————————— 163
　　1 「うわさ」から浮かび上がるパーソナル・ネットワーク　163
　　2 ソーシャル・メディアの歴史と機能　173
　　3 「バズメディア化」するソーシャル・メディア　187

第4部　ポストモダン期

第7章　ポストモダンの思想・人間像と社会像 ── 197
- 1 多元化・フラット化と主体・権威・体系・本物の喪失　197
- 2 ソーシャル空間の分類　206
- 3 ネット時代の集団的営為に関する著作権問題　212

第8章　ポストモダン期におけるメディアのハイブリッド化 ── 219
- 1 デジタル化と映画・テレビ・音楽・書籍の変容　219
- 2 モダン・メディアのハイブリッド的利用〜新聞とテレビ〜　231
- 3 メディアのハイブリッド化の先にあるもの　242

第9章　ポストモダン期の産業・ライフスタイル・文化のハイブリッド化 ── 251
- 1 産業とライフスタイルのハイブリッド化〜第4次産業革命とIoTへ〜　251
- 2 文化のハイブリッド化〜もはや"新しい"要素のない時代〜　256
- 3 音楽におけるハイブリッド化　262

おわりに　262
参照文献　269
事項索引　279
人名索引　287

第1部 序論

序
「モダン」と「ポストモダン」

　本書は，主として19世紀から現在までのメディア状況の目まぐるしい変化というものを，ただ「事実」として捉えてまとめるだけでなく，それを世界史的な大きな流れとして理解しようとするものである。つまり，メディア状況のこの大きな変化を「モダン」期から「ポストモダン」期への移行という歴史の流れから考察してみる，という思考実験的な内容である。

　「モダン」期は，西洋における，ルネサンス（一応，15世紀からと捉えておく）に始まる数世紀にわたる時代を指すが，ここではそのうち19世紀以降，20世紀の後半に至るまでの時期を特に「モダン期後期」と見なしている。日本は，この時期に，やはりモダン期を経過したと見なす。20世紀の後半からは，「ポストモダン」期に徐々に移行していると考える。この「ポストモダン」期は混沌とした時代であり，より新たな時代（ニューモダン？）への"過渡期"と見なしている。社会学者のなかには，現在をまだモダン期にあると考えて「後期近代」と見なしている者もいるが，ここでは，現状は明らかにもはや「モダン」とは言えない局面に至っていると考える。

　この序では，「モダン」期と「ポストモダン」期という歴史区分における特徴について，大枠を述べる。歴史的な時間順序としては「モダン」があって「ポストモダン」があるはずだが，現実の思索においては，むしろ「ポストモダン」について考えることから，遡って「モダン」とは何かが見えてくることが多い。それ故，この序では，「モダン」と「ポストモダン」とを時間を遡る形で記述する。

1 ポストモダンとは何か？

　あらかじめ述べておかなければならないのは,「ポストモダン」という考え方は"一枚岩"的な,きちんと整理された体系的な思考あるいは思想の集大成というわけではないということである。もし,そのように"一枚岩"的であれば,それは「モダン」に典型的であったはずの「大きな物語」にもなりうるし,そうなると,ポストモダンには大きな物語はないとする基本的な立場と矛盾してしまいかねない。であるから,ここでの「ポストモダン」の考え方は体系的なものの見方ではなく,せいぜい,ばらばらな考え方（個々の「小さな物語」）が集積した塊であり,「リゾーム」（塊茎）でしかないことにあらかじめ注意をしておく。

　また,モダンからポストモダンへの移行が"一挙に""一様に"進んだわけでもなく,さまざまな文化領域によって,また国や地域によっても,時間的なズレをもちながら移行してきたので,その意味でもポストモダンの様相はばらばらで,一見混沌としている。

◆ポスト・トゥルースの時代～「虚」と「実」のハイブリッド～

　もともとインターネット（以下,「ネット」と略すことがある）の情報は「玉石混交」だと言われてきた。とても貴重で真実を含む情報があると思えば,全く何の価値もない些末な情報も多数ある。かつては「マスメディア」が信頼を得ており,それは,人びとの行き先を教えてくれる「木鐸」でもあった。しかし,ネットの時代となり,多くの人びとがネットに依存することで,「虚」「実」ないまぜの状態に慣れてきたのであろうか？

　今や,何が真実かわからないという混沌とした時代になりつつあると言えよう。これまでは,「事実」を「検証」し深く掘り下げることで「真実」を手にすることができると思われてきたが,2016年のアメリカ大統領選挙を契機に,「ポスト・トゥルース」（真実を超越した）時代がやってきた。共和党のドナルド・トランプ候補（後に大統領に当選）の登場により,裏づけのある「事実」

を否定し，臆面もなく「もう一つの事実（オルタナティヴ・ファクト）」を措定することが行われるようになった（池田，2017，344頁）。また，ネットでは「フェイクニュース（嘘ニュース）」が堂々と流通し，信じられる。溢れる情報のなかで，なかなか真実を突き止めることができない。そのような状況下で，権力を握った陣営が，自らにとって都合の良い「真実」を指定し決定する。それは，ジョージ・オーウェルがかつてSF小説の『1984年』（原著：1949年）で描写した社会に酷似している。そこでは，独裁者の「ビッグ・ブラザー」の支配のもと，歴史的な事実を改竄する「真理省」が「真実」を決めていたのだ。

「真実」が不明確になってしまった状況は，言ってみれば，「本物」と「虚構」が不分明になった「シミュラークル」化とも言える。外観が本物らしければ，内実は問わないのだ。ポストモダニストであったボードリヤールは，『シミュラークルとシミュレーション』（原著：1981年）で，そのような状況を「シミュラークル」という言葉で言い表したのである。

◆「大きな物語」の終焉

ポストモダンの思想家と目されたジャン＝フランソワ・リオタール（仏）が述べて有名になったのが，「大きな物語」の"終焉"が「ポストモダン」のメルクマール（指標）であるということであった（リオタール，1998＝1986，8-9頁）。今日のポストモダン期には，世界的に，モダン期にあったところの，人びとを鼓舞し駆り立てるような「大きな物語」（希望やゴール）はなくなり，そのような物語の実現を目指す運動や体制などはもはや期待できず，存在もしない。それこそが，「ポストモダン」の特徴という。もちろん，これはもっぱら先進国での話であり，例えば，2011年に起きたチュニジアでの「ジャスミン革命」をはじめとする，さまざまな革命的な動きのように，現在でも「モダン」の段階にとどまっている国々は多い（ただし，これらの国でも，メディアの面からすると，ソーシャル・メディアの利用などは先進的であり，一見，ポストモダン的ではある）。現在の先進国でも「デモ」は起きているし，一定の政治的な影響力をもつことはある（日本でも，一時期，若者の自発的デモ集団「シールズ

(SEALDs)」が話題を呼んだり,「ヘイトスピーチ」が問題になった）が,一般的には,その本質はすっかり変質したかのようであり,イベントやパレードあるいは「フラッシュ・モブ」のようなパフォーマンス的なものが主流になりつつある。

　現代日本の歴史を振り返ってみると,太平洋戦争における敗北後,主にアメリカ合衆国の後押しによって,戦前の天皇制国家の下での抑圧状態から,極めて"理想主義的"な日本国憲法の制定以後,「平和主義」を標榜する「民主主義国家」の方向へと大きく舵を切り,1960年の安保闘争（日米安全保障条約改定阻止運動の失敗）以後は,事実上,国をあげて「経済至上主義」を掲げ,奇跡的な高度経済成長を成し遂げた。具体的には,安保闘争時の岸信介首相が退陣した後,首相の座に就いた池田隼人は「所得倍増計画」を打ち出し,高度経済成長を実現して,1970年代に日本は世界第二の経済大国となった（現在は,GDPで中国に抜かれ,日本は世界第三位である）。

　世界史的には,第二次世界大戦後に,アメリカ合衆国（以下では「アメリカ」と略記）とソビエト連邦共和国（以下では「ソ連」と略記）という大国をそれぞれ中心とする資本主義（自由主義）陣営と社会主義（共産主義）陣営が対立する東西の「冷戦体制」が続いたが,1989（平成元）年のベルリンの壁の崩壊が象徴するように,1990年前後には,社会主義陣営は事実上の終焉を迎え,東西対立とそれにもとづく「冷戦体制」は終わりを告げた。つまり,社会主義（あるいは共産主義）のような,「イデオロギー」という"大きな物語"は終わり,それを目指す運動も体制もほぼなくなってしまったのである。

　日本では,1980年代のバブル経済が破綻してしまった1990年代以降,「大きな目標」をもつことができず,経済的にはデフレスパイラルを脱出できないまま21世紀に突入し,12年連続3万人を超えた自殺者や,同じく毎年3万人を超えるとされる,"孤独死"（看取る人もないままに亡くなり,発見が遅れる）や"無縁死"（亡くなった後,遺体の引き取り手がいない）の中高年者があふれている（NHK「無縁社会プロジェクト」取材班,2010）。高齢化と並んで進行する少子化についても,適切な対策を打てないままに,事態は推移している。安倍晋三首

相のもとでの経済政策「アベノミクス」によって，一部の国民（富裕層）は恩恵を受けているとしても，社会や国家が目標とすべき「大きな物語」もなく，まさに「ポストモダン」的様相を呈している。

◆混沌〜一元性・一方向性・体系性の欠如〜

　ポストモダン期においては，モダン期に特徴的だったと思われる「一元性」も「一方向性」も「体系性」もなくなってしまう。それが，「大きな物語」の喪失の実態とも言えるかもしれない。その結果，一見"混沌"のように思われる状況が生じる。「ポストモダン」的動向を嫌う人びとの理由の一つはこれであろう。しかしながら，モダン期の「一元性」や「一方向性」や「体系性」自体が，ある意味，"無理"な要請であり，言ってみれば"非人間的"な要請だったとも言える。もちろん，そのような無理な要請に応えようとして，体系的な科学や思想が発達し，官僚制などの合理的な制度が発達してきたという，プラス面もあったとも言えよう。

　今後も，科学や効率性は進展を続けるであろう。しかしながら，巨視的には，モダン期を動機づけた大きな「進化」や「進歩」がもはや望めなかったり，鈍化する傾向にはあるだろう。一つの方向を目指して鋭意努力してきたが，もうそろそろ見直してもよいだろうという地点に近づいてきているとも見える。その象徴の一つが「エネルギー問題」である。モダン期において，これまで専ら化石燃料に頼って文明を築いてきたが，遅かれ早かれ限界に達する。CO_2排出の問題もある。シェールガスやメタンハイドレートなどの新たな埋蔵エネルギー源も発見されたが，それでも，いずれは「再生可能な自然エネルギー」に全面的に移行する必要が出てくる。将来的には，植物を原料とする飛行機燃料なども開発されるであろうが，すでにモダンの行き方（モダニティ）自体は見直しに入っている。

　ただし，2013年9月に招致が決まった「2020年開催の東京オリンピック」のような，モダン期の遺産とも言える巨大イベントによって，一時的には「大きな物語」の幻想をふりまくこともできるし，ポストモダン期にも，"揺り戻し"

があると言うべきであろう。

◆ハイブリッド文化の醸成

　ポストモダン期の一見したところの混沌が，何も建設的な文化をもたらさないかと言えば，そんなことはない。より「多元的」「双方向的」「複眼的」な，本来の多面的で"人間的"な文化が生み出される。「進化」や「進歩」はなおもあるけれど，モダン期のように一方向的な進化が目指されるのではなく，過去のすぐれたものの見直しや活用（言わば新たな「ルネサンス」！）がなされるであろう（人類の遺産はすでにたくさんある）。進化や進歩といっても「改良」や「延長」が主であり，本質的・実質的な意味で"新しい"文化はもはやなかなか生み出されないかもしれないが，さまざまな要素（や属性）の新しい「組合せ」による文化は，やはり生み出されていくであろう。なぜなら，モダン期のように，一元的な要素における「二項対立」が起きるのではなく，多元的な要素のそれぞれが生かされるからである。言わば"折衷的"な「ハイブリッド文化」が生じるであろう。その前提の一つとなる「ポストモダン・メディア」としては，基本的に「インターネット」とつながるものになるであろう。あらゆるものがインターネットにつながることで，既成のマスメディアも否応なく変化していくと考えられるし，さまざまな要素の組合せによる文化の「ハイブリッド化」が生じていくであろう。その具体的な様相は，第8章や第9章でみることにする。

2　ポストモダンの政治的・経済的背景

　モダン期もポストモダン期も，その経済基盤が「資本主義経済」であることに違いはない。ただ，モダン期後期には，第二次世界大戦終結以降の「冷戦」状況という政治的背景があり，資本主義（自由主義）陣営と社会主義（共産主義）陣営との対立が，テクノロジーやメディアのあり方にも影響していた。それは，例えば，宇宙開発やコンピュータ開発，あるいはマスメディアのあり方に反映していた。また，1968（昭和43）年〜69（昭和44）年の世界的な学園闘争

（大学紛争）は，このような政治的・文化的状況と無関係ではない。1970年代くらいからは，脱工業社会化（情報社会化）に伴う資本主義の高度化が見られ，文化的にも「ポストモダン」期に移行し始めたとも見える（例えば，アメリカ文学）が，より明確には，1989（平成元）年のベルリンの壁の崩壊に象徴される冷戦終結によって，資本主義の一層の世界的浸透が起き，1990年代の半ばにはインターネットの開放もあって，資本主義の情報化・高度化が進み，本格的な「ポストモダン」期に入ったとも言えよう。

◆ポストモダン期における経済の停滞とメディア利用の増加

ポストモダン期において，経済や社会はどのようになるのだろうか？ 明確な方向性のあったモダン期とは異なり，ポストモダンは"混沌"がその特徴となろう。その具体的な現れが，日本においては，2009（平成21）年の「政権交代」とその後の3年間にわたる政治的混乱だったかもしれない。ただ，残念なことに，この政権交代はほとんど何も目立った成果をもたらすことなく，かつて長期政権を誇った自民党を中心とする政権に戻ってしまった。さらに，2013（平成25）年9月には，2020年度の夏季オリンピックの開催地が「東京」に決まり，2027年の「リニア新幹線」開通が決まった。このように，しばらくはモダン期の「経済成長」や「バブル」の夢よもう一度，という動きも強まろう。しかし，ポストモダンにおける"混沌"という基本は変わりないのではないだろうか。

日本において典型であるが，かつてのような"右肩上がり"と言われる「経済の成長」はもはやそれほど見込めない。アメリカでもそうだが，経済を実質的に支えてきた「中間層（中流層）」が薄くなり，一部の富裕層を除いて，多くの人びとは経済的な階層を降り始めている。その結果，上下の「格差」は拡大している。しかしながら，経済的に低い層のなかだけを見れば，同じような人びとが増えているとも言えるので，視野を狭くして見れば，同じ層のなかでは「フラット」だとも言える。つまり，自分をどこに位置づけ，自分を誰と比較するかによって，社会の見え方は違ってくる。

具体的に，日本においては，年金を主な収入源とする高齢者（貯蓄や持ち家はあることが多い）と若年の低所得者（親元での同居＝パラサイトが多い）が大きな層を成す。これらの人びとは，かつての中間層のように，頻繁に海外旅行をしたり，自動車を買ったりはそれほどしないとされる。しかし，全体としてはつつましい生活のなかで，発達したメディアを上手に使って，それなりに楽しく過ごす。不確実な未来に希望を託すよりは，「今」を刹那的に楽しむ方が主流になっている。このようなあり方に対して「夢」がないという見方もあるが，モダン期とは異なる「新しい生き方」への模索が始まっているとも言える。そのような人びとが増えている現在，かつてメディアの王様であった「テレビ」を見る時間は全体としては減っているかもしれないが，多様な「メディア」を使う時間全体は増えているのではないだろうか。願わくば，それが単なる「消費」ではなく，何らかの意味で「生産」的な活用であってほしい。

◆「テクノロジー」の発展と「高度情報社会化」

モダン期後期の「冷戦」状況は，米ソの核兵器開発，特に「水爆開発」が大きなきっかけをつくっている。この水爆開発には，ENIACのような本格的な「デジタル・コンピュータ」が利用されたし，少なくともアメリカにおけるコンピュータの開発・発展には，この「冷戦」状況が大きく関わっており，「インターネット」の誕生もこのことと無関係ではない（第5章1節参照のこと）。

デジタル・コンピュータに先行して誕生した，さまざまな「通信メディア」や「マスメディア」などの「テクノロジー」は，モダン期に大いに発展し，今日の「情報社会」を実現してきたと言える。その後，デジタル技術は「マスメディア」にも応用され，1980年代後半には「ニューメディア」ブームも起きた。さらに，1990年代以降は，既成の「通信メディア」や「マスメディア」と，急速に普及した「インターネット」とが融合し始めるなど，ポストモダン期に入って，メディアはその姿を大きく変えるに至った。その結果は，情報社会も"高度化"したと言えるが，むしろわざわざ「高度情報社会」と言うまでもなく，コンピュータが生活のすみずみに入り込む"ユビキタス（遍在）"な

状況になり，その存在があたりまえ過ぎて，逆に，コンピュータの存在が目立たない状況が生じるようになった。

さらに，今後のIoT（Internet of Things）の普及・進展によって，社会全体でのコンピュータのユビキタス化が進むと思われる。

◆「差異」のゲームとしての消費文化とかわいい文化・おたく文化

冷戦終結近くの1980年代における日本の社会状況は，都会を中心にまさに「消費社会」そのものであり，1990年代にかけて経済のバブル化も生じた。1970年代以前の「大衆社会」的状況が，"画一的"なものの大量生産・大量消費の様相を示しており，「文化」においても同様な様相を示していたのに対して，物質的には十分"豊か"になった「消費社会」では，"記号的"な「差異」によって「商品」や「文化」が消費されるようになった（本上, 2007, 23頁）。モダン期後期の「文化」としては，文学や音楽のような，いわゆる「ポピュラーカルチャー」がもてはやされてきたが，次第に，マイナー（アンダーグラウンド）な文化であった「サブカルチャー」（日本では，文字通りに下位文化と言うよりも，若者を中心としたマンガ・アニメ・コスプレ・ゲーム等のマイナーな文化領域を指す）が"商品化"にも大いに利用されるようになる（同書, 24頁）。また，これとある程度相関して，「消費文化の中心的担い手」が中高生へと低年齢化していく（同書, 28頁）。日本では，大人にならない"未成熟"な文化が主要なものとなっていき，「"かわいい"文化」や「おたく文化」がもてはやされるに至る。これらの文化は，かつては，日本文化に特有な「ガラパゴス化」と見えた（ただし，以前はこの言葉は使われていなかった）が，近年のインターネットの発展ともあいまって，世界的にある程度の広がりを見せ，今や日本を代表する文化ともなっている（例えば，ネットを通じて世界的に人気となっているシンガーの「きゃりーぱみゅぱみゅ」は，日本の"かわいい"文化の代表である）。最近では，地方においても，「ゆるキャラ」や「ご当地アイドル」「ご当地ヒーロー」などの派生物を生み出しつつある。ただ，消費文化の面で後発の韓国は，より戦略的に文化を売り（例えば，韓流ドラマやK-Pop），それと同時にモ

ノを売るという形で，世界的に存在感を示すようになっている。

◆資本主義の世界的浸透とグローバリゼーション

　モダン期後期の冷戦期は，アメリカなどの資本主義陣営とソ連などの社会主義陣営が，それぞれ自陣営の優れた面を宣伝・PRし合った時代であった。実際に，宇宙開発や軍事面などでは，ソ連がアメリカをリードしていた。しかしながら，民衆の生活面では，ソ連では日常的な「物不足」で，配給を求める行列が絶えず，必ずしも豊かとは言えないところがあった。それに対して，アメリカでは物質的には世界一の豊かさを享受していた。ただ，冷戦期には，ベトナム戦争（1965-1975）が典型であるが，資本主義陣営と社会主義陣営との代理戦争が長期化し，欧米や日本では，若者を中心に厭戦気分が蔓延し，その他の社会問題もあいまって，政治的な不満や反抗の表出が盛んに見られた。その象徴的な出来事が，パリの大学に始まる1968～69年の学園闘争（大学紛争）の世界的広がりであった。この冷戦体制は1980年代いっぱいまで続くが，社会主義陣営のなかでも，社会体制の閉塞感や経済の行き詰まりから資本主義や自由主義的な政策を部分的に取り入れることが起きるようになる。

　1990年代に入って，ソビエト連邦共和国の完全な消滅（ロシア共和国等の諸国に分裂）により，唯一の「超大国」となったアメリカ合衆国は，「世界の警察」として，湾岸戦争への介入などを行った。そのようなアメリカの一人勝ちと，資本主義の世界的浸透や経済のグローバリゼーションという状況に対抗して，イスラム陣営や中国などの新たな対抗勢力も現れてきている。その象徴的な出来事が，2001（平成13）年9月11日のニューヨークにおけるイスラム勢力による同時多発テロである。このように，モダン期の二項対立的な状況から，今日のポストモダン期における混沌とした多元的で複雑な政治状況に至っている。

◆資本主義の曲がり角

　現代の資本主義は行き詰まりを見せている。もはや大きな「経済成長」は望めないし，「モノづくり（製造業）」は経済の中心ではもはやない。まさにポス

トモダン的状況であるが，近年，グローバル経済も先行きは不透明になってきた（「保護貿易主義」や「自国第一主義（アメリカファーストなど）」の拡大傾向）。

なぜこのようなことが起きているかと言えば，一つには，これまでの資本主義的発展によって，人びとのモノ（商品）の所有がどんどん増えていったことがあげられる。特に，現代（この50年間）のような「ハイパー消費の時代」（ボッツマン＆ロジャース，2010）になると，個人の所有物はたいへんな量となっているが，それらの多くはあまり使われていないし，ほとんど使わずに死蔵されていることも珍しくない。しかしながら，いろいろなモノを「私有（専有）」できることは，それ自体，「豊かさ」を実感できるので，人びとはそれらを簡単に手放そうとはしない（例えば，車やブランド品）。また，いったん手放すと，次に必要になったときに（いつか必要になるかどうかは，実はわからないのだが）困るのではないかという心理も働く。

企業の側も，モノを作り続け，消費者に買ってもらわないと利益を得ることができないと考え，生産を続けている。以上の結果として，世の中に「余剰なモノ」があふれ，資源やエネルギーの「ムダ」が大きく，「環境への負荷」が過大になっている。

◆中間層の減少と新たな価値観

かつては厚みのあった「中間層」が今や没落し，経済階層の上下の幅が増加している。言い換えれば，全体的に「両極化」している。つまり，貧富の「格差」が拡大している。これは，アメリカで特に突出している現象だが，日本でも起きつつある。日本でも，相対的な「貧困層」が拡大し，今や6人に1人の子どもは「貧困」状態にあるという。日本の実態は，かつてのような「一億総中流」の国ではもはやなくなり，「富裕層」はますます豊かになり，「貧困層」はますます貧しくなっている。ただし，それは，現実の所得の問題であるのだが，意識の上では，日本人の約9割は依然として「中流」だと感じているようだ（内閣府世論調査）。おそらくは，所得水準が国民全体で徐々に下がってきたので，周囲と比較しても自分が特に貧しいとは感じられないのだろう。

一般に，中間層が減少すると，全体として，消費は低下する。モノがたくさん売れることは，もはやない。「デフレ」脱却を掲げた「アベノミクス」の効果も限定的であった。トマ・ピケティ（2014=2013）が指摘したように，長期的に見ても，資本主義の下で時代が下るにつれて貧富の格差が大きくなっており，その分，中間層は厚みを減らしてきている。格差を是正するためには，税制などによって「所得の再配分」を図らないといけない状況なのである。

　しかしながら，日本では，国民の「満足度」は低下してはいない。特に若者は，物質的な欲望は低いとされる。自動車を所有したり，ブランド品を買いたい，海外旅行をしたいというような欲求はあまり高くないと言われる。むしろ，ささやかな幸せを求め，それで自足している傾向があるのだ。政府は，やっきになって「経済成長」を高めようとするが，国民は必ずしも，そんなことを求めてはいないとも言える。「ゼロ成長」に適合した，新たな「価値観」を多くの国民はもち始めているのかもしれない。

3　「モダン」とは何だったのか？

　モダン期においても，モダニティへの批判がなかったわけではない。例えば，マックス・ヴェーバーの文献を精読することによって，ヴェーバーもモダニティを称揚していたわけでなかったことが明確にされている（姜尚中，2003）。モダニティの"行き詰まり"が予見されていたとも言えよう。ただ，今日もモダン期が続いている，という見方も根強い。特にそれは，政治や経済の構造面でそうである（一方，文化面ではポストモダン期への移行が見られるとする見方が強いと言えよう）。では，その「モダン」とはいったい何だったのだろう？

◆「大きな物語」

　1節でも述べたが，「大きな物語」というのは，フランスのジャン＝フランソワ・リオタールというポストモダン思想家の言葉である。彼は，「ポストモダン」期には，それまであった「メタ物語」あるいは「大きな物語」というものがなくなってしまう，ということを述べている。逆に言えば，「〈メタ物語〉

こそ，近代をしるしづけたものだった」（リオタール，1998＝1986，38頁）と言えるわけである。それは，ルネ・デカルト以来の「解放理念」によって規定されたものだったと言える（同書，47-48頁）。具体的には，「キリスト教的物語」「啓蒙主義の物語」「思弁的な物語」「マルクス主義的物語」および「資本主義的物語」を挙げている（同）。これらはいずれも，極めて西洋的な価値観から派生した物語だと言えるだろう。

このなかでは，例えばマルクス主義的物語については，「労働の社会化による搾取・疎外からの解放」を目指すものであり，「資本主義的物語」については，「テクノ＝インダストリアルな発展を通じての貧困からの解放」を目指していたとされる（同）。そして，これらの物語はいずれも，その所与の条件を「普遍的な自由，人類全体の自己実現と名乗るものを目的としてもつような，ひとつの歴史の中に位置づけようとしている」（同書，49頁）点で共通している。

つまり，「モダン」期とは，大きな政治的目標あるいは社会の大きな方向性があった時代だったと言えよう。特に，19世紀中葉から，20世紀の1950年代ないしは60年代くらいまでの，およそ100年ほどの間における国民国家あるいは大衆社会の時代は，モダン期のピークに達した時期と言ってもいいかもしれない。19世紀には，多くの国で「産業革命」が成し遂げられ（イギリスではこの時期よりもっと早い18世紀後半である），20世紀にも科学や技術が急速に進歩し，そのような「科学技術」への「信仰」とも言えるような気運があった。科学や技術の進歩によって，人びとの暮らしや社会は良くなるものと考えられた（このような「進化」への信仰については，ウォルター・リップマンが1922年の著書『世論』で，つとに指摘している〔リップマン，1987＝1922，（上）145頁〕）。「資本主義」による「労働の搾取」に対しては，人間を"解放"するという「マルクス主義」（社会主義の一つ）の描く物語にもとづいて，20世紀の初頭から中葉にかけては「社会主義革命」が成功し，ソビエト連邦共和国（ソ連），中華人民共和国（中国）あるいはキューバ共和国などの「社会主義国（共産国）」がいくつも誕生した。革命によって社会主義国にはならなくても，フランスや日本などで

は「マルクス主義」は有力な社会思想であって、政治や社会運動をリードした。

　平たく言えば、「モダン」期には、例えば「科学技術の進歩への信仰」や「マルクス主義」のような「大きな物語」が存在していて、それを目標に、社会の改革や革命さえも起きたのである。しかしながら、「科学技術の進歩への信仰」は、1960年代末の「人類による月面征服」（当時、月面着陸をそのように呼んだ）を達成して以降は、宇宙開発のための膨大な国家予算への批判が強まり、そのような信仰も次第に色あせていく。20世紀の大部分において大きな「物語」として、その力を発揮した「社会主義」あるいは「マルクス主義」も、1980年代末の冷戦終焉以降のロシア・東欧における社会主義諸国家の解体に伴って、その現実変革の力を失っていく。中国も、「社会主義」の看板を依然としてはずしてはいないが、実質的に「資本主義」の道を歩んでおり、ベトナム社会主義共和国についても同様である。

　日本においては、第二次世界大戦前は「社会主義」や「マルクス主義」などを標榜することは"非合法"であったのが、戦後は"合法化"され、その「イデオロギー」の力は大きかったと言われる。日本社会党や日本共産党などの革新政党（と当時呼ばれた）は、国政においてはほぼ"万年野党"ではあったが、日本の政治に対して長期にわたって一定の影響力を保持し、「革新自治体」の首長が各地に出現したこともあり、「保守政治」や「資本主義」の行き過ぎに歯止めをかける役割を演じた。また、日本の経済学や社会学などにも大きな影響力をもっていた。しかしながら、やはり冷戦終結後、ソ連がなくなり、社会主義諸国が事実上の"転向"を成し遂げてしまってからは、そのようなイデオロギーの意義が失われてしまった。日本社会党は「社会民主党」に模様替えしたが衰退しつつあり、日本共産党は"純粋野党"としてその存在感を示すのみである（ただ、ヨーロッパでは、社会民主主義が依然強いとされる）。

◆モダンあるいは超モダン国家「アメリカ」

　19世紀後半から20世紀の前半を過ぎる頃までは、アメリカこそが"モダン"な政治経済を背景に、"モダン"な文化を発展させた国であった。しかし、現

在のアメリカは，むしろ「超モダン＝ポストモダンな国家」と言えるかもしれない。

「モダン」期のピークは20世紀初頭から1970年代くらいまでの期間であったが，ちょうど「アメリカ」が台頭し，その後，後発の「ソビエト連邦」と「冷戦関係」にあった時期を含んでいる。そのうち，20世紀初頭におけるアメリカでは，工業化が進展し，世界一の工業国となった。さまざまな工業製品が家庭にも入り，"モダン"で"豊か"な「消費的ライフスタイル」が国民に浸透していった。資本主義は一層発展し，メディア（通信メディアやマスメディア）も進化・普及し，ハリウッド映画だけでなく，ジャズやロックをはじめとして，若者を中心とするポピュラー文化の面でも世界をリードするようになった。

そのように「モダン文化」を享受してきたアメリカだからこそ，モダンの終焉と「ポストモダン」についての意識も強かったと思われる。すでに1930～1960年代から，歴史学や建築あるいは文学を中心として「ポストモダン」について語られるようになっていった（麻生，2011，13頁）。

◆モダン期日本の経済と文化

日本は，欧米の先進国にわずかに遅れて「近代化」の道を歩み始めた。日本の近代化は，明治維新以降の「殖産興業」や「富国強兵」のスローガンに示されているように，欧米先進国の進んだ技術や文化を取り入れ，19世紀末（明治20～30年代）には「産業革命」を実現した。しかしながら，第二次世界大戦の敗戦まではむしろ農業国であり，真に「工業」が盛んになるのは戦後の「高度経済成長期」（1955〔昭和30〕年～1973〔昭和48〕年）からであり，自動車や家庭電化製品などの優れた工業製品を大量に海外に輸出し，「貿易立国」を謳うようになる。

文化面では，明治期以降，欧米先進国の優れた文化を積極的に取り入れるという政策をとり，美術や学術の分野では比較的早く成果が得られた。これは，江戸期に日本画の伝統や西洋的な学問面での基盤がすでにあり，優れた人材がいたからである。しかしながら，西洋音楽の導入は小学校教育では成果がなか

なか出なかったと言えよう。

　19世紀末から20世紀の初め，つまり明治期後半から大正時代に始まる「映画」や「アニメーション」（当時は「漫画映画」と呼んだ）あるいは「ジャズ」などの欧米の新しい大衆文化は，戦前の日本においてもかなり普及し定着を見ていたし，一部は中国・満州にも活動が及んでいた。それ故，第二次世界大戦後の「邦画」や「アニメ」の世界的な隆盛や「和製ポップス」あるいは「フォーク」から「Ｊポップ」に至るポピュラー音楽の普及の基盤は戦前にできていたと言えよう（しばしば，戦後のアメリカ文化の流入に，それらの隆盛が帰されることがあるが，全くの誤解である）。

　日本のモダン期は，表面的な制度や構造面では欧米先進国のそれを受け容れた。確かに，特に精神面・心理面では日本独特の屈折した受け容れ方があったであろう（例えば，夏目漱石の『私の個人主義』1978年）。しかし，大きな流れ（や方針・方向）としては，欧米先進国と基本的には変わらなかったと思われる。本書では，そのような大きな流れのなかでのモダン期やポストモダン期におけるメディアや文化のあり方を中心に見ていく。

第1章
「メディア」とは何か？

　「メディア（media）」という言葉は，特に21世紀に入ってからは，日常的に用いられる普通の言葉になった。もともとは「ミーディアム（medium）」という言葉の複数形であるが，現在では単複にこだわらずに使われることが多い。medium は，英和辞書によれば，「中間」「媒介」あるいは「手段」のような意味をもつ。しかし，本書では，もう少し厳密に定義しておきたい。このような原理的な考察は，通例あまりなされていない。

■ 1 「メディア」の定義

　「メディア」とは，至極簡単に言えば，「情報を運搬する手段」である。日常生活で使うには，この程度の理解で十分であろう。具体的には，新聞やテレビ，電話やスマートフォン（スマホ）などが，その例となろう。この場合，「情報」とは，それまでになかった新しい「知らせ」と同義で，記事や番組あるいは通話内容などが例となる。

　しかしながら，学術的には，もう少し厳密な理解（捉え方）の仕方が必要になる。また，そのやり方は一様ではない。多様な捉え方がありうるが，ここでは4通りの捉え方を紹介する。ただ，結果的に同じような説明になる部分も多いかもしれないが，同じメディアを捉えるわけであるから，当然であろう。

(1)　「記号乗り物」としての「メディア」

　「メディア」についての基礎的な考察を行うことのある記号論においては，もっとも基本的な「記号（サイン sign，シーニュ signe）」が存在するには，何らかの物理的な支持体が必要である。それが「メディア」であるが，記号を運

ぶ（伝える）ものであるから「記号乗り物（sign vehicle）」とも言う。実際には，1個の記号だけを扱うことはむしろ少ない。たいていは，いくつかの記号の組み合わせである「メッセージ（message）」を運ぶ（伝える）ものである。

具体的には，例えば，「話し言葉」は言葉という記号から成るメッセージであるが，それを語るのは人間自身であり，したがって「人間」は「メディア」ということになる。同時に言葉を伝える「音波（空気の振動）」あるいは「空気」それ自体も「メディア」である。また，「黒板（あるいは白板）」は，その上に「文字」や「数字」や「図形」などといった「記号」あるいは「メッセージ」が書かれる。言い換えれば，黒板（白板）がそれらの記号やメッセージを物理的に支えている。故に，「黒板（白板）」は「メディア」である。その他，「紙」や「電波」も，言葉や数字や映像などを物理的に支えたり，伝えたりしているので，「メディア」と呼べるのである。

記号やメッセージの物理的支持体という意味での「メディア」の範囲は，時代が下るにつれて，どんどん増えていく。例えば，映像という記号あるいはメッセージの「記号乗り物」としては，映像のひとまとまりである「映画」作品や「テレビ」番組は「メディア」であり，そこに提示されるメッセージは観客によって感じられ，読み取られ，解釈される。同時に，映画館の「スクリーン」や，テレビやパソコンなどの「ディスプレイ」あるいは「モニター画面」も「メディア」と呼びうる。近年における「携帯電話（ケータイ）」や「スマートフォン（スマホ）」などの「モバイル端末」も全体として，あるいは「液晶画面」が「メディア」になる。近未来には，折り曲げ可能な「有機EL（エレクトロ・ルミネッセンス）」が広く使われるだろう。

ただ，このメディアの捉え方は，人間との接触面である「インターフェイス（interface）」にのみ焦点を合わせた偏った理解の仕方である。

(2)「情報システム」あるいは「ネットワーク」としての「メディア」

(1)の説明は，「インターフェイス」という可視的な部分を捉えており，わかりやすいが，正確に言うと足りないところがある。例えば「映画」は，実際に

は，単にスクリーンやディスプレイのような「インターフェイス」があるだけでは，情報を伝えることはできない。「映画」の場合，通例は，「企画」→「撮影」→「配給」→「上映（鑑賞）」という一連のプロセスを経なければ，映画作品を製作し，それを見てもらうことはできない。このように，「映画」には，これらのプロセスに大勢の人びとが関わることが必要であり，全体的な「製作―上映システム」を構成しなければ，映画を製作して見てもらうところまでには至らない。その他の「マスメディア」についても，「情報システム」化されなければ，実際には受け手が利用するには至らない。

「情報システム」が一連のプロセスから成り立っている場合，プロセスの最初の段階で，システムに何らかの情報の「インプット」が投じられ，それらが加工・編集され，変容されたものが，最終的にシステムの「アウトプット」として排出される。

一般に「システム」には，単独システムと複合システムがある。後者は，異質なシステム同士が接合あるいは融合してできる。マン＝マシーン・システムや車のハイブリッド・システムのような例がある。「インターネット」は，複合的なシステムであり，一連のプロセスというよりは，プロトコル（通信手続き）の共有などで，さまざまな異質の情報通信システム（ネットワーク）間の壁を乗り越えて広くつながった「ネットワークのネットワーク」である。そのなかを情報が行き来する。

「インターネット」以前の情報通信システムは，コモンキャリア（インフラ）である「電話線」を除けば，各企業が単独で設けていた。他の企業のシステムとは互換性がなく，統合は難しかった。現「みずほ銀行」が，三つの銀行の合併で2002年に設立されたとき，行内の情報システムの統合がうまくいかず，トラブル続きだった。

◆モダンの"集中"システムからポストモダンの"分散"システムへ

従来のモダン・システムは，体系的（論理的）で中心を持った「集中システム」であったが，ポストモダン・システムは，非論理的・非体系的であっても

機能する「分散システム」である。

　論理的な集中システムは，例えば，「図書館」の「分類システム」である。ある本をそこに投じれば，そのなかで一つの分類コードが与えられ，位置づけられる。逆に，一つの分類コードで検索すれば，一冊の本が取り出される。

　ポストモダンの非論理的・非体系的な分散システムの典型は，アマゾンのそれである。アマゾンの倉庫には，さまざまなものが分類もされずに，ランダムに置かれている。これは，情報とモノとの間に「タグ」という形で，1対1の関係づけ（紐づけ）という対応づけがなされたものの束と言ってよいであろう。

(3)　「情報資源」としての「メディア」

　この考え方は，情報を「収集」・「編集（加工）」・「発信」する資源，つまり「情報資源」を所有するのが「メディア」であるというものである。例えば「新聞社」では，取材によって情報を収集し，記事を書いて紙面を編集し，新聞用紙に印刷したあと，裁断して束ねると「新聞」という形が完成する。それをトラック等で各新聞社の販売所に配送し，そこから新聞配達人が宅配して読者に新聞が届き，「発信」が完了する。まさに「新聞社（あるいは単に「新聞」）」は「メディア」であると言えよう。同様に，「テレビ局」でも，放送記者やスタッフが情報を集め，スタジオあるいはロケで番組を収録したものを「編集」（生番組ではあまり編集の手が入らない場合もあるが）し，電波に載せて「発信」するので，「テレビ局（あるいは単に「テレビ」）」は「メディア」である。

　「人間」自身も，さまざまな情報を集め，それを整理したり，新たな情報を創り出したりして，書いたり語ったりすることができるので，情報資源をもった「メディア」と言える。「機械」（例えば，人工知能：AI）も，このような情報資源を有する限りで，「メディア」であると言いうる。

(4)　「人間の拡張」としての「メディア」

　「メディアはメッセージである（The medium is the message）」というアフォリズム（警句）で有名なマーシャル・マクルーハン（1911-1980）は，「メディ

ア」という言葉の意味を相当に広げた。それは,「人間の身体や能力を拡張するもの」が「メディア」である,ということである。これは,事実上,さまざまなテクノロジー全般にあてはまるし,例えば,教室とか建物とか都市のような「空間」についても言いうる。人間が生み出したものすべてが「メディア」ということになる。それ故,マクルーハンの考え方は「汎メディア主義」である。つまり,あらゆるものが「メディア」と呼びうるということになる。

　この考え方の核心は,「メディア」は,人間自身の感覚比率や思考様式を変え,ひいては社会や世界をも変化させうる,ということである。なかでも,マクルーハン自身がもっとも関心を抱いたのは,まず「活版印刷術」の登場が西洋社会をどう変えたかということであり,続いて,「テレビ」や「コンピュータ」がどのように世の中を変えるかということである。

　マクルーハンによれば,活版印刷術が登場する以前は,西洋において,普通の人（僧侶や貴族・王侯以外の人びと）が書物を読むことはほとんどなく（当時,貴重な写本を読める人は少なかった）,情報は基本的に,口から耳に「声」で伝えられていた。つまり,聴覚的な情報の比率が高く,人びとはそれを「記憶」する必要があった。これは,人間の知性にとってはかなりの負担であり,中世までは,新しい知識や思想の発展はあまり望めなかった。しかるに,活版印刷術によって比較的安価な書物を多数手にすることが,一般の人びとにも可能になることで,人びとは独自に知識を蓄えることができ（それ以前は,先人から口移しで知識が伝えられることが多かった）,新たな思想を育むことも可能になった。事実,活版印刷術が登場して以降,西洋社会ではモダン期に入り,「宗教改革」や「民主革命」や「科学革命」といった社会変革が相次いで起きていくのである。

　この活版印刷術による「活字本」の普及は,「視覚」の比重を高める。人びとは,かつて「聴覚」によって情報や知識を得ていたが,活字の時代には視覚偏重となる。活字本は,順序正しく（線形に）情報が並べられ,始まりがあり,終わりがある。諸部分が集まって,全体が構成される。活字本になじんだ人間は,より論理的になる。

それに対して、ラジオやテレビの登場は、再び「聴覚」の重要性を回復する。聴覚はより原始的（部族的）なものであり、直感的である。テレビの画面は、点（電子銃）の集まりであり、映像は一挙に全体を提示できる。これは、部分を順に提示する活字本とは、全く異なるメディアであり、直感的な人間を生み出す。

コンピュータの登場により、あらゆるものが互いに関連しあう。世界は狭くなり、「地球村（the global village）」が実現する。

■ 2 「マスメディア」とは何か？

「マスメディア」は、「モダンメディア」の代表である。つまり、モダン期の「メディア」の主要な形であった。モダン期は西洋における「ルネサンス」あたりに始まるとすると、最初の「マスメディア」は、15世紀半ばにグーテンベルクの発明した「活版印刷術」を用いた「出版」になる。もっとも、初期の出版は、多くても数千部単位だったので、それほどの「マス（大衆）」を受け手にしたものではなかった。「出版」部数が万を超えるものとなるのは、19世紀における「大衆新聞（マスペーパーあるいはマスプレス）」の発行である。モダン期後期の19世紀から20世紀にかけては、「映画」「ラジオ」そして「テレビ」が続々と登場する。

◆「マスコミ」あるいは「マス・コミュニケーション」という呼称

インターネットが普及する以前は、新聞やテレビなど、多数の受け手が存在するメディアは、「マスコミ（マス・コミュニケーション）」と言われた。要するに、「マス（大衆・多数・塊）」に向けて発信されるものが「マスコミ」であり、強大な影響力が示唆されている。

多数の人口から成る「大衆」は、強大な「マスコミ」の前では無力であり、マスコミが発信するメッセージによって容易に操作されるという前提がある。言い換えれば、「マスコミ」は、政治的・経済的・文化的な「権力」による「大衆操作」の手段でもある。

この「マスコミ」は，1節で挙げた「メディア」の4通りの定義のすべてを満たしており，まさに「メディア」である。インターネットが世界的に普及することになった20世紀末から21世紀初頭にかけて，「インターネット」が新たな「メディア」であるという見方から，インターネットとマスコミを同列の「メディア」として捉え，両者を関連させて総合的に見る「メディア・コミュニケーション」の見方が現れ（例：水野，1998），日本でも「マスコミ」を「マスメディア」あるいは単に「メディア」と言う言い方が広がる。

◆モダン・メディアの誕生と国民国家

　モダン・メディアの最初は「大衆新聞（mass paper）」であり，これが資本主義が発展しつつあった19世紀のアメリカにおいて登場した，というのは偶然ではない。近代教育の普及によって，文字の読み書き能力，つまり「リテラシー（literacy）」のある「大衆（mass）」が相当数存在することが前提であり，その大衆の多くが都市に住む「市民（citizen）」であることも必要条件であった。というのも，都市の住民たちにとって，都市のコミュニティのなかで互いに深く知り合う友人や知人の数は，村落共同体における場合に比べて必ずしも多くはなく，他の人びとの大多数は"匿名的"な存在であり，互いに共通の情報や知識もない存在なのである。しかるに，「大衆新聞」は値段が"安く"，手に入れやすいだけでなく，その内容は，国家あるいは自分の住む都市のさまざまな人びとに関する情報やニュースであり，それらを知ることで，互いに"共通"の情報や知識あるいは問題関心をもつことが可能となる。実際には知らない人びとについてのことであっても，情報やニュースによってそれらの人びとをより"身近な"存在として感じることもできる。結果的に，人びとの間に"一体感"や"連帯感"を醸成し，ひいては「国民」としての"アイデンティティ"を築き，最終的には，「国家」としての"統合"に役だったと言えよう。

　その次に登場したモダン・メディアは映画である。初の視聴覚メディアである（但し，映画の初期には音声のない「サイレント映画」であった）。同じ作品を何万もの人が見ることが可能になった。映画と同様な技術による「アニメ（ア

ニメーション)」も生まれる。その後，20世紀に入って，ラジオやテレビの「放送」メディアが登場する。その他，大衆向けの出版メディアである「雑誌」も生まれる。

　映画は，アメリカのエジソンあるいはフランスのリュミエール兄弟によって19世紀末に生み出され，すぐに「産業化」したモダン・メディアである。つまり，資本主義のある程度の発展がその基盤にある。当初は，フランスやドイツなどのヨーロッパも映画産業の中心の一つであったが，20世紀初めの第一次世界大戦でヨーロッパ全体が戦場となった結果，アメリカのハリウッドに映画の中心は大きく移動した。また，アメリカは南北戦争以来，国家が多かれ少なかれ，北部と南部に分裂した面もあったし，20世紀初めにはロシア・東欧から英語もろくにしゃべれない多くの移民がやってきたが，映画によって「国家」として"統一"されたという面もあった。しかし，映画やその副産物であるアニメは，プロパガンダ・メディアとしても使われた。

　20世紀に入って，1920年代と30年代には，ラジオとテレビが相次いで実用化された。これらの「放送」は，国民にさまざまな娯楽や文化をもたらし，国民の"統合"にも貢献したが，プロパガンダ活動を通じて，国家に忠実な国民を育て，彼らを戦争に駆り立てるという側面もあった。

　その他，「レコード」というメディアも，特にポピュラー音楽の誕生と発展に寄与し，多くの音楽ファンを育てた。レコードは，100万枚以上売り上げる「ミリオン・セラー」も生んだ。同様に，「書籍」や「雑誌」あるいは「マンガ」といった「出版物」は，学術文化あるいは大衆文化に大きく貢献し，「ベストセラー」が誕生して，やはり100万部以上売り上げる「ミリオン・セラー」が何冊も現れた。

　これらのモダン・メディアは，資本主義の発展と表裏一体になっていた。

◆権力に利用されるマスメディア

　マスメディアは，少数つまり寡占的な発信者が，多数の受け手に向けて同一のメッセージを発信することが可能であり，強大な影響力を及ぼしうる。他方

で，権力側からすると，少数であるから，むしろコントロールしやすく，利用しやすい。その結果，大衆は，マスメディアを通じて，考え方（思想）や行動を権力に操作されやすい。

　マスメディアは，権力の意向を受けて，大衆に対して日常的に権力側に都合の良い言論（メッセージ）を発信し続けることがある。あまりに日常的だと，それが自然なこととなり，大衆側も特に違和感や抵抗感が薄まる。1933（昭和8）年にドイツの政権を手に入れたナチスのアドルフ・ヒトラーは，それ以前に『我が闘争』（原著：1925年）を著して「プロパガンダ（大衆宣伝）」の重要性を説き，自らも実践した。民主国家のアメリカでも，フランクリン・ローズヴェルトの有名なラジオにおける「炉辺談話」など，マスメディアを用いて大衆心理を操作しようとする試みは常になされている。近年のアメリカにおいては，「湾岸戦争」（1991年）や「同時多発テロ」（2001年）などの有事に際して，政府による言論統制がなされているという。

　権力による「言論統制」を明確に感じるのは，戦争状況におけるプロパガンダ，すなわち「戦時宣伝」である。自国の国民を鼓舞したり，敵国を侮蔑・攻撃するような言論である。メディアとしては，出版・映画・アニメ・放送，あらゆるものが動員される。戦前の日本あるいは旧社会主義国のような全体主義（ファシズム）体制の国家でも，プロパガンダを含めて，言論操作を長期間にわたって行った。北朝鮮や中国などでは，今でも似たような状況なのかもしれない。

◆「広告メディア」としてのマスメディア

　アメリカは，ヒトラーが著した『我が闘争』を研究し，広告の発展に役立てたと言われるが，マスメディアは，「広告メディア」として発展した面がある。新聞や雑誌は，通例「広告」収入がないと経営が成り立たないが，それだけに紙誌面に占める「広告」の比重が高い。ラジオやテレビなどの放送メディアは，公共放送ではない「商業放送」（日本では「民間放送」と呼ばれる）の場合，「CM（Commercial Message）」が入っている。これは，1920（大正9）年に世界

で初めてラジオ放送を始めたアメリカのKDKA局にはすでに入っていた。

ベニガー（J.R.Beniger, 1986）は, 産業革命によって生じた大量生産物を運搬し, 大量に消費させる必要が生まれた結果, さまざまなテクノロジーやメディアが発明されたと述べ, これを「コントロール革命」と称しているが, ラジオやテレビなどの放送は, CMによって受け手に新商品を認知させ, 消費を刺激する意味があるとしている。CMがあふれている資本主義国では, その効果は自明ではないが, かつて社会主義国であったソビエト連邦共和国（ソ連）では広告というものが存在しておらず, 放送にもCMがなかったが, その結果, モノの生産は計画的になされたものの, 商品としての流通は円滑でなく, 消費側では常に物不足に悩まされていた。このことからも, マスメディアが「広告メディア」として機能することが, 経済の活性化にとって必要であることがわかる。

◆「システム」としてのマスメディア

各マスメディアは長らく, 単独の「システム」を成していた。例えば, 「映画」はかつて「企画」→「撮影」→「編集」→「配給（宣伝・流通）」→「上映（劇場公開）」という一連のプロセスが, 同一の映画会社で行われる「垂直統合システム」を成していた。現在は, 各プロセスが, さまざまな会社でなされる分業体制ではあるが, 全体として「システム」を成していることに変わりはない。

同様に, 出版業界も放送業界も, 各企業がクローズドな「システム」として独立し完結しうるが, いくつかの企業がクローズドな「ネットワーク」を形成することがある。この場合は, 「キー局」「準キー局」「系列局」といったレベルの違いがある。

「テレビ」の場合には, 「企画」→「リハーサル（あるいはビデオ収録）」→「放送」→「受信（視聴）」というようなプロセスがある。これらのプロセスを成り立たせるために, 映画やテレビには, それぞれ, さまざまな役割を演じる人や係の緊密な「組織」あるいは関連会社などの「ネットワーク」が必要であ

る。一部でも欠ければ,「映画」も「テレビ」も,成立しない。そのような「組織」や「ネットワーク」を含んだ全体としての「システム」が,「メディア」を構成していると言えよう。

「新聞」の場合は,(「企画」→)「取材」→「記事執筆」→「編集」→「印刷」→「配送」→「宅配(閲読)」が普通のプロセスであろう。これらの連携システムがないと,現在のような「宅配システム」を維持できない。

モダン・メディアは,全国的なマスメディアに典型的にみられるように,中央集権的な考え方にもとづく組織運営がなされ,メディアのユーザー(受け手)は,大規模なマス(大衆)であることが,通例想定されている。モダン・メディアは概ね「大衆メディア」と言える。言ってみれば,だいたいにおいて(例外ももちろんある),権力も金も「大きいことはいいことだ」という思想がバックボーンとなっている。また,その時代や社会に住む多くの人びとに,共通の情報や知識あるいは一体感や問題関心を植え付け,「国民」としてのアイデンティティを抱かせるメディアが必要とされた,という面も強い。このような大衆の存在を支える基盤にあったものは,18世紀後半の産業革命以来の資本主義の発展であり,近代的な「国民国家」の存在であった。

さらに付け加えれば,メディアによる物理的な空間的距離や時間的距離の克服や「便利さ」「効率」あるいは「高解像度」といった「進歩」は,まさにモダンの"一元的な価値"の追求である。

◆中央集権と啓蒙とポピュリズムのテレビ

これらのモダン・メディアは,結局,モダンが理想とした「啓蒙」をある程度は実現したとも言える。しかしながら,消費者である多数の受け手に受け容れられ,コピー(テレビ番組や新聞,レコードあるいは書籍や漫画等々)が大量に売れる必要性から,「ポピュリズム(大衆迎合)」がなかったわけではない。特にテレビや漫画においては,"低俗"な内容が常に批判されてきた。

また,モダン・メディアは,大きな資本や先端的な機械装置を必要とし,それらがピラミッド型の組織によって用いられることがメディアの運営には不可

欠でもあった。特に，テレビは，希少な「電波」という資源を利用する「免許」を政府から得た日本放送協会（NHK）および民放局という組織によって"寡占"されるメディアであり，大衆に対して番組やCMを通じて大きな"影響力"を行使してきたと言える。ただし，NHKはテレビを見ることのできる全国の世帯から「受信料」を集め，民放は番組スポンサーやスポット広告主から「CM料金」を受け取ることで経営を成り立たせてきた。

テレビは，当初からの電波帯域を利用し，東京の「キー局」や大坂の「準キー局」を中心とした，ニュースなどの全国的なネットワーク（「全国ネット」）も形成しえたVHF局に加えて，個々のローカル局であるUHF局もつくられ，各都道府県に3～4つのテレビ局が存在してきた。それとは別に，難視聴地域対策として，1950年代から各地に「CATV局」が設けられてきた。

全国ネットワークのテレビは，特に「東京」を中心としたニュース取材や番組制作を行うことで，日本国民の意識を"中央志向"の状況においた。ただし，これは，テレビによって始まったことではなく，明治維新政府以降の日本の中央集権的な政治権力の諸政策（教育や産業振興など）から始まったことであり，1925（大正14）年3月のラジオ本放送（第二次世界大戦の終結まで，全国で「日本放送協会」の1局のみが存在していた）の開始によっても強化されたことであった。

◆テレビによる「啓蒙」＝「教養」教化

テレビの草創期，家庭用のテレビは白黒画面で解像度も低く，内容的にも「電気紙芝居」であって，"低俗"だとする議論が多くあった。当時の人気評論家大宅壮一は，まだテレビが急速な普及を開始する前に，テレビは日本人全体の知的レベルを下げてしまうメディアであるとする，有名な「一億総白痴論」を展開し，この語は1957（昭和32）年の流行語になった（北村，2007，89頁）。

テレビは確かに，初期の頃は，スタジオでタレントたちが移動しながら繰り広げられる「生ドラマ」など，どう見てもレベルの高くない番組もあった。しかしながら，大相撲やプロ野球の生中継など，それまで多くの人が簡単には見

ることのできないスポーツ観戦を容易にし，それらのスポーツの人気を高め，ファン層の拡大に貢献した。大相撲の栃若時代（横綱栃錦と若乃花が競い合った）や柏鵬時代（横綱柏戸と大鵬が競い合った）が生じたのも，テレビの貢献であったであろう。プロ野球も，それ以前の東京六大学野球の人気を奪い，読売巨人軍に入った立教大学出身の長嶋茂雄が新たなヒーローとなり，伝統ある高校野球出身の王貞治も次いで巨人に入団し，長嶋とともに打線の中核「ON」として，巨人の日本シリーズ9連覇などを実現し，プロ野球の人気を高めた。当時，子どもが好きなものは，「巨人・大鵬・卵焼き」だとする有名なフレーズが生まれた。

　しかしながら，ニュース報道に関しては，長い間，各キーテレビ局と資本等の提携関係にある新聞社の取材力に依存する面があるなど，テレビ独自の報道体制は充分ではなかった。ニュース映像もフィルムの時代は現像などに時間がかかり，即時性もなかった。小型ビデオカメラが登場するまでは，機動力も欠けていた。1970年代半ばに至って，ようやく小型ビデオカメラとテープレコーダーがセットになった「ENG（Electronic News Gathering）」が実現し，機動性のある，テレビらしい報道が次第に可能になった。

　日本のテレビが「報道メディア」として"認知"されるのは，1985（昭和60）年秋から約20年間続いた，久米宏の「ニュース・ステーション」という番組（テレビ朝日）以降である。たまたま，番組が始まった頃に，三原山の噴火やフィリピン市民革命やアメリカの宇宙船シャトル事故など大きな事件が続き，テレビの速報性や臨場感の評価が高まったのであるが，「ニュース・ステーション」はテレビの視覚性を生かして，フリップや模型などを用いたわかりやすい解説などで人気を博した。

　現在でも，テレビの解説機能への期待は大きい。世の中のあらゆる出来事をわかりやすく解説するジャーナリストの池上彰が，「理想の上司」とされる。このことは，テレビのもつ「啓蒙」機能や「教養」機能の重要性を示している。なお，佐藤卓己は，テレビ的教養による「一億総博知化」の夢を語っている（佐藤，2008，291-292頁）。

3 メディアにおける「ハイブリッド」

　新しい価値観が芽生え始めている。それは，モダン期の「二項対立」を克服し，より「多様」なライフスタイル（生き方やあり方）を認めることであり，対立していた異質なものを組み合わせる（ハイブリッド化する）ことによって，新しい道を切り開いていく。例えば，かつては「男」と「女」が明確に分けられていたが，最近は性別も多様化している。

　今日，インターネットがあまねく普及し，既存のマスメディアとつながり，関連するようになって，新たな「ハイブリッド・メディア」やハイブリッド的な利用法を創り出していく。以下では，「ハイブリッド」とは何かということと，その基本的な3つの方法を示す。

◆「ハイブリッド」とは何か？

　「ハイブリッド」の原義は，「異種交配」ということであり，本来は結びつかないものが結びついて，これまでにない新たなものが生み出されるということである。一般には，単に，従来はなかった「異質なものの組み合わせ」というような意味で使われている。現在，おそらくもっともよく知られている例は，「ハイブリッド車」であろう。これは，従来のガソリン車と電気で動くエレクトリック・カーとのハイブリッドということであるが，具体的には，ガソリン・エンジンと電気モーターという2種類の動力が一台の車のなかに備えられており，必要に応じて使い分けている。

　「ハイブリッド」は，いわゆる「折衷」でもある。日本では明治以降，「和洋折衷」のものがたくさん出現した。建築では，日本風の外観に洋風の内装というものである（その逆もある）。食・料理の分野にも多い。洋風のパンのなかに和風の餡を入れた「あんぱん」とか，日本の米飯の上に揚げたカツをのせる「かつ丼」などは，長い歴史がある。このように，「ハイブリッド」は別に新しい現象ではない。単発に生み出されたハイブリッドのものはたくさんあるであろう。

現代は，すでに多くのモノが存在しており，もはや真に"新しい"ものがなかなか生み出せない時代であろう。それ故，意識的に「ハイブリッド」的な手法で，新たなものをつくっていかないといけない。以下では，そのようなハイブリッドの手法を段階的に見ていく。

◆ハイブリッドの方法①：「シェア」あるいは「棲み分け」

ハイブリッドが成立するためには，まず，異なる2つ以上の要素が同じ場になければならない。言い換えれば，異なる諸要素が同じ場を「シェア」する必要がある。これは「並存」とも言える。同じ場所をシェアするのは，偶然のこともあれば意図的なこともありうる。例えば，最近流行りだと言う「シェアハウス」は，共同キッチンがあるような家屋を二人以上がたまたま住むことが多い。そこに新たな出会いが生まれ，交流が生じうる。「異業種交流会」の場合は，より意識的に出会いと交流を演出する。

同じ場をシェアしながらも，特に互いに明白な相互交流はしない場合もある。これは「棲み分け」と言える。交流はしなくとも，境界が移動したりして，互いに影響しあい，全体の構造は変化する。

◆「ハイブリッド・リーディング」

出版においては「ハイブリッド・リーディング」ということが議論されてきた（日本記号学会，2016）。これは，本書での分類では①「棲み分け」と③「融合」の例になる。

日本記号学会の定義では，一つには，「読書」という行為におけるハイブリッド性を言う（同書，3頁）。具体的には，電子的な形態をとる書物（「電子書籍」と言ってよいだろう）と，伝統的な紙の形の書物（「紙の書籍」）の両方を読み分けるということであろう。そのことによって「読書行為がこれまでとは異なったものへと変質しつつある」（同書，4頁）とする。「情報の処理・制御に関わる工学の知」（同）が「人文知のなかに侵入してくる」（同）という。もう一つは，「読者」におけるハイブリッド性である（同書，3頁）。具体的には，

「過去の書物文化を参照しつつ，同時にデータ処理を行なうオペレータ」（同書，5頁）という存在である。これらを問題にすることで「そもそも読むとは何か？書くとは何か？」ということが問い直されるとする（同書，12頁）。「そのように『よみ』と『かき』の関係，人間と技術をめぐる関係が，デジタルに取り込まれることで複雑に融合し，再定義される事態こそを問おうとする」（同）という問題意識がある。

◆ハイブリッドの方法②：「接合」「つながり」「協同」「集合知」

システムの場合，これは，「プラットフォーム」化とも言える。

それぞれ独立した存在であった2つのメディア・システムがある点で「接合」することがある。接合によって一体化し，一つの複合システムになる。この場合は，もとの「システム」が基本的に保存されており，分離して独立に機能させることも可能である。

いわゆる「コラボレーション」は，従来は同じ場所にいることはないような異質な人びとが，まずは集まり，同じ場を共有する。それぞれが別々に活動するが，それらが「つながり」連動して「共同活動」あるいは「協同」となり，その結果，新しいものが創造されるかもしれない。なお，相互交流のために「つなぐ」には，約束事（プロトコル）の共有が不可欠であり，「インターネット」自体は，限りなく可能性のある，そのような場の一つになりうる。インターネット上での個々の活動は，「つながり」となり「協同」が生じる。具体的に，インターネットは「オープンソース化」により「衆知を集める」という「集合知」が容易になった。また，「クラウドファンディング」は考え方の「シェア」を基盤として，「お金を集める」という「協同」も容易になった。

◆「集合知」ということ

世の中には「三人よれば文殊の知恵」という諺があり，「衆知」を集めれば，一人で考えるよりもより良いアイディアや問題解決策が得られるという見方がある。これをインターネットに当てはめると，ネットのなかで多くの人が"協

力"することで，それまでにない「価値」を生み出しうると考えられる。つまり，「集合知」の考え方である。これは，もはや「個人」が創造の「主体」である必要はない，という考え方とも言える。むしろ，何人もの個人が自己の利害を主張することなく創造に協力し，かつ，一人で行うよりも"より良い"ものが生み出されるという見方である。ウェブ2.0に関しては，そのような意味での「集合知」が期待された（梅田，2006，22頁）。2010年に起きた「アラブの春」も，「民主化」をもたらしたという点では「集合知」と言うべきかもしれない。

　もともと期待された「集合知」が実現された良い例としては，「リナックス」と呼ばれるコンピュータのソフトウェアが，もとの制作者が著作権を放棄してアルゴリズムがネットで公開されたため，多くの人びとがそれを使いながら改善して，より良いものをネットにフィードバックするということがあった。これは，インターネットに元来あった，良い意味での「ハッカー文化」にもとづくものである。同様に，「ウィキペディア」も，さまざまな事項に関して，それぞれ多くの人びとがボランティアとして解説を書き，ネット上のフリー事典として機能しているということがある。これについては，当初はうまく行くか懸念があったし，実際に記述内容に問題のある項目もあるが，内容の修正などに関してユーザーたちの善意にゆだねているのである。「ユーザーが編集できるサイトというと，一見危険に思えるが，管理さえ行き届いていれば，そのページ自体が破壊されることはあっても，コンピュータ・システムに恒久的なダメージが生じることはない」（リー，2009，121頁）という寛容な考え方が背後にあるのである。

◆ネット上の共同作業としての「ウィキペディア」

　「ネットワーク」は，もともと，"対等"な人びとの"水平的"なつながりであった［第5章2節参照のこと］。インターネットを介した共同作業の場合も同じであり，上に立つ者が下の者に命じて何かを達成するというピラミッド型組織の場合のような，上下関係からなされるものではない。ネットワークは，

スタンフォード大学の卒業生らがベンチャービジネスを生み出してきたシリコンバレーに見られるような，カリフォルニアの文化を反映した"オープン"な文化と言ってよい。あるいは，「ハッカー精神」と言ってもよく，これはもっと広く「MITを始めとする科学系一流大学」の文化であり，「共有やオープン性といったコンピュータ文化」であるという（同書，60頁）。

具体的には「誰もが協力できるように，変更や修正をパブリック・ドメインとして公開する。すると，研究者は他人の改良にさらに手を加え，コミュニティに還元する」（同）。その延長上にある代表的なネット上の共同作業が「ウィキペディア」である。

これは，もともとは，紙の百科事典と同様にウェブ上においても，専門家の執筆による権威ある百科事典を作成しようとしたわけであるが，あまりに手間や時間がかかり過ぎ，インターネットの長所を生かすところもなかった。それをウォード・カニンガムという人が，「ハイパーカード実験のインターネット版の開発を」行い，Perlというコンピュータ言語を用いて，「たった数百行のPerlコードで，ブラウズ中のページをユーザーが簡単に編集できるサイトを作成する」（同書，121頁）ということを行った。

問題は，それを百科事典づくりに応用するという点であった。しかし，「ユーザーが編集できるサイトというと，一見危険に思えるが，管理さえ行き届いていれば，そのページ自体が破壊されることはあっても，コンピュータ・システムに恒久的なダメージが生じることはない」（同）という寛容な考え方と，オープン・ソースに関する「リナックス」の成功例に後押しされて，「ウィキペディア」が実現したのである。

なお，この名称をつけたカニンガムによれば，「『ウィキ』とは，ハワイ語で『速い』という意味」（同書，122頁）だそうだが，「彼は，ウィキ・ページのテキストをなるべく簡単に編集できるように」（同書，123頁），いろいろな工夫をしているが，このようなこともインターネットが本来依拠していた，「権威」より「迅速さ」により高い価値をもたせる思想と親和的であろう。

◆「集合痴」問題

　しかし，人びとの「衆知」を利己的な目的に悪用しようとする者もいる。これは，「コラボ」の形になっている（問題提起に回答する）かもしれないが，現実には，他の人間を利用するだけの話である。

　実際に，2011（平成23）年2月の京都大学での入学試験の際，受験生が試験場からリアルタイムに「ヤフー知恵袋」に入試問題を投稿し，その答えを得たことが後で明らかになり，世間の話題になった事件がある。その場合にも，いくつか投稿した問題に対して，複数の人が解答を寄せたが，そのなかには「誤答」もあり，その受験生がそれを採用してしまった場合があったという。なお，この事件に関しては，「京都府警は同3月，当時19歳だった男子予備校生を偽計業務妨害容疑で逮捕，送致を受けた山形家裁は同7月，不処分とした」（『朝日新聞』2012年2月25日39面，社会欄）という。

　一般に，いわゆるソーシャル・メディアに関して言えば，内容的に深みも何もない単なる落書き的なものばかりだとする意見もある。あるいは，過剰な「正義感」によって，ブログやツイッターなども"炎上"する例があとを絶たない。このような場合は，「集合知」ではなく，むしろ「集合痴」でしかないと言えよう（中川，2010，第二章＆水野，2013，243頁）。

◆ハイブリッドの方法③：「相互乗り入れ」や「融合」

　さまざまな既存の諸要素が集まり，相互作用するように関係させる，つまり有機的な連関をするようになれば，一つの新しいモノやメディアが出来上がる。同じ諸要素であっても，連関や組み合わせの仕方を変えれば，全体として，別なモノやメディアができる。

　同じシステムや伝送路に異なる要素が入るようになれば，「相互乗り入れ」が実現する。例えば，「ラジオ」や「テレビ」と「インターネット（ネット）」との間で，現在は相互乗り入れがなされている。諸要素が渾然一体となり，簡単にもとの要素を判別できなくなれば，「融合」の状態である。

◆有名になる・人気を博す方法：メディア利用のハイブリッド化

　スマホの普及などで，今やインターネットは世の中を知るもっとも重要なメディアと言ってもよいが，しかし，無名の人がネットを使って"有名"になることは簡単ではない。ネットを頻繁に活用することが必要条件ではあるが，それだけではなく「マスメディア」やそこに登場する有名人の意図的・無意図的なかかわりが重要（十分条件）であることが多い。その前提は，ネット利用とマスメディア利用の組み合わせ（接合や相互乗り入れ），つまり「ハイブリッド」であると言える（以前であれば，広告・宣伝の分野では「メディアミックス」という用語が使われた）。

　具体的には，
① マスメディアが積極的にネット上で活躍している人を取り上げ紹介することで，その人が有名になりうる。
② マスメディアあるいはリアルの世界ですでに有名になっている人が，ネット上で活躍している人を紹介することで，その人が有名になりうる。「有名人」は，一種のマスメディア的な存在である。2016年にYouTubeに投稿されたピコ太郎のパフォーマンスを世界的なミュージシャンであるジャスティン・ビーバーが取り上げ，ツイッターで絶賛したことから，ピコ太郎は一躍世界的に知られるところとなった。YouTubeでの再生回数が1億回を超えたという。
③ もともとリアルの世界でもある程度，知名度のある人が，ネットの助けを借りて，より支持を得る（拡大する）ということはありうる。例えば，「Hi-STANDARD」という日本人ロックバンド（三人組）は，ネット上での（勝手な？）支持でインディーズのCDが100万枚以上売れたという。
④ 一般の人（無名人）がネットで有名になるには，ネット上の有名なサイトのような「場」の力を借りる必要があろう（ネットのマスメディア化）。
　例：クラウドファンディング・サービスを用いて，ある事業が脚光を浴びる。

第2部　モダン期

第2章
「モダン」期の「ライフスタイル」と「文化」

　「モダン」期における「メディア」の主要なものは，18世紀後半のイギリスから始まる「産業革命」の延長上に誕生した。「産業革命」とは，それまでは職人が手作業で一つずつ行っていた「モノづくり」から，部品の規格化（標準化）によって，工場における分業で効率よく組み立てを行い，一定の品質が保たれたモノ（例えば衣料や農器具など）の「大量生産」がなされるようになったことである。その結果，さまざまな分野での商品生産が高まり，人びとの生活を物質面で豊かにした。このようにして「資本主義」が発展していくなかで，19世紀末からは「電気」が使われるようになり，さまざまな家庭電化製品も生み出されていく。同じ頃，さまざまな「メディア」も登場し，人びとに新しい「文化」をもたらすに至る。特に，明るいナイトライフが実現した「都市」においては「消費文化」が花開くに至る。社会全体としては「大衆社会化」が進行し，「マスメディア」の「影響力」も強まっていく。

■ 1　「電化」による「モダン」な「ライフスタイル」の実現 ■

　19世紀半ばから20世紀半ばまでの約100年は，新たな「メディア」がぞくぞくと誕生した時期である。それらのメディアは，基本的に「電気」を前提としている。例えば，都市に現れた「映画」というメディアは，電気の光（灯）が必要であった。だから，まず「電化」こそが，モダン期の「メディアライン」における基盤であった。多くの人びと（大衆）がつぎつぎに，新たな大量生産の「電化製品」を求め，自動車や電話も普及していった。物質面で生活はどんどん快適になり，便利で効率も良くなる。

　ポストモダンの現在でも，「脱原発」の議論はあっても，「脱電気」というこ

とはまず聞かない。アメリカ合衆国（以下では「アメリカ」と略記する）には，「アーミッシュ」と呼ばれる人びとがいて，今でも200年前の暮らしを続けている。彼らは，電気も自動車も電話もない生活をしているわけだが，これは文明社会のなかでは例外中の例外である（珍しさから，観光対象になっている）。

したがって，「メディア」に関連して「モダン期」を考える場合には，19世紀末以来の，「電気」が生活を大きく変えた以降の時代を考えることになる（「モダン期後期」とも呼びうる）。それは19世紀半ばに生まれ，「電気の時代」を主導したアメリカの発明王エジソンが活躍した時代とも言えよう。以下では，今日のような，さまざまなメディアや電化製品を用いるライフスタイルができあがった源流をみていく。

◆コントロール革命と諸メディアの誕生

19世紀中葉から20世紀中葉までの約100年は，まさに発明の時代であり，発明家たちが互いに競い合った時代であるが，特に，さまざまなメディアが登場した時代でもあった。この100年のことをジェームズ・R・ベニガーは，「コントロール革命」の時代と呼んでいる（Beniger, 1986）。それは，産業革命以来の，大量生産された製品を鉄道を用いて高速で運搬することにより人びとのもとに届け，人びとがそれを大量に消費する時代の始まりであったが，従来のシステムは，そのような新しい状況に必ずしも適切に対応できないことが多く，さまざまな「コントロール危機」が生じたのである。さまざまな発明や新たなメディアの出現は，そのような危機に対応する，テクノロジー側からの解決策であった。

例えば，鉄道は，史上初めて，同時に大量の人やモノを高速で運ぶ乗り物であった。それまで最も高速だった「郵便馬車」でも，せいぜい時速20～30キロ程度であったのに対し，鉄道はそれよりはるかに速く，時速40～60キロにまで達していた。19世紀の中頃は，アメリカで何本かの大陸横断鉄道が敷設されたが，同じ軌道上を東西から列車を安全に運行させるということは簡単ではなかった。実際，正面衝突事故が何度も起きた。そのような「コントロール危

機」を解決すべく，さまざまなテクノロジーが発明されたり，制度的な工夫がなされたのである。具体的には，全米をいくつかのゾーンに分けて「標準時」が設定され，正確な時計と時刻表が用いられるようになった。これは，均一的で合理的な「クロックタイム」の始まりである。また，モールスによって1844年に実用化された有線の「電信」が鉄道に取り入れられたりしたのである。

ラジオやテレビといった「放送メディア」も20世紀の初めに誕生し，「マスメディア」として発展するが，アメリカで発展したこれらのメディアは，当初よりCMを流す「商業放送」であった。日本では，なぜか「民間放送」と総称され，その商業的な意図は隠蔽される傾向がある。この商業放送は，大量に生産された商品を「消費」してもらうために，CMなどで聴取者・視聴者の購買意欲を刺激するメディアという側面が強い。ラジオやテレビは，大量に生産された"過剰"な商品をさばかなければならないという「コントロール危機」に対処するために生まれたというふうにも考えることができるのである。

それに対して，かつて冷戦期に，アメリカを筆頭とする「資本主義陣営」と対立していた「社会主義陣営」をリードしたソビエト連邦共和国（ソ連）においては，ラジオやテレビは消費を刺激するメディアとしては用いられなかった。そのため，常に流通・消費の面で不都合があり，消費大国とはならず，常に「物不足」の状況にあって国民は慢性的な不満を抱えていた。そのこともあって，20世紀末には国家としては崩壊してしまうのである。

◆産業革命以降の消費の高まり

話は戻るが，イギリスで産業革命が最初に始まったとされる18世紀後半（1760年代）から19世紀にかけてはイギリスの時代（特に19世紀は「パックス・ブリタニカ」と呼ばれる）であった。その後，アメリカが台頭してくる。鈴木直次によれば（鈴木，1995，9-10頁），アメリカは，19世紀においては「世界屈指の農業・資源大国」だったのが，その後半においては，電気・化学・内燃機関などの工業分野で発明されたものをいち早く産業化する状況になり，1880年代前半には，「世界の工場」と言われたイギリスを抜いて，アメリカは「世界

一の工業国」になっている。しかしながら，発明自体の多くはヨーロッパでなされていたようで，アメリカは発明に関してヨーロッパの後塵を拝していた。そのような19世紀後半のアメリカにおいて，トーマス・A・エジソン（1847-1931）が「発明王」として，さっそうと現れた。エジソンは，新興工業国アメリカにおけるヒーローだったと言えよう。

アメリカは，産業革命を引き継ぎ，さらに「工業化」によって物質的に豊かな社会を築いた。20世紀はアメリカの時代（「パックス・アメリカーナ」）であった。「アメリカの強さと豊かさの象徴は工業製品の大量生産と大量消費にあった」（同書，7頁）。その結果「消費者資本主義」（同）を生み出した。

鈴木直次によれば，「大量生産方式とは，ごく単純化すれば，使い手に特別な知識や経験を要求せず，スイッチを入れれば誰にでも動くよう設計された製品を，機械を多用し，作業を単純化して，誰にでもまずまずの品質と高い能率で作れるようにした革命的な生産方式だった」（同書，12頁）。鈴木は，このような生産方式は，移民から成る多民族国家であるアメリカだからこそ必要とされ，発展したのだと言う（同書，13頁）。あとでみるように，大量生産方式は，まずヘンリー・フォードの自動車作りの現場で大々的に採用され，さらに自動車以外の多くの産業にも取り入られるようになる。フォードは労働者を優遇した。その結果，鈴木が言うように，アメリカにおいては，「19世紀ヨーロッパの工業世界とは異なって労働者は消費者となり，高い生活水準を享受し」（同），その結果，1920年代には世界初の「大衆消費社会」が生み出されるに至る。

◆エジソン（1847-1931）の登場

アメリカの産業史において，ヘンリー・フォード（1863-1947）のことはよく語られるが，エジソンはそうではない。小学生向けの立志伝には必ずと言っていいほど登場するが，先の鈴木の著書にも全く言及されていない（エジソンについて語ることに，何か幼稚なイメージさえまとわりついている感もある）。

しかし，実は，ヘンリー・フォードはまだ若かった頃にエジソンの会社で働いていたのであり，フォード自身がエジソンの影響を受けていたに違いない。

特に，さまざまな要素を勘案して全体を「システム」として考えるというシステム思考の影響があったと思われる（生産労働というものを労働者の生活全体や全工程のなかに位置づけて考えるなど）。エジソン自身は，あらゆることに知識をもち，さまざまな発明を手がけたが，特に，今日の我々の電化生活の基礎を築き，また産業にとっての「科学」の重要性を広く世間に知らしめた功績もある。現在，科学の領域での権威ある学術雑誌『サイエンス』の発行を資金面から支えていたのである。また，エジソン自身がノーベル物理学賞の候補に挙がったこともあるという。

　エジソンについてこれまで産業史上であまり言及されてこなかったのは，一つには，彼が残したメモがあまりに膨大（300万枚とも500万枚とも言う）で，解読が進んでいなかったことがある。ようやく，比較的最近になってエジソンの本格的な伝記なども現れている（ボールドウィン，1997＝1995）。もう一つは，彼の個々の発明は当時としては偉大であったが，あとでも述べるように，その後，別な人による，よりすぐれた発明にことごとく取って代わられ，そちらの方が主流となってしまったことがある。また，後述のように，当時から新聞記者相手に「ほら吹き」で有名だった。生きている当時から人気があり有名だったが，言動にいま一つ信頼できない人物だったということも，死後，正当に評価されてこなかった原因になっているのかもしれない。

◆電化生活とエジソンに始まる「メディアライフ」

　19世紀半ばから20世紀にかけて生涯をおくった発明王エジソンは，世間によく知られているように，「蓄音器」（1877）や「白熱電球」（1879）あるいは「映画」（1891）などを単に発明しただけではない。さまざまな電化製品を発明し，ふつうの人びとがそれらを楽しむ基盤となる，電気を使って生活を行う「電化」生活を"促進"し，モダン期以降の「メディアライフ」そのものを生み出した，という点で人類史上における大きな貢献をした。また，小学生でも知っている「発明王」エジソンは，文字通り一生涯をかけて，ひたすら勤勉に発明にいそしんだ立志伝中の人物であった。しかしながら，お金をひたすら発明に

つぎ込むといった常軌を逸した発明家のステレオタイプ的イメージとは異なり，実は「事業家」としても成功している。電気照明会社や電力会社など，さまざまな会社を設立したが，それらを統合して1888（明治21）年には「エジソン・ゼネラル・エレクトリック社」を設立した。この会社は，「エジソン」の名前は消えたが，現在でも「GE（General Electric）」という名で世界有数の大企業（家電からは撤退している）として君臨している。

◆「パブリシティ」を多用した予言者かつPRマンとしてのエジソン

　エジソンは，「マスメディア」（ただし，当時はまだ「新聞」しかなかったと言える）を利用して，自分自身と自らの発明を広く世の中に「宣伝」した人物でもあり，まさに"モダン"期の典型的人物でもあった。マスメディアを利用した点について言えば，現在で言うところの「パブリシティ」を実施したわけである。つまり，毎日のように新聞記者を自分のもとに集め，マスメディアに話題を提供することで，その話題を（無料の）記事にしてもらい，宣伝効果をねらう，というやり方である。記事を広告に換算すれば，相当な広告効果があったことになる。

　エジソンは，まだできてもいない発明をもうすぐできると「大ほら」を吹き，新聞というマスメディアを通じて人々の注目を浴びては，意図して潤沢な資金を集め，自分を追い込んで実際に発明をものにしていったという（浜田，2000，50頁）。言わば「有言実行の発明家」とも言えるし，「予言を自己成就」するタイプの人間だったとも言えよう。また，発明のライバルたちの努力に水を差す牽制効果も狙ったのであろう。

　そこには「冗談」と「宣伝」がミックスされていた。すでに発明家のスワンが先鞭をつけていた白熱電灯の実用化に関しては，「まだ，10分間の寿命しかない白金フィラメント電球を作ったばかりというのに，新聞記者を集めて，『ガス灯に代わる安くて便利な電灯をすでに発明した』と宣言し」たという（同書，49頁）。そして，エジソンは「電灯が社会を大きく変えるという近未来夢物語を記者たちに繰り返し吹き込んだ」（同）という。記者たちは，そのよう

な夢物語を喜んで本当の話のように報じたようだ。

　また，エジソンは，「ネーミング」を重視したという点でも今日を先取りしていた。具体的には，あらゆるものに「エジソン」という名をつけて「ブランド化」を図ったという（同書，54頁）。先に述べたが，現在も世界的な電機メーカーである「GE（ゼネラル・エレクトリック）社」も，もとは「エジソン・ゼネラル・エレクトリック社」という名であった（同）。

◆電気供給システムを事業化したエジソン

　エジソンは，自らの研究所があったニュージャージー州において，「大晦日の夜に，メンローパーク全域を電灯で照らし出すと発表した」（浜田，同書，51頁）。実は，1879（明治12）年10月のこの時点で，一年以上かかって白熱電灯の改良にやっと目途がついた段階であり，大晦日の時点では「研究所の周囲に30個の電灯をつけただけであった」（同）が，世間はこれでも熱狂したようだ。その光を見に，3千人もの人が詰めかけたらしい。「メンローパークの魔術師」（同書，47頁）というニックネームにふさわしい出来事であった。

　その場で，「次の目標はニューヨークを明るくすることだ！」（同書，51頁）とエジソンは言ったらしいが，実際に，最初の本格的な「電力事業」として，3年後の1882（明治15）年9月4日に照明用電力の供給を開始したのは，発電所をニューヨークの市街地であるパールストリートに置いたシステムであった。ただし，「契約数はわずか58。しかも，初日には不具合が続出，点灯した白熱灯は400個にすぎなかった」（名和，2001，111頁）。

　エジソンは中央発電所から電線で各家庭に電気を供給するという「集中システム」を考えついたのであるが，これは，他の人によってすでに実用化していた「アーク灯」が「それぞれのランプに一つずつの発電機が付く方式」（同）だったのに対し，「システム」にした点で，極めて"モダン"だったと言ってよいだろう。ただし，これはすでにあった「ガス灯」へのガス・タンクからの供給システムを模倣したものであった（同）。また，当初の発電は「ジャンボ発電機」という大型機械によったが，これは蒸気機関で駆動するものだったと

いう(同書,110頁)[水野注:今日の発電も,結局は,石油であれ原子力であれ,燃料から出る熱によって蒸気タービンを回しているわけで,その点,蒸気機関と変わっていない]。

エジソンは,直流式の配電方式をとっていたが,送電コストが高く,送電距離を最大2マイル(注:約3.2キロ)に設定せざるをえないという「送電距離の制約」があった(同書,125頁)。そのため,ニューヨーク市内のような人口密集地に多数の発電所をつくらなければならないという問題を抱えていたという。

◆システム思考のエジソン

エジソンは,19世紀末のニューヨーク市において,発電所から各家庭まで「電気」を供給する配電の「ネットワーク」を発案し実行したが,これが,現在,われわれが享受している電気供給方式の最初である。ただし,エジソンは,当時すでに技術が確立していた「直流」にこだわり,当時,技術が未熟だった「交流」(現在は主にこれが使われている)の可能性を見極めることができなかったため,結局は時代に取り残されることになる。

しかしながら,エジソンは,電気の供給(発電と送電)から家庭での電化製品(白熱灯など)の使用までを「システム」として,総合的に見て,規格を考え発明し改良するというものであり,理論(例えば,ジュールの法則や周期律の法則など)から出発して,可能なものを総当たり式に調べており,近代的なシステム思考を行っていたのである。また,その目的は「電気を大衆の消費財に仕立てること」(名和,同書,17頁)であったと言えよう。

エジソンの電力事業については,二つの要素技術をシステム発想で組み合わせたものだという[この段の以下の説明は,名和(同書)による]。それは,白熱灯と発電機の二つである。エジソンが発明したことで知られる白熱灯の実用化以前は「アーク灯」が使われていたが,これは基本的には工場や広場で用いられていて,家庭では使えなかった。それは,光が強すぎるうえに,光量を調節することができなかったからだ。このアーク灯などの電源として「発電機」が

第2章 「モダン」期の「ライフスタイル」と「文化」　49

発明されていたが，19世紀後半における多くの企業は発電機にはあまり関心を示さなかった。というのは，その頃には「蒸気機関」の技術の方が成熟していたからである［水野注：鉄道のみならず，自動車でさえもヨーロッパでは蒸気機関によるものが主流だった時代である］。エジソンは，アーク灯に代わって，家庭で使える「白熱灯」の実用化を目指し，また，「発電機」には広い工業的な応用への可能性を感じ，技術の発展に挑戦したのであった。

　これらの「白熱灯」と「発電機」は，実際に，その仕様や規格が互いを規定する関係であり，エジソンは，小電流・高抵抗で100ワットの電流を必要とする白熱灯とそれに対応した発電機を発明したのであるが，さらに周辺機器（電力計・ソケット・ヒューズ・スイッチなど）もすべて自前で設計・製造し，「史上最初のシステム産業」（同書，114頁）を生み出した。

◆エジソンの限界

　エジソンは，電話の発明ではベルの後塵を拝し（しかし，その後，電話器の改良に努めた），史上最初の蓄音器の発明に関しては，当初「円筒（シリンダー）」型の記録装置を用いていて，ベルリナーの「円盤型」に乗り遅れたし，映画に関しても，いち早く"のぞき（ピープショウ）"式の「キネトスコープ」を作り，"個人的"に楽しむ装置として発明したため，同時に多くの人が楽しめる「スクリーン投影式」についてはリュミエール兄弟に先を越され，一般に「映画」の発明者としては名を残せなかった。原理的な発明を行ったのであるが，いずれも，その後の時代の主流となる発明品を最初に作り出すには至らなかったのである。

　また，「発明王」として「ハード」にどうしても思い入れが強く，「映画」に関しては「コンテンツ」の価値を十分認識していなかったようだ（名和，同書，198頁）。しかしながら，一方では「スタジオ」を作り，多くの短い作品を作らせるということはした。

　また，ハードの「特許」を重視するあまり，そこからの収益確保のために，ニューヨークの街頭で撮影していた映画製作者たちに「特許料」を払うよう，

しつこく迫り，そのことが映画の中心をハリウッドに追いやった原因になった，という説もある。もっと寛容で，映画業界全体の発展を考えた方が，お互いに良かったとも思える。

◆「フォーディズム」と車の「大量生産」

　エジソンも製品の「大量生産」を目指したと思われるが，エジソンに生産の方法を学び，より科学的な方法で労働を改善して「大量生産」のシステムを完成したのがヘンリー・フォードである。彼は，エジソンの会社で働いた後，独立して大衆車の製造にのりだした。フォードは，1899（明治32）年に独立する以前は，昼はデトロイトのエジソン照明会社で主任技師として働きながら，夜は自宅でガソリン自動車を研究していた。それを知ったエジソンに技術的先見性を褒められ激励されたのが最初の出会いだったという（浜田，前掲書，28頁）。

　フォードの生み出した「Ｔ型フォード車」は，画期的な生産方式である「フォーディズム（フォード方式）」によって「大量生産」が可能となった。コストが安くなり，価格が大幅に低下した。その結果，1908年〜1927年の間に，1,500万台以上もの「Ｔ型フォード車」が生産されることになった（折口，1997，60＆67頁）。

　「フォーディズム（フォード方式）」とは，いわゆる「ベルトコンベア」式の流れ作業と科学的な労働管理方式の融合であった。ベルトコンベア上で製品の諸部品が付加されていくのであるが，そのような仕事をいくつもの部品単位に分けたのである。労働者の動きを分析し，より効率の良い作業の方法を考え出し，それをベルトコンベアの各所に配置させた労働者にさせ，少しずつ部品が付加された車が，その工程の最後には完成された車となったのである。「分業」を用い，今の言い方なら「マニュアル化」とも言うべき標準的な作業のやり方を導入したので，アメリカに来たばかりの移民であろうが，誰でもすぐに作業に参加できたのだ（古矢，1998，90頁）。

　Ｔ型フォード車の生産方式は，従来のやり方に比べて何倍も労働効率を高め，短い時間にたくさんの車を製造することを可能にした。このようなフォー

ド方式は，その後はさまざまな産業において，多様な製品の製造に応用されることになった。この方式によらないにしても，1930年代のアメリカにおいては，さまざまな製品が大量に製造され，消費されるようになった。例えば，「食料品や日用雑貨から家庭電化製品，自動車まで，新たな発明が実用化され，大量生産された」のであるが，家庭電化製品としては「掃除機，洗濯機，冷蔵庫」や「タイマー付き電気レンジ」さえもあった。さらに，「ラジオ」や「電話」などのメディアもある程度普及したのである（以上，常松・松本，2005，99＆101頁）。

また，ヘンリー・フォードは，単調な労働を否応なくさせられることになった労働者に対しては，その給料を上げて待遇を良くすると同時に，ローン制度を導入して，労働者でもＴ型フォード車の購入を可能にさせ，大量販売をもたらした。このようにして，彼は，その後の「大衆消費文化」のリード役となり，20世紀の産業を大きく変え，大量生産と大量消費の「大衆消費社会」を実現したのである。

◆ヘンリー・フォードの思想と労働観

フォードは「アメリカニゼーション」という，労働者を教育する野心的な計画を遂行した。その中核をなしたのは，1914年から始められた「日給5ドル案」であった。当時の平均的な日給をほぼ倍増するこの大胆なプランの「真のねらいは，『利潤の供与』にではなく，労働者を大量生産方式の求める厳格な規準にすすんで馴化させることにあったという」（古矢，前掲書，91頁）。フォードの考えの根幹としては，「労働者をたんに工場においてだけではなく，家庭生活，近隣生活を含む幅でとらえ，彼らを市民として教育することで理想的なアメリカ人をつくりだすことに力を注いだ。それによって，フォーディズムは，たんなる生産システムではなく，20世紀アメリカニズムの基本要素となる『アメリカ市民』を生み出したと考えられる」（同，90頁）。

他方で，フォードは，テイラーの「科学的管理」というものを取り入れた。その「エッセンスは，彼を筆頭とする機械技師の『時間・動作研究』を通じて

最も能率的な作業方法と作業時間を発見し，それを労働者たちに教えこむことによって生産効率を飛躍的に高めようとするところにあった」(鈴木，前掲書，37頁)。その結果は，労働者を生産に不可欠な「歯車」ではあるが，置換可能な生産機械の一部とした。つまり，「『交換可能性』の原則は，自動車の製造過程の部品にだけではなく，労働者にも適用された」(古矢，前掲書，90－91頁)のである。このようにして，フォードは「大量生産」を持続可能なシステムとして完成させたのである。

2 「都市インフラ」と「消費文化」

　史上初めて「家庭」に「電気」が供給されたのが大都市ニューヨークであったように，「都市」において「モダンライフ」が始まる。「産業革命」の成果とも言うべき製品の「大量生産」を受けて，生存に最少限必要なもの以上に過剰に商品を供給・消費する「消費文化」も最初に「都市」において始まる。「デパート」などの拠点も誕生する。デパートは，「電気」が普及する少し前の19世紀半ばにパリで最初に出現し，イギリスやアメリカにも現れた。「アメリカの世紀」と言われた20世紀に入って，アメリカの「都市大衆」を中心とした「大衆消費社会」が姿を現す。「自動車」の"大衆化"によって，急速に車が普及し，都市の交通手段として，それまでの「馬」に取って代わる。また，「電話」が普及していき，「自動車」と並んでモダンライフの「インフラ」となる。日本でも1920年代には，東京や大阪のような大都市では「消費文化」や「大衆文化」の萌芽が見られた。日本においては，「鉄道馬車」が「電車」に取って代わられるということもあった。さらに，「都市」においては，「大衆文化」が花開く。

◆電話の登場～ベルによる特許取得～

　「電話」は，1876（明治9）年にアメリカのアレクサンダー・グラハム［グレアム］・ベルによって特許が取得された。この頃は，特許の内容（質とか）如何によらず，一番最初に提出され受領された特許が認められるという「先願主

第2章 「モダン」期の「ライフスタイル」と「文化」　53

義」がとられていたため，事実上のライバルだったイライシャ・グレイより，わずか2時間早く提出したベルに「電話」の特許が与えられたのである。これに関しては，ベルが不正な手段を取って，行き詰まっていた研究を完成させたのだとする研究がある（シュルマン，2010＝2008）。

　このベルの発明した「電話」は，あまり出来の良いものではなく，エジソンなどは，その改良に貢献した。日本で長い間，使われた家庭用の「黒電話」（当時の日本電信電話公社が各家庭に貸与していた）などは，エジソンの改良した技術が使われていたという。

　ベルの方は，自分が発明した電話について，特に積極的な改良を行ったりはしなかった。むしろ，当時はビジネスでもよく使われていて技術的に確立していた「電信」を生業としていたウェスティングハウス社に，その新しい技術を売り込みに行ったという。しかしながら，電信と違って，発信の記録もとれない電話技術は，「おもちゃ」にすぎないとして，ウェスティングハウス社は，ベルの申し出を却下してしまったという。

　ベルが発明した「電話」は，実は，今の電話と違い「一方通行」のものであった。ベルが電話を実験室からかけ，少し離れた部屋にいた助手のワトソンに対して，「ワトソン君，君に会いたい」と言ったのが，電話による通話の最初だと言われるが，電話を受け取ったワトソンは，実験室まで走って行って，電話がちゃんと聞こえたと伝え，ベルと一緒に喜んだのである。

◆電話の普及〜アメリカと日本〜

　アメリカでは，電話の普及は比較的速いスピードでなされ，1920年代頃には，かなりの住宅普及率に達したとされる。しかしながら，当初は，「ビジネス」の分野での売り込みを図ったのであるが，それはうまく行かなかったという。なぜなら，ビジネスの世界ではすでに「電信」が行き渡っていたからである。電信は，受信は専門的な技術者によるが，記録を残すことができ，その点が，ビジネスを行う場合に，記録の取れない電話よりも有利だとされたからである。しかるに，電話が，むしろ住宅用として普及したのは，日本と違って，

隣近所とは物理的な距離のあるアメリカの住宅地や農村で，主婦たちが「おしゃべり」ができるということを売り込んだ結果であったのだ。つまり，主婦たちが，電話のあるべき方向を決めたとも言える。

　日本では，非常に早い時期に電話の存在が紹介された（日本人は一般に新しいものが好きである）。また，電話事業も，1890（明治23）年には東京―横浜間で始まっている。しかしながら，日本では長い間，電話を有するのは，警察や消防あるいは軍隊を含めた官公庁や大商店などであり，個人としては，金持ちか有名人と相場が決まっていた。

　一般家庭の多くに電話はなく，急用の連絡には「電報（＝電信）」が主に使われた。ある程度，住宅用の電話が普及してきた1960年代でも，電話のない家庭は多く，電話が必要なときには，電話のある家に電話を「借りる」という文化があった。当時，多くの住宅用電話は玄関口にあり，電話を借りに来た人は玄関口で用を足すことができた。そこで住人に聞かれないでかけることができ，プライバシーもある程度は守られた。借りた側は，借り賃として，10円単位のお金を置いた。なお，当時，電話機は日本電信電話公社から貸与されていたが，室内に敷設する電話線も借りていて，居間まで敷設すると余分にお金がかかったのである。

　日本では，電話は長い間，緊急の連絡用という意識が強く，どちらかと言えば「ぜいたく品」であった。そのため，電話が住宅用に普及してからも，家族の一人が独占的に長電話することは避けるべきだという考え方が根強かった（個人が持つ携帯電話は，そのような意識からの解放を意味している）。

◆近世～近代における消費生活～

　「都市」は，最初に文明の生まれた場所であり，常に「消費」の中心地であった。1920年代の「大衆消費社会」成立以前の諸世紀においても，ある程度の「消費社会」は成立していたとも言えるし，階層を限ってみるならば，「消費革命」とまではいかなくとも，「消費ブーム」は起きていたとも言える。マクラッケンによれば，近世から近代の西洋史において，3回の「消費ブーム」

ないしは「消費革命」の時期があったという(マクラッケン，1988＝1990，31頁)。

マクラッケンによれば，「消費ブーム」の最初は，16世紀エリザベス朝のイギリスの貴族階級にみられた。そこでは，貴族たちによって衣食住の領域において「支出の爆発」が起きた(同書，32頁)。その次の18世紀は，産業革命に平行して「消費革命」が起こり，マッケンドリックが言うところの「消費社会の『誕生』」があり，より広い階層の間で流行が上層から下層に行き渡るという「トリクル・ダウン現象」が生じ，"流行"に迫られて購入するということが見られた(同書，40–43頁)。さらに，19世紀においては「消費革命」はすでに定着しており，デパートの出現や大衆消費のライフスタイルなどの出現があったという(同書，49–51頁)。

◆デパートの始まり

世界最初のデパートはフランスに現れた。アリステッド・ブシコーという人が「プチ・サン＝トマ」(1810年創業)という名の，「マガザン・ド・ヌヴォテ(流行品店)」と呼ばれた新しいタイプの店に平店員として入り，1852(嘉永5)年に，同じタイプの「ボン・マルシェ」という別な店の共同経営者になり，妻と共にそれまでとは違った新たな商売のやり方を始めたことが，デパートの始まりとなる。1863(文久3)年には，すべての経営権を譲り受け，妻と2人で経営するようになる(鹿島，1991)。この「ボン・マルシェ」は，世界最古のデパートとして，今もパリにある。

それまでの衣料などを扱う店というのは，言わば"売り手中心"であり，客の方は店のなかに入ったら最後，何かを買わされずには出ることができず，値段も正価がついておらず，店と交渉しなければならないといった心理的な負担さえあった。ショッピングは，金持ちを除く大部分の人にとって，今とは正反対に，「決してたのしいことではなく，必要を満たすためにいやいやしなければならないことだった」(同書，17頁)のである。ショーウィンドーもなく，外から中をうかがうこともできなかったという(同書，18頁)。面白いことに，実

は，明治期までの日本でも呉服店などでは，同じく"売り手中心"であって，買い物は客にとっては苦痛なことであった。日本では，その呉服店が「デパート」へと変貌を遂げることになる。

さて，ブシコーが勤めていた「マガザン・ド・ヌヴォテ」は，それ以前の店とは異なり，明るくて大きなショーウィンドーがあり，広々とした店内にはまばゆい照明（ただし，まだ電気ではない）もあった（同）。しかしながら，だからといって，店内を客が自由気ままに歩き回れたわけでもなく，結局は「旧来の商店と同じような客と店員の一対一のやりとりになり，何も買わずに出てくることはむずかしかった」（同書，31頁）。つまり，「退店自由ではなかった」（同）わけである。

ブシコーが共同経営者になって以来，「ボン・マルシェ」は，それまでの商店とは違って，誰もが気軽に入店し，何も買わなくても出ることのできる初めての店になった。この店の戦略は，「不特定多数の客をターゲットとする」（同書，32頁）というものであった。従来は，つけや手形で購入ができたが，そのため，客は顔見知りの近所の人に限られたという（同）。しかも，そのなかは自由に歩いて商品を眺められるだけでなく，まばゆく，夢のような華麗な空間だったのである。「驚異（メルヴェーユ）による不意打ちで，消費者を放心状態に投げ込む」（同書，27頁）こともブシコーの戦略であった。

◆ "モダン都市"「東京」のシンボル

江戸時代が終わり，「江戸」は「東京」と名を改めて，モダン日本の「首都」となった。首都東京のなかで中心的な地区は，当初は，江戸時代以来の町人地の中心だった「日本橋」であり，次いで台頭してくる地区が「銀座」であった。銀座は，もともとは「小商人と職人の街」（藤森，2004，3 - 4頁）にすぎなかったが，明治の初めに「文明の表玄関」（同書，4頁）となった。それは「この地の南『新橋』に国際港横浜からの鉄道が口を開け，東に外国人居留地『築地』が設けられたという立地の好運が大きかった」（同）という。具体的な計画としては，1872（明治5）年2月に起きた大火によって銀座地区が塵灰に

帰した機会を捉えて「銀座煉瓦街計画」がつくられた（同）が，それは「道路の改正と家屋の煉瓦造化の二つ」の内容からなっていた（同書，6頁）。

　銀座は，もともと，江戸初期のまちづくりの結果，直交する街路をもつ街であり，「東海道」が貫いていたのであるが，明治期の都市計画によって「枡目一つ乱れぬ見事な短冊形」（同書，28頁）につくりあげられ，道路には，中央に複線の馬車鉄道を敷設したうえで，左右にさらに馬車が一台ずつ走れる広さとされ，「現在も銀座大通り『旧東海道』は15間［27メートル］のまま」（同書，29頁）に保たれた。それに加えて「日本初の歩道」（同）が設けられ，「並木」（同）も添えられた。さらに街灯として「41基のイギリス製ガス灯が，大通りの左右に平均50メートル間隔に据えられた」（同書，30頁）。その結果，「歩車分離，並木，街灯という三つの内容は，近代の街路の祖型というにふさわしい」（同）形を成していたが，煉瓦街自体は1923（大正12）年9月1日の関東大震災で壊滅してしまう。

　「銀座」は，煉瓦街に象徴されるように，西洋文明の見本市の様相があったが，「銀座」の北側に位置する「日本橋」は，江戸期には下町の中心であった。この地域に400年前から存在する老舗の呉服屋であった「越後屋」は，近代的な小売業へと変貌を遂げた。すなわち，中興の祖とも言うべき日比翁助（三井銀行からの出向）が，西洋を模範として「デパートメント宣言」を行い，呉服屋から「三越百貨店」への転換を実施したのである（小島，2011，209-210頁）。これが，日本における近代的な「デパート」の第一号となった。日比は，慶應義塾で学んだことがあり，福沢諭吉の教えを実行したのである。三越百貨店は，後に「銀座」にも進出し，現在も銀座四丁目に，時計台で知られる服部時計店のビルと銀座中央通り（旧東海道）をはさんで向き合っている。

◈文化とマスメディアの中心としての東京・日比谷

　1914（大正3）年に東京駅が建造され，山手線などの鉄道も整備される。「駅」の周辺に街ができていく。明治維新以降，従来の「芝居町」であった「浅草」に取って代わって，「銀座」の隣接地である「日比谷」が，モダン文化の中心

地になる。具体的には1911（明治44）年完成の「帝国劇場（帝劇）」などの劇場街や「日比谷映画街」，さらには1934（昭和9）年に宝塚劇場が東京に進出し，「東宝」という名称がつくられる。

有楽町駅の近くには，後に「日本劇場（日劇）」や「朝日新聞社」の社屋なども建てられ，まさに当時の「文化」と「マスメディア」の中心が日比谷とその周辺に位置していたと言えよう。

3 「都市的ライフスタイル」と「大衆文化」 ～デパートや劇場の文化～

モダン都市は，中世や近世の都市と違い，電気を前提とした都市である。白熱電灯やネオンサインの登場で夜も明るく華やかになり，人びとが活動できる時間が広がって，さまざまな大衆文化が登場してくる。演劇やミュージカルあるいは映画などが盛んに鑑賞されるようになり，経済面でも活発な消費がなされるようになる。ここでは，20世紀前半までの，都市的ライフスタイルと大衆文化の確立の経緯を見てみる。

◆都市の発展と都市人口の増大～アメリカの場合～

エジソンが，「白熱電球」を使えるように19世紀末の都市に「電気供給システム」をいち早く導入したことによって，都市は夜でもさまざまな店を開くことができるようになった。それ以前にも，街頭に「アーク灯」あるいは「ガス灯」が設置されていたが，それらは「調整できない明るさ」や「煤の発生」といった問題があった。また，屋内にはローソクやランプなどがあったが，火を使うため煤が出たり火災の危険があった。現在は，電気を使った明るい照明が登場して，まだ1世紀とちょっとなのである。

文化面では，「都市」における「電気の普及」によって，従来からあった「演劇」や「オペラ」の他に，「ボードビル」「ミュージカル」，そして「映画」というような，新たな「大衆文化」が誕生していく。かつては太陽光を劇場内に引き込むことによって演劇などの興行が成り立っていたのに対して，電気仕

掛けのネオンサインに導かれる"夜"の文化の誕生でもあった。

　そのような都市における夜の文化の代表は，ブロードウェイ・ミュージカルであろう。その始まりは19世紀末に遡る。アメリカ経済の中心都市であるニューヨークのマンハッタン地区のブロードウェイに「劇場街」が形成されるようになる。「1880（明治13）年に，ブロードウェイ大通りと41丁目の角にメトロポリタン・オペラハウスが建てられたのがきっかけ」（井上，2000，85頁）で，ここを中心にして「オスカー・ハマースタイン1世らによってしだいにこのあたりに劇場が建てられるようになり，1904（明治37）年には，それまでロングエーカー・スクウェアと呼ばれていた場所に『ニューヨーク・タイムズ』のビルが建てられてそこがタイムズ・スクウェアと改称され，それ以降は，このタイムズ・スクウェアを中心にしてブロードウェイが発展を遂げていくのである」（同）。

　都市の「家庭」においても，電気を用いた明るくて安全な「照明」とともに，「電化生活」が始まる。アメリカでは，20世紀の前半で，「冷蔵庫」や「掃除機」などの「家庭電化製品（家電）」を使えるようになり，蓄音器が進化した「レコード」や「電話」が普及する。先に見たエジソンは，さまざまな家電を生み出し，レコードや電話の改良にも尽力した人物であった。この時代はさらに「ラジオ」あるいは「テレビ」などの新たな「マスメディア」が登場してくる。

　このような"モダン"な都市の文化や生活は，人びとをますます惹きつけていく。アメリカでは，1910年代に300万人以上のアフリカ系黒人が南部から北部へと移動した（岡本，1996，6頁）し，1920年代には「歴史上初めて都市人口が農村人口を上回った」（同）という。また，アメリカでは，女性への参政権の付与（1920＝大正9年）もあいまって，家庭電化製品によって家事から解放され，都会的な生活を享受する「女性」たちの社会進出も目立ったという（同書，7頁）。

◆「都市文化」としての「ポピュラー音楽」の始まり〜日本の場合〜

　江戸時代の日本においては,「文楽(人形浄瑠璃)」や「歌舞伎」の伴奏音楽としての浄瑠璃や長唄のような,三味線を主な楽器とした唄が発展した(ちなみに,江戸時代までは,琴は盲人の楽器,尺八は虚無僧の楽器で,一般の人が手を触れるものではなかった)。しかしながら,それ以外の個人消費レベルでは,今日のような"商品"文化としての「流行歌(はやりうた)」が発生することはほとんどなかったのであろう。

　明治維新に至って,日本は「富国強兵」の必要性から,軍隊の近代化とともに「軍楽隊」を導入し,同時に「軍歌」の作曲をお雇い外国人のシャルル・ルルー(フランス人)に依頼するに至った。ルルーは,オペラ『カルメン』の音楽をベースに『抜刀隊の歌』などを作曲し,日本人に西洋音楽をもたらす(倉田,2001,104-105頁)。この『抜刀隊の歌』は,さまざまな歌詞を伴い,少しずつそのメロディーを変えながら,日本人に愛唱されていく。特に,明治時代前半の「自由民権運動」の高まりとともに,大都市の街頭でバイオリンを伴奏に社会風刺的な歌をうたう「演歌師」が出現するが,彼らの歌う「演歌」は,基本的に『抜刀隊』のメロディーに乗せたものだった。この「演歌」とは,「演説歌」の略語であり,政治的な演説が時の政府に弾圧される時代に,街頭でゲリラ的に現れては社会風刺の歌をうたったのである。

　大正期に入り,東京音楽学校(現在の東京芸術大学)で西洋音楽を本格的に学んだ中山晋平が,日本で最初の「流行作曲家」となる(菊池,2008,14-15頁)。彼は「流行歌」(当時は「小唄」あるいは「はやりうた」と言った)のレコードを世に問うと同時に,他方で「童謡」を発表し,現在に至るまで歌い継がれる数々の名曲を残した。中山晋平の作曲した『船頭小唄』は冒頭の歌詞から「枯れススキ」とも称されるが,添田唖蝉坊という演歌師によって,パロディの替え歌「貧乏小唄」にされ,人口に膾炙した。つまり,レコード(およびラジオ)によって,西洋的な流行歌が全国に広まると同時に,大都市の街頭では,口伝えによって,そのパロディ歌が広くうたわれた。昭和期に入ると,「レ

コード会社が企画・製作し，誇大宣伝によって大衆に選択させるというシステムが登場」（同書，16頁）し，楽曲の「多種大量生産」が始まるのである（同）。

◆アメリカの大都市における「大衆文化」
〜ジャズ演奏や劇場・映画館〜

　大衆消費文化が花開いた20世紀初頭のアメリカにおいては，東部のニューヨークや中西部のシカゴといった大都市において，「ジャズ」が大流行した。「ジャズ」は，もともとは19世紀後半に奴隷の身分から解放され，1910年代に南部から北部に大挙移動した黒人が，ルイジアナ州のニューオーリンズからニューヨークやシカゴなどの大都市に持ち込んだものだが，1920年代にはナイトクラブやダンスホールで「ジャズ」の生演奏が行われ，主に白人中産階級の人びとが，その演奏に合わせてダンスを踊ったりした。同時期に普及し始めたラジオによっても「ジャズ」の普及は促進され，黒人や白人という人種を超えた広がりが生まれた。1920年代は，「ジャズ・エイジ」とも呼ばれ，"享楽的"な雰囲気の社会と文化の時代であった（岡本，前掲書，6頁）。そのような享楽的な雰囲気も，1929（昭和4）年10月24日の株の大暴落（ブラック・サーズデー）に始まる「経済大恐慌」によって，失業者が街にあふれるようになり，終わりを告げた。

　ジャズ以外にも，ニューヨークのような大都市においては，1920年代に，マンハッタンにおける高層ビルの建設ラッシュの結果，「摩天楼」が出現し，「タイムズ・スクウェア」という街の中心部とその周辺の劇場街（ブロードウェイ）も1930年頃までに形成された（井上，前掲書，85頁）。フォード車が量産され，車社会へと急速に変化した。また，映画製作では，アメリカ東海岸のニューヨークから西海岸のハリウッド（ロサンゼルス）へと中心が移動したのであるが，映画人気によりアメリカの大都市においては，多数の映画館（これも「劇場」と呼ばれる）の出現があった。

◆大正期における日本の大都市と消費文化・西洋文化

　日本においても,「大衆消費文化」は1920年代において,大都市を中心にその先駆的な様相がみられた。東京においては,明治期から「西洋化」の波が絶えずひたひたと及んでいた。国家的な事業としては銀座の煉瓦街造りがあり,そこに新聞社の集中が見られた。民間では,江戸期以来,歌舞伎やその他の芝居小屋が集まっていた浅草が,明治以降にも庶民文化の中心であり,日本で最初の常設「映画館」である「電気館」も浅草に設けられた(四方田,1998,138頁)。

　日本では,「デパート」がある種の「メディア」として,西洋の文化を広める役割を演じた。特に,西洋音楽や西洋的なライフスタイルは,都会の百貨店における催し(イベント)や家具・洋服などの展示によって,日本人にとって馴染みのあるものになっていったのである。日本における一番の老舗である三越百貨店は,呉服店から近代的なデパートメントストアへと脱皮するにあたり,「博覧会と子ども文化を利用した」のである(川崎,2005,14頁)。具体的には,1909(明治42)年に,「三越児童博覧会」を三越百貨店で開催したとき,男の子ばかりの「三越少年音楽隊」を結成し,親子連れの買い物客を引き寄せようとした。この宣伝が功を奏したのをみて,名古屋・大阪・京都などのデパートでも,同様に少年だけ,あるいは少女だけの音楽隊を養成したという(同)。デパートでのショッピングという新たな消費文化と西洋的な文化イベントとの融合を目指したとも言える。その結果として,「西洋音楽が,消費活動と連動してひとびとのなかに広がろうとする契機にもなった」(同書,15-16頁)わけである。

◆鉄道会社とデパートと住宅地

　現代日本の大都市においては,都心の私鉄ターミナル駅にデパートがあり,鉄道の終点には遊園地などのレジャー施設があり,沿線に住宅地がある,というのが定番になっているが,このように関連した多角的な事業で総合的に沿線

開発に取り組んだ最初は，現在も関西の優良私鉄である「阪急電鉄」という企業をつくりあげた総帥，小林一三である。

小林は，不本意な銀行員としての生活を経て，30代の半ばで開通前の箕面有馬電気軌道株式会社の専務取締役に就任し，そこからさまざまなアイディアを出して事業を展開し，「稀代の企業家」（川崎，前掲書，4頁）としての名声を勝ち得た人である。具体的には，有馬まで鉄道を引くことはできなかったが，終点の宝塚に新温泉を開発し，そこで1914（大正3）年に開催した「婚礼博覧会」の余興として始めた「宝塚少女歌劇養成会（現・宝塚歌劇団）」（同書，5頁）を人気の歌劇団に成長させたが，同時に，沿線には「新興住宅地（今で言うニュータウン）」を開発し，ローンで庶民憧れの広い持ち家を手に入れることを可能にした。さらに，始点の大阪梅田駅の上には「ターミナル・デパート」として阪急百貨店を建設し，上階に家族連れを目当てとした「大食堂」を設け，今日の消費文化のあり方を方向づけた。

東京においては，関東大震災を契機に「モダン都市化と，郊外住宅地の開発，文化住宅ブームが起きる」（同書，6頁）。五島慶太は小林に倣って，東急東横線や目黒線沿線の開発を行い，有名な高級住宅地である「田園調布」の開発も昭和初期に行った。その後も，小林の直接の影響下ではないが，さまざまな私鉄が同様な発想による開発を各地で行った。

◆宝塚と東宝

関西の阪急電鉄をつくりあげた小林一三は，鉄道の起点である「梅田（大阪）」にはターミナル・デパートをつくって購買の便を良くし，終点である「宝塚」にはレジャーのための集客を行う目的で，「宝塚少女歌劇団」の公演を行った。一度に4千人という，当時としては日本一の観客収容数を誇る「宝塚大劇場」を建設し，多くのお客に安い料金で，当時としては大変珍しい"西洋的"な音楽劇や踊り（レビュー）などを見せた。当時はまだ，ラジオはなく，映画館も少ない時代であったので，沿線の新興住民にも，手頃なレジャー手段を提供したと言えよう。ただ，「都市文化」というよりは，正確には「郊外文

化」と言うべきかもしれない。

　宝塚少女歌劇は，当時まだ社会的な進出がほとんど見られなかった女性たちにとって，夢のような，あこがれの職業であり，社会進出の機会を提供したと言える。かつての歌舞伎あるいは初期の映画において，女性の役は歌舞伎俳優（男）の「女形（おやま）」が演じていたが，「トーキー映画」や，後に「テレビ」が登場してくると，「女優」が必要になる。日本の実質的な「女優第一号」は，日本最初の本格的トーキー映画である松竹製作の『マダムと女房』（五所平之助監督，1931＝昭和6年公開）で主役夫婦のうちの夫人を演じた田中絹代であったが，宝塚歌劇はそのような「女優」の貴重な供給源にもなっていく。宝塚歌劇は，東京にも進出し，東京宝塚＝「東宝」となり，歌舞伎の興行を行う松竹のライバルとなる。

◆手塚治虫のモダニズムの源泉〜宝塚と大阪〜

　歴史の偶然であるが，日本の大衆文化の一つの源流となる宝塚歌劇を見て育ち，宝塚的なものに大きな影響を受けた人物が，後に芥川賞作家の開高健が「マンガの神様」と呼んだ手塚治虫である。

　手塚は，1933（昭和8）年に一家とともに，現在の宝塚市（当時は小浜村）御殿山にあった父方の祖父が建てた別荘に引っ越した（中野，1994，15頁）。家から見て，宝塚駅の反対側には，宝塚新温泉やルナパーク，宝塚大劇場などがあった。手塚の父・粲は，阪急で大阪に通う高給取りのサラリーマンで，カメラという当時としては高級な趣味をもっており，宝塚ホテルの倶楽部の会員でもあった（同書，41頁）。母・文子は「幼い治［虫］を連れて毎月のように大劇場に通った」ほどの宝塚ファンだったという（同書，50頁）。そのため手塚は，小学校に上がる前から宝塚という独特の文化に浸っていた（同書，52頁）。当時の宝塚少女歌劇団は，今とは異なり「男性にも子どもたちにも人気があった」（同書，60頁）らしい。それだけでなく，併設のルナパークや動植物園で遊んだり，園内のレストランでは洋食を食べることができたという（同）。

　明治期末から昭和初期にかけての大阪は，産業革命の中心地の一つであり，「東洋のマンチェスター」と呼ばれるほどの工業都市だった（同書，32頁）。そ

のため，当時の新興のエリート層であったサラリーマンは，阪急沿線などの「ばい煙で汚れた都市を出て，郊外のユートピアに移り住む」（同書，33頁）ことを行っていた。1923（大正12）年の9月1日には，大阪から遠く離れた東京一円で「関東大震災」の被害がもたらされたが，「大阪の都市部から郊外への移住は大震災によって加速されることになった」（同書，35頁）という。

　昭和初期の大阪では，メインストリートである「御堂筋」が拡張され，「関西初の地下鉄」が走り始め，さらに高層ビルが続々と建設された（同書，67頁）。まさに「未来都市」の様相を示していたが，幼い手塚は家族に連れられ何度も大阪を訪れたという（同書，68頁）。「手塚治虫の描く未来都市がモダニズムの影響を強く受けている」（同書，69頁）とされるが，その源泉はこの大阪だったようだ。

第3章
「モダンメディア」としての「映画」・「アニメ」・「放送」と「大衆文化」

　「モダンメディア」としての「映画」・「アニメ」・「放送」は，いずれもメッセージの「受け手」として，「大衆（マス）」（特に都市の大衆）の存在が前提である。そのような「大衆社会（マス・ソサエティ）」のなかで，モダンメディアは大きな影響力を発揮し，「大衆文化（マス・カルチャー）」を生み出してきた。

1　「映画」の誕生とその「影響力」

　19世紀から20世紀にかけて，「都市」を中心とした「消費文化」が興隆し，そのなかから「都市文化」の代表的なものの一つとして「映画」が現れる。また，20世紀に入って「ラジオ」および「テレビ」という「放送メディア」も登場してくる。それらの"モダン"メディアとしての「マスメディア」は，「大衆社会（mass society）」を背景として，人びとに大きな「影響力（effects or influence）」を及ぼすに至る。

◆19世紀後半における欧米の社会状況

　「映画」は，まさに「モダン文化」の代表とも言えるメディアである。映画について，マーシャル・マクルーハン（1967＝1964）は，それが「機械化の原理」に従うことを述べている。「機械化は過程を細分化し，その細分化した諸部分を連続的に結合するもの」（同書，19-20頁）であるが，「映画は機械的に速度を上げることのみによって，われわれを連続と連結の世界から創造性をもった相関的構造の世界に運び移した」（同）という。つまりは，動画という新たなイメージ世界をもたらしたのである。映画は一般に「時間芸術」とも言われる。時間の経過に沿って（環境の変化を）楽しむ芸術である。

19世紀末に，このような「映画」という新たなメディアが生まれてくるのは，偶然ではない。一つは，産業革命を経て，大量に生産されたさまざまな商品がもたらされ，それらが，「デパート」という，当時，最新の建築材料であったガラスや鉄でできた建物の，吹き抜けのある，幻想的な空間に展示され，それ以前とは異なり，客が買うことを強制されずに，自由にその空間を"遊歩"できる店舗が登場した時代において，同じように，幻想的な空間で，仮想的ではあるが"遊歩"を楽しむことができた（実際には映像の方が動いているのだが，座席に固定された客が移動しているかのような感覚を得る）のが「映画」であった（フリードバーグ，2008，108-110頁）。

また，「映画」は，暗い「映画館」という室内空間で見るものだが，そのような室内空間には，安全にコントロールできる室内用の「照明」が必要であったろうし，同様に機械装置用の安全な「光源」も必要だったろう。つまりは，「電気」あるいは「電灯」が必要だったと言えよう。具体的には，電気が広く使われるようになり，ローソクやガス灯あるいはアーク灯（後者の二つはもっぱら「街頭」で用いられた）よりも火事が発生しにくく安全で，光の強さ等をコントロールしやすい「白熱電球」のようなものが必要であっただろう。19世紀末になって，「電気の時代」がうたわれ，何度も開かれた万国博覧会（万博）のうち，「1889〔明治22〕年のパリ万博が電気を利用した最初の博覧会だった」（同書，111頁）が，そのように電気を使った展示がさまざまに行われるようになった時期に，映画は登場するに至り，万博においても「アトラクション」の一部としてスペクタクルで客の興味をそそったのである（同書，112頁）。

◆サイレント映画の発明

映画は，その基本的なメカニズムは，発明王エジソンがほぼ確立したと言えよう。もちろん，正確に言えば，他にも多くのエンジニアが映画の開発に関わったのだが，特許裁判において「その最終的な完成者がエジソンであった」とされる（名和，2006，128頁）。

エジソンが行った他のいろいろな研究の場合（例えば白熱電球の開発）と同

様に，映画研究においても先人はいた。エジソンは，マレーの実験室で写真銃を見せてもらっており，それが彼の映画開発にとっての大きな契機になったようだ（スクラー，1995a=1975，44頁）。

映画とは，「残像現象をシステム的に作りだす仕掛け」（名和，2006，127頁）であるが，「大切なことはイメージを1コマごとに静止しなければならないという条件」（同）だという。この条件は一般には「間欠運動」と呼ばれる。フィルムのコマを単に早く動かしても，イメージが流れてしまうだけで，人間の眼にはしっかりとした像として写らないのである。

映画は，当初，1秒間にフィルム16コマであった。それは，ロール・フィルムに焼きつけられた写真を順に1秒間あたり16枚静止しては見せる，という意味である。この枚数であれば，人間の視覚には，連続した映像として見えるというわけである。イーストマン・コダック社を創業したジョージ・イーストマンはエジソンとともに映画や写真のフィルムの発明・改良に取り組んだ（浜田，2000，41頁）が，フィルムの規格や「パーコレーション（あるいはパーフォレーション）」というフィルムの送り穴の数（一コマの左右4つずつ）などは，事実上，エジソンが決めたのである。フィルムの規格は幅が35mmで，タテヨコの比率（アスペクト比）が「3：4」のものが「標準規格」とされ，これはテレビの画面にも用いられることになる。さらに，現在のハイビジョンの画面の大きさも，これを基準に「9：16」つまり「$3^2：4^2$」になっている。

エジソンは，しかしながらアメリカ以外では，映画の発明者とは普通みなされていない。エジソンが発明した「キネトスコープ」は，一人ひとり，箱型の装置の上ののぞき穴から，1分程度のサイレントのフィルムを見る「のぞき式」であって，今日の映画のスタイルであるスクリーンに投影するという方式をとらなかったからである。もちろん，エジソンがスクリーン投影法に気づかなかったわけではなく，集団に見せるよりも，一人ひとり見る方式の装置を各家庭に一台ずつ売った方が儲かるという判断をしたからである。もし，この装置がとても魅力的なものであれば，そのような目論見も成功したかもしれないが，実際には，この装置を数台店頭においた「キネトスコープ・パーラー」

（一人ひとりコインを投じて，のぞき式の装置で短いフィルムを見る）はすぐに飽きられてしまったという。1890年代の半ばから後半にかけての頃の話である。映画史上初めてのキスシーンや女性の喫煙シーン，あるいは女性の入浴シーンなどは当初は刺激的ではあったかもしれない（これらの映像については，モラル的に問題だとされたりもした）が，1分程度のフィルムでは，結局，たいした「コンテンツ」とはなりえなかったと言えよう。

　1888（明治21）年以降，いろいろな人が，多くは一回きりの無料の上映を「スクリーン投影方式」で行ったという。つまり，技術的にはすでに一定のレベルに達していたわけである。

　しかし，この方式で映画を有料で世界最初に上映したのは，フランスのリュミエール兄弟（オーギュストとルイ）であるとされる。彼らの方式は「シネマトグラフ」と言う。今でも，映画のことを「シネマ」と言うのは，それに由来する。リュミエール兄弟が画期的だったのは，一般の人向けに上映を「有料化」し，映画を「産業化」する方向に一歩を踏み出したということであった。

◆世界最初のスクリーン投影式映画と「やらせ」

　その世界最初の有料映画上映は，1895（明治28）年12月28日にパリのグラン・カフェの地下室でなされた。一人1フランという料金で，観客はわずか33人だったという（Toulet, 1995＝1988, 15-16頁）。10本のサイレントのフィルムが上映された。そのなかには，リュミエール兄弟の父親が経営していたリヨンの化学工場から，たくさんの労働者がぞろぞろと出てくる「工場の出口」というシーンや，パリのラ・シオタ駅のホームに蒸気機関車が牽引する「列車の到着」というシーンがあった。列車が到着するフィルムを見たとき，観客が驚いて席を立ったというエピソードがあったとされる。これらのフィルムの撮影には，監督（多くは弟のルイ・リュミエール）がいろいろ指示したり，家族や友人らを被写体とし，「演出」がなされたようだ（同書，17頁）。撮影用カメラを意識しない視線や"自然"なふるまいを映像に残すには，そのような"不自然"な要求をする必要があったのであろう。世界最初のフィルムは，純粋な「記録

映画」ではないのである。悪く言えば，映画はその歴史の最初から「やらせ（演出）」があったのである。

　リュミエールたちの映画はまもなく評判となり，くちコミで連日2千人が詰めかけたという（同書，16頁）。また，それらは最初，無音つまりサイレント映画（「無声映画」）であったが，すぐにピアノの「伴奏音楽」がつけられるようになる。日本などでは，それだけでなく，「弁士」（活動弁士，略して「活弁」とも言う）あるいは「映画説明者」と呼ばれるような人が，スクリーンのそばに立ち，ナレーションや声色を使って「せりふ」をあてる，というようなことがあった。これは，日本の「話芸」の伝統から来たものかもしれない。旧日本植民地であった当時の台湾や朝鮮などでも「弁士」がついたようだ（四方田，1998，146頁）。

　「伴奏音楽」は，オルガンやオーケストラによるクラシックの生演奏の場合もあったが，「レコード」は基本的には使われなかった。なぜなら，レコードは長い間，SP（Standard Play）というものであったが，これは片面わずか3分ほどの長さ（両面で6分ほど）しか録音できなかったからである。仮に2時間もの映画にこのSPレコードを使うとすれば，表裏2面で6分ほどであるから，20枚ものレコードを裏返したり取り換えたりしながら掛け直さなければならなかったであろう（ただし，サイレント映画で2時間というような長いものは少ない）。この取り換え部分を自動化したとしても，映画俳優の口に台詞をぴったりと合わせる「シンクロ」は難しかったかもしれない。映画館では映写フィルムの交換を行いながら上映するが，そのために映像と音とがずれる可能性があり，おかしなことになったであろう。

◆映画のトーキー化と24コマへの変化

　映画はサイレントながらも，さまざまな作品が作られ，例えばD・W・グリフィスのような偉大な監督も出現し，長編劇映画（例えば，1915年の『国民の創生』など）も製作されるようになる。チャーリー・チャップリンやバスター・キートンのように，ボードビルやミュージックホールの芸人出身の俳優で，せ

りふはなくとも，パントマイムやその他の身体表現・表情（キートンは顔は無表情だが）によって，すぐれた喜劇作品をつくる人びとも生まれる。

　しかし，1920年代にはラジオが登場した。アメリカの商業放送のラジオは無料だった（日本の場合は，日本放送協会との契約で聴取料を払う必要があった）ので，家庭でニュースやさまざまな娯楽を安く楽しめる時代となり，映画にも転機が訪れる。1927（昭和2）年には，音声が同時に出る本格的なトーキー映画が出現する。アル・ジョルスン主演の『ジャズ・シンガー』である。この映画の冒頭はサイレントであるが，途中から登場人物が歌い出すのである。ただし，G・サドゥールによれば，この映画は「幾つかの台詞を喋ったり歌をうたう場面が挿入されたサイレント映画」（サドゥール，1980＝1972，196頁）にすぎず，完全なトーキー映画の最初は翌1928（昭和3）年の『ニューヨークの灯』だという（同）。

　トーキー化では，最初，先に述べたように，レコードとシンクロさせる方式などが考案されたが，失敗した。その後，フィルムの端に「サウンド・トラック」と呼ばれる音声用の溝を刻む方式によって成功するが，映像と音がリンクするためには，フィルムが1秒間に16コマでは音入れするには短かすぎ，24コマに変更される。日本では，1931（昭和6）年の五所平之助監督による『マダムと女房』（松竹蒲田製作，田中絹代主演）が最初のトーキー映画とされる（佐藤，1986，3頁）。この映画は，「完璧なトーキー」（四方田，2000，79頁）であるが，アメリカにおける最初のトーキーと同じく，「ジャズ」がモチーフの一つになっている。四方田犬彦は「ジャズに代表されるアメリカの都会風モダニズムへの庶民的な関心が，最新流行のトーキーとあいまって，おおらかに肯定されている」（同）と言っている（ただし，日本のこのような状況は，数年後には日中戦争により失われたことも指摘されている）。

　映画はその後，カラー化される。アメリカでは，第二次世界大戦以前の1937（昭和12）年のディズニーアニメ『白雪姫』や1939（昭和14）年の実写映画『風と共に去りぬ』によって，カラー化が完成した。戦争中にこれらのフィルムをひそかに見せられた映画関係者たちは，アメリカの映画技術のすばらしさに，

日本が戦争で負けるだろうと覚悟した,というエピソードが伝えられている。日本ではようやく敗戦後の1951(昭和26)年に『カルメン故郷に帰る』(松竹,木下恵介監督)という映画で「フルカラー」(当時は「総天然色」と呼んだ)化が本格化した。また,映画は,1950年代にテレビと競合するようになってからは,ワイド画面化やステレオ化が進むが,フィルムを利用することそれ自体は,20世紀の末まで100年以上変わることはなかった。

◆ユダヤ人たちによるハリウッド映画の誕生

ハリウッドの誕生は,真偽は不明だが,エジソンに代表される東部エスタブリッシュメント(支配階級)からの映画の解放に帰されることがある。19世紀末から20世紀初頭にかけて,世界一の工業国であり,雇用の機会の多いアメリカ合衆国へやってきたロシア・東欧出身の数百万人もの大量の移民,なかでもユダヤ系の移民が,当時は比較的少ない資本で手掛けることができた映画産業に従事するようになる。当初は,人口の多いニューヨークの街頭などで撮影を行ったりしていたが,エジソンら,映画技術の特許をもち,それ以前から映画撮影を多く行っていた東部エスタブリッシュメント陣営から,特許料の支払い要求をされるなどの嫌がらせがあり,それも理由の一つとなって,カリフォルニアのロサンゼルス郊外(市内)の地「ハリウッド」に1910(明治43)年頃,新天地を求めたことから,その歴史は始まった。井上一馬によれば,ハリウッドに「最初に撮影所を備えたのは,ネスター・フィルムという会社で,それは1911(明治44)年のことだった」(井上,1998,39頁)という。

サドゥールによれば,ハリウッド映画製作は,最初,チャップリンのようなイギリス人のほか,フランス人ら多くの外国出身の監督によって主導されたというが,さらに,ハリウッドは競争相手国の映画を没落させるために,外国の優れた監督や俳優を組織的に移住させることまでやったという(サドゥール,1980＝1972,184-185頁)。

しかし,このような策を弄するまでもなく,20世紀初頭のアメリカは,第一次世界大戦で疲弊したヨーロッパの人びとをひきつけたということがある。そ

の頃のアメリカは，東部のニューヨークでは，ブロードウェイでの演劇が台頭し始め，西部のカリフォルニアでは映画が勃興しはじめたわけである。

◆スターシステム

ハリウッド映画の特徴の一つとして，スターシステムがある。これは，一人の「スター」がさまざまな作品において，さまざまな役柄を演じるというものである。観客は，その素晴らしい「スター」を見るために映画館に足を運ぶ。

サイレント映画の時代の「スター」としては，バスター・キートン（1895-1966）やトーキーの時代にも活躍したチャーリー・チャップリン（1889-1977）がおり，彼ら「スター」の出ている映画を求めて人びとは映画館に出かけたのである。また，ハリウッドの黄金期であった1950年代のスターとしては，自動車事故で夭折し「若者のシンボル」となったジェームズ・ディーン（1931-1955）を挙げることができよう。彼は，演劇やテレビ（番組やCM）などにも出演したが，ハリウッド映画では『理由なき反抗』『エデンの東』および『ジャイアンツ』のわずか3本の作品にしか出ていない。しかし，それぞれの作品できわめて印象的な役柄を演じ，観客の心に深く記憶される俳優となった。死後に公開された映画により，二度アカデミー賞の主演男優賞の候補となった。

◆映画の製作・流通システム

映画の製作は，まず第一に「企画」の段階がある。小説やマンガあるいは演劇，さらにはすでに一度どこか（過去あるいは海外）で映画化されたものを含めて，「原作」が存在する場合もあるし，「アイディア（の梗概＝メモ）」しか存在しない場合もあるが，いずれにしても新たな映画化のためにシナリオライターが優れた「脚本（台本）」を描くことがとても重要である。"成功"の鍵は，まず第一に「本（＝脚本）」であるとされる。

第二に，狭義の意味での「制作」がある。これは，まず実際に映画の「撮影」を行う。これは「映画スタジオ」のセットを使ってなされる場合もあるが，作品のイメージにあった適切な撮影場所（風景や街並み）を探し求める「ロ

ケーション・ハンティング（ロケハン）」を行い，選ばれた場所で俳優たちが演技を行って，それを撮影する「ロケーション撮影（ロケ）」を行うことも多い。その後，「編集」を行い，音楽や効果音あるいはアフレコ（俳優たちが後からせりふを吹き込む）などの「音入れ」を行う。ここで「作品」としての映画は完成する。

　第三に，できあがった作品の"宣伝・PR"をし，"流通"させなくてはいけないが，これを日本の映画界独特の言い方で「配給」と言う。きちんとした「配給網」があって，それに乗せることができれば，多くの映画館で上映でき，たくさんの人びとに見てもらえる。また，海外の作品を買い付けるのも，配給業者の仕事である。テレビでCMを流すだけでなく，作品を紹介してもらう「パブリシティ（無料広告）」を行うことも多い。

　しかし，かつてのハリウッド映画や邦画では，この「配給網」は，大手の映画会社の独占的な支配下にあった（大手の会社がいくつかあるので正確には"寡占"である）。そのため，大手ではない独立系の映画の作り手（インディーズ）が製作した映画が配給網に乗らず，多くの人びとに見てもらえない，というようなことも起きた。

　最終段階は「上映」であり，通例は「映画館」でなされる。かつて大手の映画会社が企画から上映までを支配する独占的な力をもっていた垂直統合スタジオ・システムの時代には，それぞれの映画会社毎に専門の映画館があり，その会社の映画は特定の映画館でしか見られなかった。これは日本でも同じであったし，ハリウッドでは1949（昭和24）年の「パラマウント判決」でそのような方式が否定された（赤木，2003，67頁）のに対して，日本ではそれが長い間続いた（ハリウッドでは，1980年代以降，映画会社は「配給」を通じて大きな力を行使するようになったという）。

　日本では，「プログラム・ピクチャー」と呼ばれるシステムがあった。これは，映画における大量生産システムである。1930年代には日活が，1950年代には東映（時代劇）が，このシステムによって日本映画を量産した（四方田，前掲書，153頁）が，質の悪い作品であっても，配給・上映が専門館によって保証

されており，上映が観客数に左右されないので，結果的に作品が粗製乱造され，映画全体の質の低下を招いた。

今日では，複数のスクリーンをもつ「シネマコンプレックス（略称：シネコン）」があり，多くの映画作品の選択肢があって，見る人は，そこから自由に選べるやり方に変わっている。

◆映画の機能と影響力

映画は，その始まりは「記録」的なものであったが，リュミエール兄弟の最初期のフィルムがそうであったように，容易に「演出」が加わるという性質があり，次第に主に「劇映画」の方向に進んで行った。それでも，映画には，その「時代」の人びとや社会や文化を意図せずに「映し出す」という特徴がある。さらに，それに加えて，その時代のさまざまなものに対する「風刺」「批評」「批判」を行うという機能がある。チャーリー・チャップリンの名作『モダン・タイムス』（1936）は，その典型的な例であり，機械文明によって人間が翻弄される姿を見事にコミカルに描いている。

個人への影響力については，まず，20世紀初頭のアメリカでは，「モラル」などへの悪影響についての懸念があり，警察がいっせいに立ち入り捜査したという現象などもあった（スクラー，前掲書，80頁）。ハリウッドが台頭した1920年代以降においても，中産階級を中心とする「善良なアメリカ人の価値」とは相容れないような，犯罪やわいせつといった映画内容に対する強い批判があったのである（同書，188-189頁）。

大人が強い抵抗を感じた「ロック音楽」が初めて映画に登場したのは，1955年にビル・ヘイリー（1925-1981）が『ロック・アラウンド・ザ・クロック』というロックンロール第1弾を発表し，それがハリウッド映画『暴力教室』（原題『黒板のジャングル（Blackboard Jungle）』）に使われたときであった（第4章3節参照）が，これは，激しい音楽だけでなく，それに加えて生々しい暴力の映像描写があってのことであろう。

子どもを含む不特定多数が目にする可能性のあるテレビと違って，映画につ

いては，観客側に選択権があるので，表現は相当に自由であるが，実際は上映に際して，日本のR指定など，常に「規制」がつきまとう。それは，主に性表現と暴力表現に関してである。

◆「プロパガンダ（大衆宣伝）」としての映画

　「映画」は，「大衆」に対する，その優れた訴求（アピール）力から，社会主義諸国や全体主義諸国において，国民教化や大衆動員つまり「プロパガンダ（大衆宣伝）」の手段として用いられた。民主主義諸国においても，戦時にはやはり同様に「プロパガンダ」の手段として使われた。

　かつてのソビエト連邦共和国（ソ連）のような社会主義諸国においては，指導する側の「エリート」たちが，大多数の国民に何らかの「思想」あるいは「教義」を教える必要があり，その目的のために「映画」が製作され，国民に提供された。例えば，モンタージュ理論で有名なセルゲイ・エイゼンシュテイン監督の名作『戦艦ポチョムキン』は，ソ連政府の要請で，1905年の失敗に終わった革命における兵士たちの英雄的な姿を描いた「記念」映画であり，「ニュース映画」であったが（サドゥール，前掲書，158頁），ソ連国民を教化する意図があったと言える。

　アメリカのような"民主主義"国家であっても，第一次世界大戦や第二次世界大戦に際しては，「映画」や「ラジオ」を通じて，国民を"教化"する手段としてプロパガンダは行われたのである。4度も選挙で当選を果たした大統領（今は二期までしか認められない）フランクリン・D・ローズヴェルト（ルーズヴェルト）は，ラジオにおける「炉辺談話」によって国民に語りかけるという形で，自らの政策が国民に浸透することを狙った。ウォルト・ディズニーのような，一見戦争とは無関係なアニメ作品を作っていた人物でさえも，国家に協力し，プロパガンダ映画を作ったとされる。ウォルトはまさに愛国的な人物だったのだ（ロファ，2011）。

◆文化帝国主義

　日本映画界には独自の映画製作体制が確立され，邦画が，ハリウッド映画によって淘汰されるようなことはなかったが，それでも邦画は1970〜80年代には衰退し，映画会社は「洋画の配給」に力を注ぐようになった。1950〜60年代と比べて数的に激減した映画観客たちも，邦画より洋画に足を向けることが増えた。しかしながら，1990年代以降は邦画も回復し，再び，隆盛の状況にある。日本のように，国産の映画を大量に製作し，独自の市場をもっている国は数少ない。多くの国は，外国から映画を輸入し，需要を満たしている。その結果，自国の映画産業は育たず，外国文化の影響を強く受ける傾向になる。それが「文化侵略」となり，「文化帝国主義」の様相を呈することになる。

　アメリカのハリウッド映画は，すでに1920年代から海外に販路を求めるようになったという。ハリウッド映画は，意外なことに，多くの作品は「赤字」であるという。それ故，その「赤字」の埋め合わせのため，積極的に海外に「市場」を求めざるをえず，「文化帝国主義」的な様相を呈するに至るのだ。

　日本のアニメについては，意図したものではないにせよ，「文化帝国主義」の側面がある。それ故，フランスなどのヨーロッパ諸国で，日本製テレビアニメの輸入規制がなされるといったことが生じる。

2　「アニメ」の誕生とその「影響力」

　アニメーション（以下では「アニメ」という省略形を用いる）は，「映画」の誕生とともに生まれた。よくアニメは「パラパラ漫画」の発展型であるかのように言われるが，網膜における「残像」を利用して連続的な映像（動画）となるという点では共通しているものの，「一コマずつ写真撮影」し，「間欠運動」を用いた機械で再生されてきたという点では，まさに「映画」と共通の基盤をもっており，「アニメ」は，「映画」の誕生に続いて歴史的に登場してきた映像メディアである。

第3章 「モダンメディア」としての「映画」・「アニメ」・「放送」と「大衆文化」　79

◆海外におけるアニメの誕生

　世界では，アメリカのジェームズ・スチュアート・ブラックトン監督による『愉快な百面相』（1906＝明治39年）という作品が「一般的に始［初］めて一コマ撮りで作られたマンガ映画」（秋田，2005，63頁）と言われている。これは，「客のリクエストに応じた絵をその場で手早く描いたり，即興で面白おかしい絵を次から次へと描いていくライトニング・スケッチ（チョーク・トークともいう）というショーの経験があった」（同書，63-64頁）ブラックトンが，それを映画の「いわゆるトリック」（同書，65頁）として用いたものであり，「言い方を変えれば初期の特殊撮影映画」（同）だとされる。つまり，「アニメ」という独立した映像分野ではなく，あくまでも「映画」の範疇での作品だったという。フランス人のエミール・コールは，ブラックトンのアニメを見て，すぐにその手法の解析に乗り出し，1908（明治41）年までに一コマ撮りを解明して（同書，67頁），『ファンタスマゴリー』＝『ファントーシュ』シリーズの第一作を生み出した。

　また，イギリス人のウィンザー・マッケイは，コミック・ストリップとマンガ映画を直接結びつけ（同書，73頁），すでに人気のあったキャラクターが登場する『リトル・ニモ』のアニメを作った（1911＝明治44年）。「コミック・ストリップ」というのは，海外の新聞で連載されるもので，日本風に言えば「新聞漫画」である。次いで，1914（大正3）年には有名な『恐竜ガーティ』を公開したが，背景もキャラクターもすべて一々描きこんでいたために，輪郭が震えて見えるということでも話題になったという（同書，74頁）。さらに，1918（大正7）年には「リアルなドキュメンタリー風マンガ映画『ルシタニア号の沈没』」（同書，76頁）という作品も作り，社会的な反響を呼んだ。これは，第一次世界大戦中にドイツ軍の潜水艦（Uボート）によって攻撃され沈没した豪華客船の事件を扱っている。

　他にも，オットー・メスマーは，『猫のフェリックス』（1919＝大正8年）というキャラクターを発表し，1920年代にパット・サリヴァンのプロデュースに

よって大人気を博する（同書，77頁）。これは「全てが線とべた塗りされた面による世界，つまり『インクのしみ』の世界であ」（同）ったが，「チャップリンのキャラクターをマンガ映画にするという経験」（同書，79頁）を生かしたもので，今日まで人気があるという。

◆ウォルト・ディズニーの登場

　以上は，まだ「サイレント・アニメーション」の時代であったが，ここにウォルト・ディズニーという若き才能が登場してくる。彼は，一時，「幸せうさぎのオズワルド」というキャラクターで人気を得たのであるが，当時，著作権を握っていた配給業者にスタッフの大部分とそのキャラクターを取り上げられてしまい，窮余の策として，当時人気の「猫」ではなくて，「ネズミ」の「ミッキーマウス」で勝負をすることになった。スタッフのなかで唯一残ったのは，友人のアブ・アイワークスであったが，彼こそが実質上のディズニーアニメの描き手であった（井上，前掲書，99頁）。ウォルトは，さまざまなアイディアをもち，それを実現していった人であり，むしろ「プロデューサー」として才能があった人である（さらに，彼と組んで仕事をした兄ロイは会計や経営の才があった）。

　ウォルトはその生涯を通して，新しいメディアやテクノロジーに挑戦し続けた，まさにモダン期の典型的人間である。ミッキーマウスも，世界最初のトーキーアニメ『蒸汽船ウィリー』（1928＝昭和3年）に登場したことで，一躍世間の脚光を浴びることになった（スクラー，1995b＝1975，82頁）。この作品では，キャラクターの口の動きが音楽にぴったり合う（シンクロナイズさせる），というような優れた技術を誇った。さらに，『白雪姫』（1937＝昭和12年）は，世界初のフルカラー長編アニメであり，映画館の「本編」で上映されるようなアニメを生みだしたのである。「アニメ」というメディアは，技術的にも芸術としても，ここに一応の"完成"をみたと言ってよいであろう。このディズニーアニメは，日本のアニメ作家をはじめ，世界のアニメ界に大きな影響を与えた。

　ただ，一言付け加えておくと，ディズニーの『白雪姫』は，18世紀のグリム

の原作とはかなり違う内容になっている。原作（伝承を記録したもの）の第一版は，現在では考えられないほど"残酷"な内容である（一例を挙げれば，白雪姫の継母とされる「魔女」は，原作では「実母」であるし，彼女自身は残酷な死に方をするなど）。それをウォルトは，20世紀の「子ども向け」に内容を甘いロマンチックなものに変え，親子で楽しめる物語に仕立て上げたのである。ウォルトは，中流白人の典型的な保守的な価値観をもっていたと言える。

◆日本におけるアニメの遠い祖先としての「絵巻」

「アニメ」は動く絵であるのに対して，「絵巻」は動かない芸術である。しかし，その両者の共通性を指摘する見方はかなり前からある。例えば，「日本の絵巻は，物語と結合して時間的であろうとした絵画の，もっとも古い形態である。映画と絵巻の根本の相違は，対照的な運動の有無にあるが，観念の時間的流動の造形的な表現として両者は共通する芸術である」（今村，1992，126頁）という見方である。

日本には，「国宝」として四大絵巻がある。『源氏物語絵巻』『伴大納言絵巻』『信貴山縁起絵巻』『鳥獣人物戯画』である。アニメは映画と同じく時間芸術であるが，「絵巻もまた絵こそ動かないが，同じく時間の進行を通して鑑賞される。それゆえ絵巻は同じ絵物語としての漫画映画のはるかな前身である」（同書，126頁）というのである。これは，絵巻は，右手で巻き取りながら，左側から順々に現れる新たな絵を鑑賞するというスタイルを指している。

このような鑑賞法を前提として，絵巻には「異時同図」という描き方がなされている。例えば，『伴大納言絵巻』において，「先ず火事の場面があるね。それを見物する群衆が描かれ，やがて建物が見える。これは天皇の居所をしめしているのだろう。これを見ているのが背を向けて立つ貴族なんだ。やがてこの人物が殿上において訴える異時同図となるが，絵の二人の間には溝があって，それが時間の違いを示しているのだろう。しかるにさらにその訴えに驚いて，良房が直訴することになった，というわけだ」（五味，1994，103頁）。

ただし，「異時同図」は絵巻以前からあったとされる。「中国の南北朝から

隋・唐にわたる壁画や図巻に描かれた仏伝・本生談や仏教説話を始め，日本でもそれにならった『過去現在因果経』や玉虫厨子須弥座の「仏本生談図」のように，時間的に継起するいくつかの場面を連続する画面に描いたり，同じ舞台背景のなかに描きこんだりする手法は早くからあった」（武者小路，1990，61頁）という。

また，『信貴山縁起絵巻』では，聖（ひじり）の超自然的な不思議な力が示される，次のような，生き生きとした描写が見られる。「手前の地上から倉の側面を斜め上方に俵が列をなして舞いあがり，おどろいて見上げる鹿のいる山なみの上はるかを，鉢にのせた一俵を先頭に小さく遠ざかっていく次の場面が連続して描かれる」（同書，51-52頁）。

それだけでなく，アニメと絵巻には，表現技術にも共通点があるとされる。「絵巻は，運動する対象まで描こうとし，独特の線による運動表現を発達せしめた」（今村，前掲書，131頁），「絵巻には，また映画の大写し（close up）と同じ手法が使われている」（同書，130頁），「『信貴山縁起絵巻』では，米俵が空をとぶシーンに点線雲形が使われ，空かける童子の足もとに流線が描かれ，またその前方を車輪がころがっている。これらもまた速度の視覚的造型的表現である」（同書，132頁）というような指摘である。

他にも，アニメに多く見られる動物の描写が，有名な『鳥獣人物戯画』には豊富にある。「これには，詞書（ことばがき）がない」が，「いちばんよく知られている絵巻」（五味，前掲書，16頁）で，「作者であろうとこれまでにもよく指摘されてきた覚猷（かくゆう）」（同書，17頁）＝「鳥羽僧正」と呼ばれる人物によるものである。

◆日本におけるアニメ（漫画映画）の誕生

日本でも，明治時代の末から大正時代にかけての1910年代には，「アニメ」が誕生していた。ただし，当時の言い方では「漫画映画」である。「漫画」であるから，二次元の平面的な表現であるが，それが一コマ一コマ写真に撮られ，「連続写真」として映写機にかけられると「漫画映画」となる。

日本にはじめて紹介されたアニメーション映画は，1912（明治45）年の春に

第3章 「モダンメディア」としての「映画」・「アニメ」・「放送」と「大衆文化」 83

浅草帝国館で上映された，アメリカのパテ社の『ニッパールの変形』であった（秋田，前掲書，84頁）が，「内容は不明」であった（同）。現存する日本最古の国産アニメ映画は幸内純一『なまくら刀』（1917〔大正6〕年）だという（東京国立近代美術館フィルムセンターHP）。下川凹天（オウテンまたはヘコテン）『芋川椋三 玄関番の巻』あるいは『同 明暗の失敗』（1917）も作られたという（同）が，作品は残っていない。他に，北山清太郎『猿蟹合戦』（1917）や寺内純一『塙凹内名刀之巻』（1917）などの作品がある。

特筆すべき，すぐれたアニメーターとしては，政岡憲三（「動画」という言葉を作った）や瀬尾光世がいた。政岡は，『難船ス物語第壱編・猿ヶ島』（1930〔昭和5〕年）や『くもとちゅうりっぷ』（1943〔昭和18〕年）といったファンタジー作品をつくりあげた。瀬尾は，文部省の「文化映画」として教育的な内容の『アリチャン』（1941〔昭和16〕年）や日本最初の長編漫画映画であり，当時の海軍省のプロパガンダを目的とした37分の作品『桃太郎の海鷲』（1942〔昭和17〕年）および74分の作品『桃太郎 海の神兵』（1945〔昭和20〕年）を残した。後者は，内容的には牧歌的なシーンが多く，これを見た当時（旧制）中学生の手塚治虫に多大な影響を与えた。

戦後になると，映画会社の東映が「東映動画」を設立する（1956〔昭和31〕年）。作品としては，日本最初のフルカラー長編アニメである『白蛇伝』（1958〔昭和33〕年）や『少年猿飛佐助』（1959〔昭和34〕年）などがある。後者の作品は，1960（昭和35）年のベネチア国際映画祭で児童映画部門グランプリという栄誉に輝いた。『西遊記』（1960〔昭和35〕年）では，手塚治虫が原作・動画製作者として参加している。

◆日本のテレビアニメ

よく知られていることであるが，日本のテレビにおける「アニメ」番組の嚆矢は，1961（昭和36）年に設立された手塚治虫プロダクション動画部（翌年「虫プロダクション」に社名変更）によって手掛けられた手塚治虫作の『鉄腕アトム』であった。これは，1963（昭和38）年元日から1966（昭和41）年末までの，

まる4年間にわたってフジテレビで放送された番組で，視聴率は20％台から40％台と高く，子どもたちの間にとても人気があった。

しかしながら，映像の質という面からすると，劇場用のような「フルアニメ」ではなく，さまざまな制約によって生み出された「リミテッドアニメ」であった。つまり，映写する実質的なコマ数を極力，減らすために「『止め』の活用」「三コマ撮り（一秒間に8枚の絵）」「バンク・システム」の利用を行ったため，動きの少ない映像であった。ただ，結果的には，低コストでの作品制作を可能とし，海外に安く輸出できるという利点があり，また，動きの少なさが独特の味わいをかもすことにもなり，日本アニメが海外でも人気を博すという現象をもたらし，その後の「アニメブーム」を生み出すことになった。なお，「アニメ」という言葉は，手塚が，「フルアニメーション」とは異なる新しい作品形式であることを意識して，用い始めた言葉だという（高橋・津堅，2011，48頁）。

3　「放送」の始まりとその「影響力」

現在のような「放送」の始まりは，電磁波（＝電波）の発見にその起源を求めることができるであろうが，それは「無線電信」の延長上に「放送」を捉えるということでもある。しかしながら，実は，「(有線) 電信」の延長上にある「電話」もまた，20世紀初頭に，一時的にせよ「放送」的な利用の仕方がなされたことがある。さらに，20世紀末以降のCATVやインターネットを利用した「放送」も，「(有線) 電信」の延長上にあると言える。

◆ラジオ放送の始まり

「ラジオ (radio)」は，イタリア人発明家グリエルモ・マルコーニが実用化に成功した「無線電信」の延長上にある。radio という英語は，文字通り「無線」という意味であるが，マルコーニの無線電信が「モールス信号」を用い，専門的な技師によって操られたのに対して，ラジオは誰もが聴くことのできるような「肉声」や「音楽」を電波に乗せて送信し受信する技術である。

無線電信の歴史は，1888（明治21）年にドイツのハインリヒ・ヘルツが電磁波（いわゆる電波）を発見したことに端を発する。これを利用して1895（明治28）年には，イタリアのマルコーニが無線電信の開発に成功した。翌年にこの技術が紹介された日本は，いち早く研究の第一線に立ったという（ポスカンザー，1996，97頁）。と言っても，当時は主に軍事や船舶関連での利用が想定されており，交信は「モールス信号」を用いるので，一般の人間の手に届く範囲にはなかった。

　実際，日露戦争（1905＝明治38年）においては，日本海軍連合艦隊の哨戒艦信濃丸がロシアのバルチック艦隊を発見，いち早く無線電報を発することで日本海海戦を有利に導き，日本の勝利に貢献した（石井，1994，132-133頁）。また，1912（明治45）年4月には，有名な「タイタニック号事件」が発生している。北極圏を処女航海中に氷山に接触したため沈没してしまった豪華客船タイタニック号は，無線電信でSOS（危急信号）を発信し続けたのであるが，近くの船舶には無線機が積まれていなかったり，無線技師がすでに眠りについていたりして，SOSが受信されることがなかった。そのため，100キロほど離れた船が受信して救助に向かったのであるが，多くの犠牲者を出すことになってしまった（同書，135頁）。この事件の後，すべての船舶に無線電信装置を積むことが義務づけられた。さらに，1914～1918（大正3～7）年にわたる第一次世界大戦でも，無線電信が活用された。

　モールス信号のような専門的な知識・技能がなければ扱えない装置ではなく，誰でもが肉声や自然の音で交信できる装置としての「ラジオ」の発明には，多くの，それも変人の発明家がかかわった。そのうち，すでに三極真空管を発明していたリー・ドゥ・フォレスト（アメリカ）と，レジナルド・A・フェセンデン（カナダ）により，1910（明治43）年にニューヨークで史上初の「無線電話＝ラジオ」の公開実験がなされた。また，エドウィン・H・アームストロング（アメリカ）は，音質の良いハイファイラジオを発明している。

　こうして，1920（大正9）年には，アメリカのペンシルベニア州ピッツバーグにおいて，KDKA局が世界最初の本格的ラジオ放送を開始した。KDKA局

は商業放送(日本で言うところの民間放送)であり、CMを流し、大統領選挙の速報を行った。アメリカでラジオは急速に普及し、1922(大正11)年末の時点では、アメリカに放送局が569局でき、推定聴取者は約200万人に達した(石井、同書)。

日本におけるラジオの歴史は、1923(大正12)年9月1日に起きた関東大震災がその導入に関わっている。この震災においては、新聞社も大きな被害を受け、一週間近く新聞の発行ができなくなった。当時は、電話の普及も進んでおらず、「情報の空白」が生じた。その空白において、「鮮人暴動流言」(「鮮人」とは、当時の差別用語である)が発生し、何の罪もない数千人もの(一説によれば1万人を超す)朝鮮人が日本人によって虐殺される、という事件が起きたのである。このような不幸な事件を受け、危機に際して正確な情報を迅速に伝達しうるラジオの導入が急がれたのである。

具体的には、1925(大正14)年3月に社団法人東京放送局が放送を開始し、次いで6月には大阪放送局が、7月には名古屋放送局が放送を開始した。しかるに、これら3局は、国策により、翌年1926(大正15)年8月20日には統合されて、「日本放送協会」として再発足したのである。その後、太平洋戦争終結までの時期には、唯一のラジオ放送局として、さまざまな情報を流すに至るが、戦時の「大本営発表」は、軍部の事実を歪曲した情報をそのまま流す、単なる「伝声管」としての役割を果たした(後述89頁参照のこと)。

◆史上初の「家庭メディア」としてのラジオ

今ではどちらかと言えば、時代遅れの古いメディアとしてのイメージがあるラジオであるが、このメディアがあってこそ、家庭の「団欒」("一家団欒")が生まれ、今日につながるさまざまな「大衆文化」の誕生があったのである。まさに膨大な人数の「大衆(マス)」が、同時に同じメッセージを聞くという、史上最大の「マスメディア」が誕生したのだ。

ラジオは、今日でも災害の際には人びとにとって、たいへん強い味方であり、ラジオ受信機から直接聞くだけでなく、インターネットを経由し、ケータ

イヤスマホなどを利用して，さまざまに聴かれてもいる。

　日本にラジオが導入された1920年代半ばにおいて，大衆的なメディアとしては映画や雑誌および新聞があった。映画は，老若男女が楽しむことのできるメディアではあったが，お金もかかるし，映画館があるのは主として大きな都市であったから，国民全体が気軽に楽しめるメディアではなかった。雑誌は，個々の雑誌毎にその読者が異なる傾向があり，すべての国民が読むものはなかった。新聞は，戸別に配達されるものであったが，漢字が多く，内容的にもむずかしいこともあり，どちらかと言えば成年男子のメディアであった。

　それに対して，ラジオは，家庭の誰もが聴いて楽しめる可能性があり，まさに初の「家庭メディア」であった。ただ，ラジオの受信機については，感度の悪い「鉱石ラジオ」は個人でイヤホンを用いて聴くことができたが，家庭で皆が聴くための受信機は比較的高価であったため，戦後のテレビとは異なり，戦前のラジオ世帯普及率はせいぜい7割ほどに留まった。

　しかし，このラジオは，さまざまな可能性を有していた。1925（大正14）年3月の東京放送局の放送開始に際して，初代総裁に就任した後藤新平は，「無線放送に対する予が抱負」と称する講話を発表した（竹山，2002，26頁）。それによれば，第一に，ラジオによる「文化の機会均等」を挙げている。具体的には，「都会と地方」や「男女」の違いによる文化の格差がなくなるということであった。第二に，「家庭生活の革新」が挙げられており，これは「一家団欒が可能となる」ということであった。さらに第三に，「教育の社会化」として，「家庭内において学術知識が得られる」ことが掲げられていた。そして，最後に「経済機能の敏活」として，「商品取引市況がいち早く伝えられることによって経済活動に一大革新をもたらす」ことが掲げられていた。

　ここにおいては，今日のマスメディアに不可欠な「報道」や「ジャーナリズム」が欠けている（同）のは少々不可解である。先にも述べたように，関東大震災の反省がラジオの導入を急がせたという事情には言及されていない（国民に知らせる必要がないとされたのか？）。また，この数年後に始まり20年後まで続く戦時体制におけるラジオの広報・宣伝面での役割についても，示唆されな

かったということになる。

◆**ラジオがもたらした新たな文化（カルチャー）と娯楽（エンターテインメント）**

　後藤新平は，ラジオが「文化」の面で革新的なメディアであることを示唆していたが，現実に，ラジオは，放送が始まるとさまざまな新しい文化的な内容を生み出していった。というよりも，むしろ「娯楽」的な内容と言う方が正しいであろう。つまり，ラジオは家庭における「娯楽メディア」として人気を博するようになるのである。

　具体的には，まず第一に「スポーツ」が挙げられる。その代表は「オリンピック」である。1932（昭和7）年のロサンゼルス・オリンピック以降，ラジオによる中継放送がなされた。ただし，そのロサンゼルス大会については，実際には「実感放送」がなされたにすぎない。これは，競技を見てきたアナウンサーが，スタジオ内であたかも実況をしているかのように競技を再現したものである（竹山，同書，193頁）。その他，「野球」が放送されるようになり，野球は全国的に人気のあるスポーツ競技となった。

　第二に，お笑いを挙げることができる。具体的には，「落語」であり，「漫才」であった。特に漫才は，それ以前は，笑いを誘う振る舞いでお正月を祝う伝統芸能「漫才（万歳）」であったのが，「エンタツ・アチャコ」（横山エンタツ・花菱アチャコ）によって，日常的なことを語る会話の延長のような「しゃべくり漫才」が確立され，今日のような笑いの文化が誕生したのである。エンタツ・アチャコの代表的なネタは「早慶戦」であった。これは，大学野球のカードをネタにしたわけで，当時いかに野球が盛んであったかも示している。

　第三には，「ラヂオドラマ」が挙げられる。当初は「ラヂオ劇」と呼ばれ，人気があった（同書，217頁）。特に，当時，サイレントであった映画のスターが出演したときには，肉声をはじめて耳にできたので，「聴取者の興奮はたいへんなもの」だったという（同書，219頁）。

　第四には，「音楽」が挙げられるが，今日のようなポップスはなく，伝統的

な「浪花節（浪曲）」が人気であり，ラジオの放送からは「流行歌」という言葉に代わって，歌のある曲を意味する「歌謡曲」も生まれるに至る（菊池，2008，21頁）。

ラジオは，その歴史の初期から，「音楽文化」の担い手としての位置づけがなされ，アメリカではジャズの普及に力をもち，日本では「歌謡曲」の興隆，さらに戦後は「深夜ラジオ」を通じて「若者文化」への大きな影響力が発揮された。ところが，「ウォークマン」や「CD」あるいは「カラオケ」といった新たな文化アイテムの登場によって，ラジオは音楽文化の主役の座からはすべり落ちていくのである。

◆ラジオによるプロパガンダ・国民の統合

他方では，ラジオのようなマスメディアを利用しての国家権力による「情報操作」や「プロパガンダ（あるいは宣伝・PR）」がなされるという歴史もあった。しかも，ラジオのこのような使い方は，必ずしも社会主義やファシズム体制に特有のものではなく，アメリカのような自由主義の国においてや，戦後日本の民主化においても，ラジオが「教化」＝「啓蒙」の手段として使われるということがあったのである。

ラジオは，平和時には文化に貢献できたが，権力の側が，家庭に居る国民に直接語りかけることができ，情報をいち早く伝達できる機能があるため，ソ連のような社会主義国や，第二次世界大戦の頃のイタリア・ドイツ・日本のファシズム（全体主義）体制では日常的に，自由主義国では特に戦時体制において，「プロパガンダ」の手段として利用されることになった。

日本においては，ラジオは導入されてすぐに，「大正天皇大葬儀」や「昭和天皇御大礼」の中継という形でのプロパガンダを行い，天皇を利用した国民の統合に協力した（このようなことは，戦後のテレビ導入時にも繰り返された）。さらに，日中戦争からの戦時体制においては，国民を鼓舞する役割を演じた。1941（昭和16）年12月8日に始まった太平洋戦争においては，国家総動員体制の下，しだいに虚偽・誇大な情報となっていく「大本営発表」が，新聞のみな

らずラジオによっても報道され，国民はさらなる戦争の遂行へと駆り立てられることになった。そのような虚偽に満ちた大本営発表が終わるのは，やっと1945（昭和20）年8月15日正午の「玉音放送」で，天皇が自ら戦争の終結を宣言したときであった。その際，史上初めて天皇の肉声（＝玉音，ただし録音であった）がラジオを通じて，広く国民一般の耳に届いたのである。

　かつてのドイツにおいては，第一次世界大戦の敗北を受けて書かれたアドルフ・ヒトラーの『我が闘争』（1973＝1925）において強調された通り，プロパガンダが重視されるに至り，ヒトラー率いるナチスが政権を奪取した1933（昭和8）年1月以降は，しだいにファシズム体制下の鉄壁の言論統制状況がもたらされるに至った。ここでは，ヒトラー総統の右腕であった宣伝大臣ヨーゼフ・ゲッベルスによるメディア統制と劇映画の製作や，天才的な記録映画監督レニ・リーフェンシュタールの活躍（ベルリンオリンピックを描いた『民族の祭典』等）が有名であった。

　民主国家であるアメリカでも，リンカーンやJFK（ジョン・F・ケネディ）と並んで最も偉大な大統領とされるFDR（フランクリン・D・ルーズベルト＝最近の表記ではローズヴェルト）の時代（経済大恐慌～第二次世界大戦）には，大統領自身がラジオを通じて国民に直接語りかけ，自らの政策への理解をもとめた「炉辺談話」（fireside chat）がなされた。

◆戦後民主化とラジオ

　戦後日本においては，当時のGHQ（連合国軍総司令部）によって，ラジオは民主主義の啓蒙手段と位置づけられた。そのため，聴取者である一般国民が参加できる『のど自慢』や，一般国民の声を拾う『街頭録音』といったような番組がつくられた。また，日本の軍国主義思想の排除を目的とする占領軍の強い意志で作られた『真相はかうだ〔＝こうだ〕』という番組が週に3回も放送されたという（竹山，前掲書，305頁）。

　1950（昭和25）年6月1日には，電波三法（電波法・放送法・電波監理委員会設置法）が施行され，特殊法人日本放送協会（NHK）も再発足する。また，

1951（昭和26）年9月1日には，初の民間放送（民放）ラジオとして中部日本放送（名古屋）と新日本放送（現・毎日放送，大阪）が発足する。民放の発足に伴い，日本の放送は，NHKという公共放送（放送法にもとづき，広く国民から受信料を徴収する）と民間放送（CMを流し，利潤を目的とする）という2元体制となる。

◆戦後文化とラジオ

ラジオと言えば，1960〜70年代の日本にあっては，「深夜ラジオ」に代表されるように，若者文化の一翼を担い，フォークやロックあるいはニューミュージックやJポップのメディアだった，という印象が深い。

しかしながら，実は，戦後しばらくのラジオは，民放であろうとNHKであろうと，「音楽文化＝クラシック音楽」という考え方であったようだ。例えば，民放のラジオ局「文化放送」の「文化」はまさにそのような"高尚な"もの，という建前で発足したようだが，リスナーからの支持は高くなく，結局は，流行歌や歌謡曲がラジオから聴かれるようになった。

ラジオと若者とのつながりは，例えば，NHK第二における「ラジオ講座」のような受験勉強のための番組があったが，民放では，若者に人気のフォーク歌手やお笑い芸人によるDJ（パーソナリティ）のトークと音楽（フォークや歌謡曲）が売りの「深夜放送」が，若者文化の一翼を担った。

◆「電話」の延長としての「テレビ」

遠くに居ても，その姿を間近に見ることのできる装置は，「テレビ」というふうには呼ばれなかったとしても，かなり古くから想像され，期待されていた。であるから，水越伸が言うように，テレビが，独自の概念をもつメディアというより，「ラジオの延長」のように思われるのは，日本に特有な状況・条件からきているとも言えよう（水越，1996）。

おそらく，19世紀の後半，「電話」によって，遠くに居る人の声を間近に聞くことができるようになったことや，「電送写真」のような発明は，「人間」や

「風景」の生の姿も同様に伝送できることを期待させるに至ったであろう。その証拠に,「テレビ」は,今で言う「テレビ電話」の発想が初期からあったと思われるのである。アイディア的には,「テレビ」は「電話」の延長であったとも言える。

　しかしながら,実際には,ラジオと同様,テレビの場合も,専門的で責任ある組織から多くの人びとに向けて何らかの興味深い映像を送るという,一対多のマス・コミュニケーションになった。その理由の一つは,テレビ電波の「希少性」という要因である。限られた電波という資源を独占的に使用する組織は,多くの人びとにとって役に立つ形でその資源を有効活用する義務があると考えられたのだ。第二に,テレビの技術は,複雑な技術であって,誰もがそれを使って発信することのできる技術とは考えられなかったし,番組を製作するノウハウなども一般の人が有しないものだった。したがって,テレビの送り手は「専門性」のある組織だとされてきたのである。

◆日本へのテレビ導入

　日本でテレビの本放送が始まったのは,第二次世界大戦の敗戦からわずか7年半後,全国に戦争の爪痕がまだ生々しく残っていた1953（昭和28）年2月である。このようにテレビ導入が急がれたのは,資本家側における「危機感」がある。当時,日本列島の周囲は,朝鮮戦争停戦の結果として誕生した韓国（大韓民国）以外は,「共産圏」に属する社会主義諸国であった（ソ連＝ソビエト連邦,中国＝中華人民共和国,北朝鮮＝朝鮮民主主義人民共和国,北ベトナム＝ベトナム人民共和国）。わずかに,日本と韓国,それに台湾と南ベトナム（ベトナム共和国）が資本主義国家であったが,地理的な面積からすると合計してもごく狭い国土であった。それに対して,共産圏諸国は広大な国土を占めていた。このような地政学的環境のなかで,日本でも共産革命が起きる可能性がゼロとは言えない状況と思われたのである。

　そのような状況において,読売新聞社主で戦前は内務官僚（警察官僚）だった正力松太郎は,テレビの導入を進める。それは,日本を共産化から守るべ

く，アメリカ的な資本主義を旨とする思想を日本人に植えつけるのに役立つというような判断であった（有馬，2011）。正力の「日本テレビ放送網（NTV）」は，当時，民主化のなかでごく短期間存在した独立委員会の一つであった電波監理委員会から「予備免許第一号」を得ることができ，日本放送協会（NHK）をリードした。

　NHKは実は，戦前，1940（昭和15＝皇紀2600）年に東京オリンピックが予定されていて，それをテレビで中継すべく，浜松高等工業学校の高柳健次郎を招き，テレビ実用化を世界に先駆けて行おうとしたが，日中戦争の激化に伴い，日本は国際的に孤立化した結果，国際連盟を脱退し，オリンピック開催も返上したのであった。その経緯もあり，テレビ技術の国産化にこだわっていて，早期のテレビ放送開始は考えていなかった（高柳は戦争協力者として，テレビ研究への復帰は認められなかった）が，日本テレビのリードを見て，巻き返しを図らざるをえず，結局，アメリカの技術を大幅に取り入れることで，日本テレビよりも約半年早い，1953（昭和28）年2月1日に本放送を開始することができた。NHKの独自の国産技術という点では，NHKの「放送技術研究所（技研）」が大きな貢献をし，その後の「カラー化」（1960年代）や「ハイビジョン（高品位テレビ）化」（1980年代）において，大きな成果を見た。

◆ NHKと民間放送（民放）～「受信料」と「街頭テレビ」～

　NHKは，放送法の規定にもとづき，その放送を受信できる装置を有する者と「受信契約」を結び，契約者から「受信料」をとることになっている。ただし，罰則のない決まりであり，実際には払っていない人も多い（3割程度と推定される）が，最近では，長期の未払い者に対してはNHKが裁判に訴え，支払いをすべきという判決を得ている。

　民間放送（民放）はCMを流すことで，受信そのものは無料である。民放テレビ局第一号となった日本テレビ放送網（日本テレビ）の正力松太郎社長は，テレビに対する国民の関心の高さを証明し，CMスポンサーを確保するために，新橋駅前など200箇所余りの会場にそれぞれ複数のテレビ受像機を設置し，「街

頭テレビ」として人びとにテレビとはどのようなものかを見せた。その結果，驚くほど多くの（多い会場では数千人単位の）人びとがテレビ受像機の前に集まり，CM効果が大いにありうることを示した。

◆ 日本におけるテレビの急速な普及

まだ戦争の傷跡も癒えない昭和20年代の日本に，テレビを導入しようとした正力松太郎はまた，テレビ生産による「経済発展」をも目論んだと言われるが，日本におけるテレビの普及は，まさに「高度経済成長（1955〜73年）」の時代に重なる。

本放送開始から5年たった1958（昭和33）年9月の時点では，テレビの世帯普及率は15.9％にすぎなかった。当時はまだ，ラジオ（普及率91.7％）が家庭の中心メディアであった。他の家電の普及率は，電気洗濯機29.3％，電気冷蔵庫5.5％であった（数字は経済企画庁の消費者動向調査による，佐藤，1990，147-148頁）。その後，テレビ・電気洗濯機・電気冷蔵庫は「三種の神器」と呼ばれて主要な家庭電化製品とされ，急激に普及していく。なかでも，テレビは，戦後憧れとなった消費的な「アメリカ的生活様式」の象徴であり，他の電化製品よりも早く普及が進み，1963（昭和38）年2月の時点で世帯普及率は88.3％に達したという（同書，153頁）。テレビというアメリカ的な消費生活のシンボル的製品が，人びとの憧れの的となったことは，正力松太郎のまさに狙い通りだったと言えよう。その後，日本人は「テレビ好き」な国民と言われ，国際比較調査においても，アメリカと並んで視聴時間の長い国となった。

◆ NHK「連続テレビ小説」（朝ドラ）と「大河ドラマ」など

テレビの初期の頃は，「ドラマ」あるいは「ドキュメンタリー」に見るべきものが多かった。今も続くNHKの「大河ドラマ」や朝の「連続テレビ小説」（朝ドラ）の他に，NHKのドキュメンタリー番組『新日本紀行』，あるいは"ドラマのTBS"とも言われたTBS（東京放送）のホームドラマなどは，高い視聴率と評価とを得た。

朝の「連続テレビ小説」は，NHKが，家事で忙しい朝からテレビを見てもらう手段の一つとして放送が始まったとされるもので，第一作は1961（昭和36）年の『娘と私』（獅子文六・原作）であった。当初は1年間の放送であり，主人公は男の場合もあった。人気に火がついたのは第6作の『おはなはん』（1966〔昭和41〕年）の頃からで，女性の一代記物という基本形ができあがった（村松，1979）。

「大河ドラマ」は，日曜の夜に見てもらうための歴史絵巻であり，第一作は井伊直弼の生涯を描いた『花の生涯』であった（1963〔昭和38〕年）。基本的に一年間の放送であることは今も同じである。

しかし，テレビに慣れてしまった国民は，そのような"つくりもの"よりも，生々しい現実を現場から伝えることができるテレビの能力の方に次第に魅力を感じるようになっていく。その前提には，1970年代後半から80年代にかけて，テレビの取材能力の向上をもたらす，さまざまなテクノロジーの進歩があった。例えば，どんなところにも入り込んで小型のカメラによるビデオ撮影と録音ができる「ENG（Electronic News Gathering）」は，テレビ取材の機動性を著しく向上させた。1985（昭和60）年秋に，テレビ朝日で始まった『ニュースステーション』は，それまで主に娯楽畑にいた久米宏をメインキャスターとし，わかりやすいニュース報道や解説で人気を得た。この番組を契機に，テレビは，それ以前からもあった朝に加えて，午後にもさまざまな「ワイドショー」番組が増え，ニュースショーあるいは情報番組が花盛りとなる。

◆テレビ視聴の個人化＝「家庭メディア」としてのテレビ離れ

テレビは長い間，世帯単位で利用されるメディアとして見られてきた。そもそも，日本において，テレビは高度経済成長（1955〜1973〔昭和30〜48〕年）のただなかで急速に普及し，当時増加していると考えられた核家族を中心として，「家族団欒」のメディア（「家庭メディア」）として位置づけられた。それ故，テレビがどれくらい見られるかを示す指標として今なお用いられる「視聴率」（通常は，ビデオリサーチ社が機械により調査）は，基本的に世帯単位なのである。

「家庭メディア」としてのテレビは，一時期，視聴時間が頭打ちとなり，「テレビ離れ」が言われたこともあったが，その原因は，テレビの"一人一台化"であった。しかしながら，一家に「メインテレビ」と「サブテレビ」があった場合，メインテレビは主にリビング（あるいはダイニングルーム）にあり，主に各自の部屋にあるサブテレビよりも，やはり家族が集まる場所にあるメインテレビの方が，サブテレビよりも長く見られる傾向があったのである（NHK 放送世論調査所，1981，20頁）。

しかるに，1980年代の後半から，若者のうち，特に男性において，「一人で見る」傾向が強まっていった。つまり，家族が集まる場所にあるメインテレビを見るよりも，若い男性は自分の部屋に閉じこもり，自由気ままに自分専用のテレビを見る傾向が強まったと言える。ちょうど，その頃，「家族」のライフスタイルの変化についても語られ，同じ屋根の下に居ながら，めいめいが自分の好き勝手にふるまう「ホテル家族」化している，とも言われた（小此木，1986）。

◆テレビ離れあるいはメディアの多様化

このような「テレビの個人視聴化」の進展から，メディアそれ自体の変化とも関連して，1980年代後半に一時期「テレビ離れ」が言われたが，その背景として，この頃は「ニューメディア時代」の到来が声高に叫ばれた時期であり，「メディアの多様化」が始まった頃だったということがある。ただ，視聴時間の減少は全体としては一時的であったし，メディアの多様化といっても，結局は，テレビの BS 放送や CS 放送が始まった程度であり，それほどの社会的な影響はなかった。

より明確に「テレビ離れ」あるいは具体的な現象として「視聴率の低下」が始まったのは，1990年代に入ってからである。1990年代の後半にはインターネットが普及し始め，完全なテレビ離れは見られないものの，現在では若者は動画サイトをテレビの代りに見る傾向が生じるなど，それまでのテレビ視聴時間の一部がインターネットの利用に向けられたことは間違いないと考えられ

る。しかしながら，それは，テレビの機能の一部がネットで代替されるという「機能代替」（橋元，2011，184-185頁）がなされたということであり，テレビのもつ機能自体が不要になったわけでは決してない。

第4章
モダニティとモダン文化

　ここでは，モダン期における性質・特徴を意味する「モダニティ」について記述する。第2章～第3章までの内容を踏まえながら，メディアと関連する事項についても整理して述べる。

■ 1　「モダン」期の人間観と社会

　モダン期における人間や文化についての見方は，モダニティも両義的であって単純ではないとする議論もある（吉原・斉藤，2011，4頁）が，一般には単純で明快なものと言える。ポストモダン期はそれに対して，全般的に，より複雑化し単純明快ではなくなる傾向がある。「可視性」については，モダン期はより透明化する方向にすすんできたが，ポストモダン期の社会においては，むしろ潜在化し，非可視的になる傾向があろう。

◆モダン期における個人主義の台頭と国民国家の形成

　モダン期の始まりは西洋における「ルネサンス（文芸復興・人間復興期）」に始まると言えよう。「個人主義」が台頭し，集団で仕事をしていた職人集団のなかから，レオナルド・ダ・ヴィンチのような"天才"が出現する。モダン期においては，「個人」こそが「創造」の"主体"であり，逆に言えば，「主体性」をもった「個人」こそが「創造主」となる。したがって，それは「世俗化」ということでもあり，神が支配してきた中世からの脱却でもあった。モダン期より前の中世西洋世界においては，キリスト教が支配し，神が大きな力をもっていた。日本においても，中世においては仏教の権力が強まったし，戦国時代には西洋から渡来したキリスト教がある程度の勢力をもつに至った。かつ

て「死」が一般に今より身近にあった時代には「宗教」が不可欠であり，その「宗教」が世の中を支配する傾向が強かったのであろう。新大陸アメリカには，当初は主にヨーロッパから，後には世界のさまざまな地域から，多くの植民が行われ，やがて「宗教」を根幹とする人工的な国家が誕生するに至るが，このアメリカ合衆国はモダンな国家へと発展していく。

　「モダン」期の西洋社会においては，「資本家」が台頭し，数世紀にわたって「市民革命」や「科学革命」が起きた（ここで言う「市民」とは，主にブルジョアジーの意である）。その間，「啓蒙思想」が生まれ，「自由」や「平等」を求める動きが生じた。「個人」の力がさらに強まり，才能ある「個人」としての「芸術家」や「小説家」や「音楽家」あるいは「科学者」が続々と誕生した。「教育」は，エリート層だけでなく，「大衆」も享受できるようになった。それらの要因は，「テクノロジー」の発展に結びついて「産業社会」を準備し，実際にそれが成立し発展した。フランスやイギリスはさまざまな民族を含む中央集権国家となり，同じ民族でありながら，それまでバラバラな諸国に分かれていたイタリアやドイツなどの国家も統一され，モダン期における国家は「国民国家」として成立する。20世紀には，ソビエト連邦共和国（ソ連）や中華人民共和国（中国）のような，非宗教的な社会主義国家が次つぎに誕生する。

◆モダン期の"主体的"な人間観

　近代的な人間観を代表する思想家はルネ・デカルト（1596－1650）である。デカルトの「我思う，故に我あり（Cogito ergo sum）」という有名な言葉に表されているように，近代的な人間は，最終的に，何があっても揺らぐことのない「自我」をもつとされる。それは，常に"合理的"に思考し行動する「主体性」のある人間である。

　主体性をもつ典型的な「個人」は，しばしば優れた能力を発揮し，例えば「作家」「芸術家」「スポーツマン」あるいは「科学者」などとして，表現活動や学術的な活動を行う。それほど能力があるわけではない普通の個人であっても，適切な判断力を備えており，正しい行動ができると言えよう。

そのような主体的な人間は，資本主義的な社会においては，「市民」として"理性的"な合理的判断にもとづいて行動し，「民主主義社会」の「主権者」となる。マックス・ヴェーバー（1864-1920）は，モダン期における経済社会を分析したことで有名な社会学者であるが，その方法における中心的な論点は「合理化された『世界像』による行為の構造化」（山之内，1997，22頁）であり，その「合理化の近代的パターン」をさまざまに記述したのである。例えば，科学における「合理的な実験」という手続きや，音楽における「合理的な和声法」や絵画における「遠近法」などは，"近代的な"方法であり，それらによって科学や芸術も"進歩"を遂げたわけである（同書，24頁）。また，政治における「民主主義」や経済における「資本主義」も"近代的な"制度である（その起源はもっと昔にあるとしても）。しかしながら，ヴェーバーは，「普遍的合理性なるものを価値的に善だとする素朴な近代主義的信念」の持ち主と考えられがちであるが，実際には，近代を批判した人だったという（同書，32頁）。「経済人」（アダム・スミス）も，利潤を得るという"合理的な"行動を行う存在であるが，その「心理的な起動力」は"非合理的な"ものであるというのが，ヴェーバーの有名な『プロテスタンティズムの倫理と資本主義の精神』（1988=1905）の中心的なポイントである（同書，65頁）。このような非合理性については，他方で，ジークムント・フロイト（1856-1939）らの精神分析における無意識の発見・定式化がなされた。

　実際のところ，そのような主体的な人びとから成るはずの現代社会において，ファシズム（全体主義）が蔓延したり戦争やテロが繰り返されるなど，しばしば非合理な行動や現象が生じるのである。

◆モダン文化の一元性

　モダン文化においては，一般に，ものの見方が一元的で単純である。もちろん，ものごと全体は「多層的」「重層的」であること自体は，モダン期でもポストモダン期でも同じであるが，モダニティにおいては，それぞれの層（あるいは属性など）では，同次元のなかでの「二項対立」が強調される。人口学的

な属性で言えば,例えば「性別」の次元があるが,モダニティにおいては「男性」と「女性」という「二項対立」が強調され,産業革命以降の労働における男女の違いや,男女の性別役割の明確化という現象が生じた。

世代的には,「大人」と「若者(あるいは子ども)」の対立が明白になった。アマチュア研究家のフィリップ・アリエス(1981=1960)が明らかにしたように,モダン期の前には「子ども」という明確な時期はなく,子どもは単に"小さな"大人として半人前の存在でしかなかった。それが,モダン期に入ってから,普通教育の普及や労働の現場での保護というようなことから,「子ども時代」あるいは「思春期」が明確な時期として認識されるようになった。1960～70年代には,高等教育の普及により,就職や結婚を先延ばしにする「モラトリアム期」(小此木啓吾,1981=1978)も生じる。結果的に,これらのことは,子どもを含めた「若者」という社会的存在が重要になり,同時に「大人」と対立する存在となっていく。このことは,ポピュラー音楽のような大衆文化において,より突出して見られた。

◆モダン文化の体系性・システム・ピラミッド組織

モダン期には,合理的なことが好まれ,論理的・合目的・統合的な「体系」や「システム」がもてはやされる。それが組織に当てはめられると,官僚制度や大企業などの「ピラミッド組織」となり,日常的な定型的なパターン化された活動の遂行にはとても有効である。モダン期における,そのようなピラミッド組織の典型は,「鉄道会社」である。

また,学術や科学においては,壮大な理論が次つぎに著された。19世紀後半には,チャールズ・ダーウィンの「進化論」(『種の起源』)やカール・マルクスの唯物論的な「資本論」,20世紀前半には,ジークムント・フロイトの無意識を含めた心の構造についての「精神分析学」,そして,アルバート・アインシュタインの「相対性理論」などである。これらの理論も「大きな物語」と言うべきであろう。

2 「モダン」期における大衆社会と視覚メディアの発展

　モダン期後期における社会は，産業化と都市の発展によって「都市化」が進行し，流動的で根なし草的な「大衆（マス）」の存在が前提とされる「大衆社会」が出現する。大衆社会においてはテレビや漫画のような視覚メディアが発展し，「マスメディア」は全体として大きな支配力をもつが，「権力」はそれを利用して「大衆」を"操作"しようともする。

◆リアル空間の拡張と「地球村」の実現

　19世紀末から20世紀にかけて，小型のガソリン・エンジンを備えた自動車が普及し，同様に航空機が発明され，第二次世界大戦後には旅客機による旅行も一般化した。それ以前から存在していた鉄道も蒸気から電気へと変わり，世界のいたるところに敷設されるようになった。このように，交通機関が全面的に発展し，実際に人間が自らの身体を移動させられる「リアル空間」が拡張の一途をたどってきた。多くの国では，「海外旅行の自由化」が実現し，多くの人びとが互いに交流するようになった。日本では，昭和の東京オリンピックが開催された1964（昭和39）年には，海外旅行の自由化が実現し，海外ツアーもたくさん行われるようになった。時間的にも，通信やマスメディアの発展・普及によって，遠くの出来事も一瞬のうちに見聞することが可能になってきた。

　このような地理的距離と時間的距離の克服によって，われわれは，世界の多くの地域や人びとと関係をもちながら生活するようになった。それ故，世界の遠く離れた場所で起きた出来事もわれわれの生活に影響するようになった。マーシャル・マクルーハン（1911-1980）の言う「地球村（the global village）」（マクルーハン＆フィオール，1972＝1968）の実現である。

◆大衆社会と他人指向

　「大衆（マス）」の多くは，もともとは「農村コミュニティ」から離れて都市に定住した人びと，つまり「都市大衆」から成っている。すでに述べたように

(第2章参照），都市大衆は，アメリカでも日本でも，1920年代に登場し始めた。モダン都市に住む人びとは，かつてのヨーロッパであれば城壁に囲まれた中世都市や一般に農村コミュニティのように，基本的に土地に縛られていた人びとと違い，旅行や移住などの移動の"自由"があり，さまざまな情報を集めたり批判的な意見を発信することのできる「知る権利」や「言論の自由」の享受もできた。

そのような人びとは，自由と引き換えに，根なし草的な流動性と不安によって特徴づけられる。接する人びとの数は多くとも，かつてのような確固たる「コミュニティ」（居住区や仕事場）が存在し，自己の「アイデンティティ」が明確だった時代とは異なり，所属を次つぎに変えることもでき，アイデンティティについての不安定さがある。

そのような「大衆（マス）」は，「甲羅のない蟹」に喩えられるような無力さがあり，さまざまな影響力によって翻弄される存在とされる（清水，1951）。それは，デイヴィッド・リースマン著『孤独な群衆』（1964＝1950）の社会的性格の分類からすると，常にアンテナを張って他人の動向をキャッチし，それに同調しようとする「他人指向型」の人間である。

◆国家による「プロパガンダ」と大衆操作

「国民国家」における国民はまさにこのような「大衆」であり，大衆は，新聞やテレビなどの，大規模な組織から成る強力な「マスメディア」の「受け手」として，それらのマスメディアのメッセージによって考え方や感情などの面で誘導される傾向がある。社会主義諸国では，エリートである共産党幹部あるいは国家的リーダーたちが，このようなマスメディアの力を"活用"して，国民（人民）を「唱導」するという思想がある（マルクス＝レーニン主義や毛沢東思想）が，実際には，党や国家の指導を受けたマスメディアが代わりに国民を導くのである。このような体制においては，「教育」と「プロパガンダ」の区別は実質的にはなく，いずれも情報にもとづく「大衆操作」だと言える。社会主義諸国では，建国時から，学校もマスメディアも権力によって"管理"さ

れ"統制"されており，国民が政治体制を批判するなどの「言論の自由」は実質的にない。

　第二次世界大戦時のドイツやイタリアあるいは日本は，民主主義ではなく，ファシズム（全体主義）体制をとっていて，国民の思想・言論・行動はやはり国家による"管理""統制"を受けた。マスメディアは，ファシズムの成立に従って，次第に国家の支配下に置かれるようになって国家の要請に従うようになり，「言論の自由」は失われ，マスメディアの多くは「プロパガンダ」の手段となる。

　アメリカやイギリスあるいはフランスのような自由主義の国家であっても，緊急時や戦時においては，実質的な「愛国主義」とナショナリズムのもと，多かれ少なかれ国家の要請を受けて，国家の都合のよい情報の一方的な提供がなされる。

◆マスメディアの本質

　出版・新聞・映画・ラジオ・テレビなどのマスメディアは，すべてルネサンス以降のモダン期に登場した。これらのマスメディアは，いずれも基本的には，限られた数の「送り手」から，大多数を占め，一つの塊（マス）を成す「受け手」に対して，大量（マス）の情報提供を行うという，"一方向的"なコミュニケーションを実現している。送り手は，多くの場合には，何らかの意味で優れた能力（情報収集能力や調査能力あるいは表現能力など）をもつ個人あるいは組織である。受け手は「大衆（マス）」である。大衆（マス）は，人数はとても多いが，マスメディアからの情報に対しては，たいていの場合"受け身的"であって，「受け手」としての大衆から「送り手」への「情報のフィードバック」はごくわずかである（例えば，投書や視聴率など）。

　モダン期においては，「送り手」は「言論の自由」をもつとされ，「受け手」は「知る権利」を主張する。しかしながら，「送り手」は，一方的な影響力を行使しうるが故に，しばしば政治権力による規制や介入を受ける傾向があり，場合によっては，政治権力の手先となることもある。「受け手」はたいていの

場合，弱い立場にあり，一般市民が送り手となる「パブリックアクセス」の権利を主張することもあるが，日本ではその動きは弱いものに留まっていた（この点では，インターネットという新たな発信のメディアを得た今日でも，日本ではそれを十分に生かすには至っていない）。

多くのマスメディアは組織を成し，大きな資本をもっていて，寡占的な企業である（出版などは，少数の大手企業と多くの中小企業が存在する）。多くの場合，社屋ビルや機械設備あるいは関連施設なども所有しているし，ラジオやテレビなどの放送は，国から「免許」を得て5年毎に更新され，大きな既得権益（利権）をもっている。これらのことから，新たに放送事業に参入することは困難であり，誰でも送り手としてのマスメディアになれるわけではない。

◆メディアイベント

「メディアイベント」は，ダヤーンとカッツ（1996＝1992）の定義では「テレビの生中継によって伝えられる歴史的なイベント」のことであり，冠婚葬祭や競争や征服などのイベントがある。具体的には，例えば，ロイヤル・ウェディングやオリンピックや月面着陸など，あらかじめ予定されていて，当日はリアルタイムでテレビの生中継がなされるタイプのイベントである。このようなメディアイベントは，それを見る視聴者である「国民の統合」をもたらすだけでなく，世界的にも多くの視聴者が存在し，世界の人びとの心を一つにすることもありうる。このようなイベントの場合には，戦争の一時的な休戦をもたらすこともあるという。この場合はテレビであったが，モダン期のメディアである「マスメディア」の影響力の大きさを物語る事象である。

◆リアル空間と「擬似環境」

リアル空間とは，われわれが「生きられる」空間である。実際に，呼吸をし，食事をし，排泄をする物理的空間である。しかし，そのリアル空間について，われわれが直接に五感で感じられる部分は，全体のごくわずかである。わ

われわれは、好むと好まざるとにかかわらず、日常的に「地域コミュニティ」のなかで暮らしているのだが、物理的に身近な周囲のコミュニティには必ずしも関心がなく、よく知ろうともしないことが多い。われわれは遠くまで移動するので、身近な世界とは異なる外の世界をある程度は知っているし、遠くの人びととともさまざまな関係にある。そのような遠くにある空間や人びととの一部とは、電話やメールなどを通じて"交信"もしていて、今ここになくても、われわれはそれらが存在することを知っている。しかしながら、われわれが日常直接に知っている世界を超えた世界は、結局は、他のさまざまな人びとからの言語的な報告やテレビ（あるいはインターネットなど）を経由した映像から造り上げたところの、頭のなかの世界像である「擬似環境」にすぎない。しかしながら、われわれはそれを「リアル空間」として、物理的あるいは社会的にさまざまなことが実際に起きている"現実（リアリティ）"として認識しているのだ。このようなことは、言語能力を身につけた人類史の初期から起きていたことであるが、モダン期のマスメディアの発展によって明確に意識するようになったのである。

このような日常世界を超えた「擬似環境」について、最初に議論を展開したのは『世論』を著したジャーナリストのウォルター・リップマン（1987＝1922）であった。彼は、第一次世界大戦が始まったにもかかわらず、孤島に住んでいて、そのニュースを知らないが故に平和に暮らしていたイギリス人やフランス人やドイツ人らの話を記している。彼らは、2か月に一度来る船によってもたらされた新聞によって、その「擬似環境」を書き変えなければならなかった。つまり、新聞記事によって、本国ではかなり以前から戦争状態にあったことを知ったイギリス人やフランス人やドイツ人は、新聞によってもたらされたその「現実」に少なからず影響されるかもしれないわけである。リップマンは、そのような擬似環境の形成においては、「ステレオタイプ（紋切り型）」の思考やそれによって歪曲される記事が大きな影響力をもつことを述べている。

リップマンの時代は、マスメディアとしてはまだ新聞くらいしかなかった。

しかしながら、この「擬似環境」の考え方は、その後のラジオやテレビの時代にもあてはまるものであった。遠くの場所で起きたことを知るには、やはり、ほとんどマスメディアに頼るしかなかったわけであり、マスメディアの情報にもとづいて思考し行動するほかはなかったのである。それだけ「擬似環境」をもたらしてくれるマスメディアの影響力は強かったと言えよう。このような擬似環境が、インターネットの普及＝マスメディアの影響力の相対的低下によって、どのように変化するかは今後の大きな課題であるだろう。例えば、ポスト・トゥルースやオルターナティヴ・ファクトといった見方は、情報の玉石混交が常態化しているインターネットならではの「疑似環境」のあり方でもある。

◆テレビ映像の影響力

映像メディア、特にテレビがほぼすべての家庭に普及し終わった1960年代のアメリカでは、テレビ映像のもつ影響力に注目が集まった。

一つには、テレビ映像の「イメージ形成力」である（ブーアスティン、1974＝1964）。テレビは人物を実際以上に良く見せたり、逆に悪く見せることも可能である。1960年秋に行われたアメリカ大統領選挙での史上初のテレビ討論においては、40歳代の上院議員である民主党ジョン・F・ケネディ候補がその若さをテレビ映像でも強調するとともに、カメラ目線で国民に直接語りかける戦術をとったのに対して、50歳代のベテラン政治家で当時副大統領だった共和党のリチャード・ニクソンの方は、病み上がりの青白い顔をケネディの方にばかり見せて討論を行ったことで、それまで互角と思われた国民の支持がケネディ側に大きく傾いたとされる。つまり、テレビ上のケネディの「イメージ」がとても視聴者にアピールしたわけである。

同じ1960年代の後半にはテレビの「暴力描写」の影響力が問題とされ、当時のジョンソン大統領が諮問委員会を設けて、大々的に研究がなされた。折しも、1960年代は、ケネディ兄弟（大統領と司法長官）やキング牧師の暗殺が次つぎになされ、暴力の蔓延に対するテレビの影響力が問われた時代でもあっ

た。膨大な既存の研究のレビューや追加の研究の結果，テレビの「暴力描写」は確かに子どもたちに影響力があるとされ，その後のアメリカのテレビでは，殺人場面でも死体を明確に示さないとか，1990年代には，「Vチップ」という部品をテレビ受像機に設置し，親が，暴力的な描写がある番組をあらかじめテレビに映らないようにするなどのコントロールをする，という対策がなされるに至っている。この点，日本では，テレビの影響力が大いに語られることもかつてはあったが，多くの視聴者は，概して寛容な態度をテレビに対してとっている。

◆人間や機械などの「目」によるあからさまな「監視」

モダン期には，テクノロジーが発展し，通信メディアやマスメディアあるいは家庭電化製品以外にも，社会生活の至るところにテクノロジーが入り込んで行く。それは，大きな利便性をもたらし，目的—手段の機能主義的な人間関係が主になり，人間の"疎外"をもたらすことがある。権力は常に人びとを支配しようとするが，モダン期にはテクノロジーを駆使して人びとを「監視」するという可能性も高まった。

「監視」と言えば，伝統的には，特定の場での人間の"目"による行動の"監視"が普通であった。「刑務所」などで，被収容者が良からぬ行動（例えば脱獄の準備）をしていないかを"見張る"わけである。この場合には，監視する側の不断の注意が必要になる。このような特定の場での特定の人間に対するだけでなく，ジョージ・オーウェルの今や"古典的"となったSF小説『1984年』（1972＝1949）の世界のように，"強大な"「権力」が一般の人びとの行動や思想を"監視"し，"管理"するというような，あからさまで有無を言わさぬ"暴力的"とも言えるタイプのものがあった。そのSF小説のなかでは，「ビッグブラザー」という「独裁者」が国家を支配しており，各家庭に設置された「テレスクリーン」という装置によって，独裁権力からの情報が家庭に送られ"情報操作"されると同時に，家庭のなかの人間の行動も"監視"され権力側に伝えられるという，"双方向"の「管理」がなされている。もし，そのよう

な「管理」をまぬがれようとするならば，何らかの形で，その「権力」に"抵抗"せざるをえず，身体あるいは生命の危険を冒す場合もあった。以上のいずれの場合にも，人間あるいはそれに代わる機械や電子の「目」による，可視的であからさまな「監視」が，「管理」の基本的手法であった。

◆管理社会への道　～「監禁」と「パノプティコン」～

　かつてミッシェル・フーコー（1977＝1975）は，近代における「規律社会」の成立に関して，監獄や学校あるいは病院といった施設が，「監禁」を前提としていながら，そこに一見，"自律的"な自己コントロールが生じることを述べた。そのメカニズムとして，ジェレミー・ベンサムが考案した「パノプティコン（一望監視装置）」の効果についてフーコーは語っている。そこでは，監視側が実際に見ているかどうかが被監視側からはわからない形になっており，監視される側は常に気を許すことができない。そのため，被監視側は常に"規律正しい"行動を求められ，それが言わば習慣化するのである。つまり"自律"行動が生じるのである。それは，さまざまに"監視"されている現代人の"自律"行動と同質のものである。そのことによって「管理社会化」も進行するのである。

◆日本における近代漫画文化の始まり

　日本に西洋的な「漫画文化」が入ってきたのは，幕末から明治にかけてである。西洋の新聞や雑誌に載せる漫画やカリカチュアを描く漫画家の影響が徐々に及び，日本人の漫画家も登場してくる。

　有名な日本人漫画家としては，岡本一平がいる（妻は作家の岡本かの子，息子は芸術家の岡本太郎）。彼は，新聞に，社会風刺を利かせた一コマ漫画を連日連載していた。子ども向け漫画は，戦前から日本に存在していたが，軍隊で出世していく犬が主人公の『のらくろ』（田河水泡・作）が子ども向けの雑誌『少年倶楽部』（大日本雄辯會講談社）に長期連載され，大人気となった。ただし，太平洋戦争が始まる頃には連載は打ち切られた。

戦後は，手塚治虫（1928-1989）が登場する。彼は，まだ大阪大学の医学専門部に在学中の1947（昭和22）年に，『新宝島』（ストーリー・酒井七馬）の絵を担当したことがデビューである。その絵は，クロースアップやパンなどを用いた映画的な手法で描かれており，きわめて斬新であったとされる。しかしながら，手塚は，「ストーリー漫画」を確立したことが，日本の漫画界に与えた影響として最大である。大河小説のような壮大なストーリーをもつ漫画というのは，日本にしかないと言われるが，そのルーツは手塚治虫であったとされる。代表作には，『火の鳥』『ジャングル大帝』や『ブッダ』などがある。

　海外では，漫画は子ども向けであるか，そうでなくても知的なレベルは高くない場合が普通である。『スーパーマン』や『スパイダーマン』のような「アメリカン・コミック（アメコミ）」にしても，せいぜい労働者の娯楽用である。それに対して，日本では，手塚の活躍もあって，漫画が必ずしも子ども向けではなく，大人の鑑賞にも十分耐えられるレベルに達しているのである。だからこそ，日本の漫画が，世界でも人気になっているのだ。

◆日本における漫画週刊誌の発展

　日本の漫画文化を発展させたメディアとして重要なのは，漫画週刊誌の存在である。毎週毎週，数百万部もの分厚い漫画専門の週刊誌が発行されるというのは，他の国に例を見ない。戦後，いくつもの漫画月刊誌が発行されていたが，人口の多い団塊の世代を目当てに，漫画週刊誌も発行されるようになったのは，1959（昭和34）年であった。『週刊少年サンデー』（小学館刊）と『週刊少年マガジン』（講談社）が相次いで発行されるようになったのである。最初は，漫画以外の記事も含まれていたのだが，次第に漫画だけになっていった。

　その後も，いろいろな出版社からさまざまな漫画週刊誌が発行されていくが，なかでも1969（昭和44）年に週刊誌となった『週刊少年ジャンプ』（集英社刊）は人気漫画を多く掲載し，最大で653万部（1995年）の発行部数を誇り，一時代を築いた。この部数は，もちろん，ある1週だけの数であるから，1年間では優に3億冊を超える部数が発行されたことになる。ジャンプは，読者の人

気にもとづく徹底的な実力主義を貫き，新たな漫画文化をつくってきた。そこには，明快な編集方針があった。主人公は，「努力」→「友情」→「勝利」という一連のプロセスを経るというものである。これが，ジャンプに掲載される漫画の人気を呼ぶための「文法」であった（大塚，1987，60-61頁）。

　このような漫画週刊誌は，少年向けのみならず少女向けや青年あるいは成人向けのものなど多種類のものが発刊され，ほかに月刊誌や季刊などもあった。内容的にも，日本の漫画は，ロボットもの，SF近未来もの，変身ヒーローもの，冒険もの，スポーツもの，格闘もの，学園もの，恋愛もの，料理や食を扱ったものなど，あらゆるものがテーマになってきたし，問題提起をしたり，考えさせる内容のものも多い。

3　大衆文化の繁栄
〜日本と英語圏におけるポピュラー音楽〜

　モダン期には，大衆（マス）向けにマスメディアを通じて発展する「大衆文化（マスカルチャー）」が繁栄する。テクノロジーの発展を背景に，大規模な大衆（マス）に向けて，同じような複製品（コピー）を提示するのである。ヴァルター・ベンヤミンは，現代文化の本質は，伝統的な芸術品がもっていたような，本物（オリジナル）がもっている「アウラ（オーラ）」を欠いた「複製芸術」であるとした（ベンヤミン，1970＝1936）。しかし，逆に言えば，芸術がごく一部の人びとの占有物であった時代から，どんな人でもそれを享受できる時代になったというわけである。

　この節では，大衆文化のうち，特にテクノロジーやメディアの影響を敏感に反映してきたと言える「ポピュラー音楽」のモダン期における変遷について見ていく。

◆日本における西洋音楽の導入

　日本では，明治維新以降に「近代化」の一環として，西洋音楽を導入しようとした。江戸期には，歌舞伎の音曲以外には，個人的に三味線を伴奏とする歌

をたしなむ人びとがいたくらいで，現在のように，みんなで合唱や合奏するというようなことは普通にはなかったのである。

西洋音楽の導入は，まず文明開化期の明治10〜20年代（1877〜1896）に，近代化を進める指導者として来日した「お雇い外国人」から「軍楽」がもたらされた。なかでも，フランス人シャルル・ルルーによって，軍楽・軍歌が作られたり，アメリカ人メーソンの尽力によって学校唱歌の教材（『蝶々』や『君が代』など）が生まれ，授業も始まった（倉田，2001）。ルルー（作曲）と東京大学の外山正一（作詞）によって『抜刀隊』という軍歌が作られ，そのメロディーが日本人の感性によって少しずつ形を変え，日本の各地に浸透していく。ルルーの作曲は，実際には，ビゼーのオペラ『カルメン』の第二幕でドン・ホセが歌う軍歌を借用したものであった（『カルメン』は，後のラジオでもよく流され，戦前から日本人に愛好されたオペラである）。しかしながら，当時の日本人は西洋音楽の素養を欠いていたため，軍歌を学んだ兵士たちの大半が歌えなかったという（同書，106頁）。日本人が西洋音楽に慣れ親しむまでには，しばらく時間がかかったようである。

明治期中頃の小学校では軍歌が教材とされ，「子供たちは嬉々として軍歌を口にする」（同書，112頁）ということがあった。京都師範学校出身の小学校教員であった真下飛泉（ましもひせん）は，「ここはお国を何百里」と歌い出す『戦友』を発表（同書，113頁）し，その後，多くの日本国民によって歌い継がれている。

◆日本における「ポピュラー音楽」の始まり　〜「演歌」＝演説歌〜

「ポピュラー音楽」というのは，日本で言えば「歌謡曲」や「Jポップ」に代表されるような"流行（popular）"音楽であり，民衆（people）の間で生まれる"民衆的（popular）"なものである。海外では言わば「洋楽」であり，具体的には「ジャズ」や「ロック」に代表される音楽である。「ポピュラー音楽」に関して，日本と海外とで共通するのは，「ポップス」感覚とでも言うものであろうか。土俗的でない，軽快で洒落た感じの音楽であり，クラシックほどには規律正しいものではない，といったイメージであろう。

日本におけるポピュラー音楽の始まりは，明治期の演劇人であった川上音二郎の『オッペケペー』とされる。これは，明治期の自由民権運動における「政談演説」を歌にしたもの（倉田，同書，122頁）で，演説の歌であるから「演歌」とされる。現在の演歌とは，何ら系譜上のつながりはない。その後，「演歌師」という存在が生じる。これは，民権運動末期に現れた添田啞蟬坊が有名であり，彼が歌った『ダイナマイト・ドン』という歌は，「演歌第一号」ともされるが，川上の方が時代的に早いので正しくない。演歌師は，バイオリンやアコーディオンを伴奏として社会風刺的な歌を街頭で歌い，歌詞を印刷したものを売って生活を成り立たせたようだ。社会風刺をすることは，当時は警察の取り締まりの対象であり，演説会場では容易に規制を受けたが，街頭でゲリラ的に歌うことで，取締りを巧妙にかいくぐったわけである。

◆レコード音楽としてのポピュラー音楽

　1914（大正3）年3月の帝国劇場（略称：帝劇）において，島村抱月主宰「芸術座」による新劇公演が行われた。「新劇」とは伝統的な歌舞伎に対する，西洋的な新しい演劇のことをいう。演じられたのはトルストイ原作『復活』であったが，劇中歌の『カチューシャの唄』（島村抱月・相馬御風作詞，中山晋平作曲）が評判となり，その後，京都「南座」でも公演がなされた際には「学生が大挙して詰め掛け，連日大入り」（倉田，同書，146頁）になったという。そのため，5月には「東洋蓄音機」（京都）という会社が，松井須磨子の唄と劇の一部をレコードに吹き込（同）み，『カチューシャの唄』は大流行するに至る。レコード音楽としての「日本の流行歌第一号」と言えよう。9月の東京座での公演では「場内の観客は須磨子の歌声に和し，大合唱している」と『読売新聞』が伝えたという（同書，149頁）。当時は，まだラジオが存在していない時期であるから，レコードと口コミによって，この歌が日本中に広まったと言えよう。ただし，学生などの知識階層での広まりであろうから，大衆一般に広まったとは言えない。

　その頃，レコードは，一枚1円50銭であったが，「学生には手が出しにくい」

高価さであり、当時の『大阪毎日新聞』によれば「発売後十か月間の売れ行きは二千枚」（同書，151頁）だったという。ただ、レコードは高価と言っても少し無理をすれば買えない値段ではなかったであろう（現在の貨幣価値では数千円くらいか）から、むしろ、蓄音器（プレーヤー）を所有できなかったのではないかと考えられる。なお、その後には、日活映画『カチューシャ』が登場する。「浅草三友館」という映画館での封切りは10月31日である（同書，152頁）。当時は、音のないサイレント映画の時代であったから、画面に『カチューシャの唄』の歌詞が写し出され、女性シンガーが起用されてナマで歌ったという（同）。

◆初期の流行音楽の作詞・作曲家

　日本の流行歌の歴史において、初期の代表的な作曲家は中山晋平であり、彼と組んだ代表的な作詞家は、詩人としても知られる西條八十であった。現代のJポップの作詞・作曲家などと比較して言えることは、中山や西條は、当時としてはエリートの知識階層に入るということである。中山は東京音楽学校（現在の東京芸術大学）で西洋音楽を本格的に学んでいるし、西條は早稲田大学の仏文学教授であった。このようなことは、戦前のポピュラー音楽界では、当初オペラ歌手を目指していた淡谷のり子や藤山一郎などの歌手を含めて珍しくはなかった（水野，2009）。日本のモダン期の流行歌は、当初、エリートたちが作り上げたのである。

　中山晋平は、「童謡」としては、『シャボン玉』『てるてる坊主』『証城寺の狸囃子』『肩たたき』『毬と殿様』などを作曲し、これらは現在でも歌い継がれている。「流行歌」としては、『カチューシャの唄』『ゴンドラの唄』『船頭小唄』『東京行進曲』『東京音頭』などがある。西條八十の作詞家としての最初の大ヒット曲は、1929（昭和4）年の『東京行進曲』で、これは菊池寛原作の『キング』連載小説映画化の主題曲だったが、官憲・権威主義的教育者・教条的左翼から攻撃されたという（筒井，2005，26頁）。西條の昭和前期から戦時下の作品としては、『東京音頭』、『旅の夜風』（映画『愛染かつら』の主題歌）、『支那の

夜』,『誰か故郷を想わざる』,『蘇州夜曲』(映画『支那の夜』の主題歌)があり,戦後には,藤山一郎の歌で大ヒットした『青い山脈』(1950〔昭和25〕年4月発表,映画『青い山脈』の主題歌)がある。

◼ ジャズ:アメリカ発のポピュラー音楽

これは「アメリカが創造したまったく新しい音楽」(中村,1999,16頁)であり,「ただ新しい音楽であるだけでなく,若者たちにとって,新しいライフ・スタイルでもあった」(同)という。ジャズは,いろいろな説があるようだが,通説によれば元フランス領であったルイジアナ州ニューオーリンズという都市で生まれた。ここでは「クレオール」と呼ばれる植民地時代の混血児の文化や農村から来た黒人の文化など,さまざまな要素が激しくぶつかりあってジャズが生まれたという(同書,18頁)。その意味で極めて"アメリカ的"であり,アメリカでなければ生まれなかった音楽とも言えよう。

ジャズの音楽的な土台となった重要な直接要因としては,「ブラス・バンド」「ラグタイム」,それに「ブルース」の3つが挙げられるが,さらに,ハーモニーなどヨーロッパ音楽の理論も入り込んだという(同)。そのうち,核になるのは「ブルース」で,「本来ひとりで口ずさむ孤独な歌」(同書,19頁)という。歌うとともにギターも奏でるわけだが,その際にはさまざまなパターンを用いて,それぞれの工夫で自分のフレーズを作り出す。そのようなやり方が,後にジャズに生かされて,アドリブの感覚を磨くのに寄与したと考えられるという(同書,20頁)。「結局そんなアドリブの感覚と技法を完成したのは,混血児ではなく黒人トランペット奏者ルイ・アームストロング(愛称:サッチモ)(1900-1971)だった」(同書,20-21頁)。

中村によれば,「ブルースは黒人のコミュニティに支えられ続けるが,ジャズはそういうコミュニティ的基盤をブルースとは共有しなかった」のであり,「ジャズは本質的にクラシックに近く,アフリカ文化よりもヨーロッパ文化と多くのものを共有する」という(同書,23頁)。ジャズの本質については,「音楽様式というより演奏の方法論だ」「極端に言えば何かの音楽を演奏するため

のテクニックやアイデアやフィーリングでしかな」く，したがって，「〈どんな曲も演奏する〉ことができる」（同書，22-24頁）のだという．

◆ジャズのレコード化＝商品化

ジャズのレコードはもともとダンス音楽として売られたもの（中村，同書，25頁）で，レコードという「商品化」がなされ始めたのは1917（大正6）年のオリジナル・ディキシーランド・ジャズ・バンドによる演奏だった．「あっというまに多くの都市で黒人たちがジャズを演奏するようにな」り，同時に，「当時の白人中流の少年たちには既成のモラルや価値観に反発する傾向があり，そんな連中にジャズがぴったりフィットした」（同書，26-27頁）という．つまり，ジャズは黒人の「コミュニティを超えた」音楽となったのである（同）．

ジャズは1920年代に多くの大衆によって受容されるに至ったのであるが，ジャズは「機械の時代」を象徴する「モダン」な音楽として人びとを魅了したという（大和田，2011，100頁）．1920年代には，高層ビルが次つぎに建設され，フォード社のTモデルが街中を疾走するが，ジャズは「若く，せわしない時代」の「息をつかせぬ」響きであり，「消費社会」を象徴する「大衆のための」サウンドであり，機械と速度と近代化を体現する音楽であった（同）のである．

◆日本におけるアメリカ音楽の影響〜スウィング・ジャズ〜

日本では，戦前においてすでにジャズがかなりの程度に受け容れられた．「大正時代にはカフェー，ダンスホールでジャズが演奏された．ダンス音楽としてモダニズムの空間に広まった」（菊池，2008，107頁）のである．しかし，太平洋戦争中は「敵性音楽」としてジャズのようなアメリカの音楽は禁止されたが，戦後になって再び人気が復活する．

その戦前のアメリカでは，ジャズの新たな展開として「スウィング・ジャズ」の隆盛があった．「1935年ごろから終戦まで，スウィング・ジャズはまさにアメリカの大衆音楽」であり，アメリカの「若者の間で一番流行っていた音楽であった．たとえば，1939年には全米のレコード売り上げの中でスウィン

グ・バンドがその全体の85%を占めていた。とはいえ、当時は多くのスウィング・ファンが音楽を自宅のラジオや、飲食店などのジュークボックスで聴いていたりしていた」(モラスキー, 2005, 25頁) という。「スウィングの場合、デューク・エリントンやベニー・グッドマンなどの有名なビッグ・バンドが、常時、東部の大都会だけでなく、中西部や南部のかなり小さい町まで足を運んで演奏して廻った」(同書, 26頁)。有名なバンドは、他にカウント・ベイシーやグレン・ミラーがいて、スウィング・ジャズは白人と黒人とが同じ立場で協調できる数少ない分野であった。それは、「妙にエネルギッシュで明るい音楽だった。時代に負けない音楽というべきか、その音楽のおかげで〔戦間期の〕暗い谷間を少しでも明るく過ごすことができたファンが多かっただろう」(同) とされる。そのため、20世紀のすべてのジャズ・スタイルのうち、スウィングが「アメリカ国民の音楽」や「アメリカ民主主義を象徴する音楽」として称揚され、理想化されてきた (同書, 27頁) と言えるのだ。

このスウィング・ジャズは、戦後における日本のジャズ享受の中心を成した。具体的には、「進駐軍」(正確には占領軍) の「キャンプ」(基地) におけるクラブが拠点であったが、普通の日本人が耳にしたのは、進駐軍放送のラジオ番組からだった。これは、後に「極東放送」や "F.E.N." (Far East Network) と呼ばれるようになった。洋楽を聴いたり、英語を勉強したい日本人にとって「当時の普通の家庭ではレコードを買う余裕もなく、ラジオで聴くほかなかった」(同書, 35頁) のである。当時、例えば、「ジョージ川口とビッグフォー」というジャズ・バンドは、リーダーのジョージ川口 (ドラムス)、松本英彦 (テナーサックス)、中村八大 (ピアノ)、小野満 (ベース) から成っていたが、「爆発的な人気を呼んだ」(菊池, 前掲書, 136頁) という。このうち、中村八大は後に『上を向いて歩こう』(作詞・永六輔, 歌・坂本九) を作曲して大ヒットをとばす。

このように、日本は戦後になって初めてジャズに触れたわけではなく、当時すでに長いジャズ受容の歴史があり、戦前には上海のバンド (上海バンスキング) が有名だったりした。日本人の演奏技術も優れていたのである。逆に、

「当時，占領軍の兵士には，ジャズを聴いたこともない者も多く，日本人演奏によって本国では享受できなかったジャズ文化に酔いしれた」（同書，109頁）ということすらあったのである。

◆1950年代の大衆消費社会と"反抗"する若者文化の台頭

　1950年代は，アメリカにおいては，冷戦のなかの「黄金時代」と言われる。そこでは，「ベビーブーム」があり「ベビーブーマー」が誕生した（日本では「団塊の世代」と呼ばれる）。この「ベビーブーマー」は，「大衆消費社会，冷戦，公民権運動，ベトナム戦争といった激動の時代に成長し，前の世代とは異なる価値観を身につけていったこと，またその数が多いことで，アメリカ社会を一変させることになる」（有賀，2002，35頁）のである。

　すなわち，若者は大人に「反抗」するようになる。このようなことはそれ以前の世代には見られないものであった。その「反抗する若者」のシンボルとなったのが，映画俳優ジェームズ・ディーン（1931-1955）であった。映画評論家の佐藤忠男によれば，「ジェームズ・ディーンと言えば，アメリカはじめ西洋人の書いた映画史では，ニコラス・レイ監督の1955年の『理由なき反抗』が代表作として特筆されている」が，「日本人の眼から見ると，この映画の父親など善良だし，まあまあの父親で，なぜ息子に反抗されるのかピンとこなくて，したがって映画自体，あまり評判にもならなかった。日本でジェームズ・ディーンの名声を一気に高めたのはおなじく1955年のエリア・カザン監督の『エデンの東』である。そしてこれは，アメリカ映画における父親と息子の物語のひとつの原型を示す作品でもあった。その原型とはなにか。強いうえにも強い父親像と，にもかかわらず力を蓄えてこの父親を打倒し乗り越えるにいたる息子という関係である」（佐藤，1990，49-50頁）。ジェームズ・ディーンは，交通事故で夭折するのだが，『エデンの東』と『ジャイアンツ』で演技力を発揮し，死後にアカデミー賞に二回ノミネートされた。

◆ロックの誕生と世代間の断絶の始まり

「ロックの王様」と言えばエルヴィス・プレスリー（1935-1977）であるが，プレスリーの前（1940年代）に「ロック」がなかったわけではない。例えば，チャック・ベリー（1926-2017）などに代表される初期のロックンロールの音楽家たちがいて，「電気的に増幅されたギターや打楽器が打ち出す機械的で均等なリズムに乗せて，白人，黒人を問わぬ10代の若者たちが大人中心の体制社会に感じ始めていた不満感を，カントリー的な唱法に乗せて歌い始めた」（奥田，2005，256頁）という。このような音楽は，「ジャズ特有のスウィング感覚が生む浮揚感から，執拗に反復されるリズムから生じる集団的恍惚感に移行し始めた」（同）と言えるが，ジャズが，それまでのアメリカ社会における人種による差別を文化面で緩和したのに対し，ロックはむしろ，若者と大人との「世代間の対立を明瞭にした」（同）という点で大きな影響力をもっていたと言える。

その最初は，1955（昭和30）年にビル・ヘイリー（1925-1981）が『ロック・アラウンド・ザ・クロック』というロックンロール第一弾を発表し，それがハリウッド映画『暴力教室』（原題『黒板のジャングル』Blackboard Jungle）に使われたことであった（同）が，それが評判となり，模倣する若者も現れ，大人と若者との対立が激しくなる「ロックンロール現象」が生じると，「保守派，つまり大人たちから厳しい批判を浴びることになった。音楽的価値観に限らず，あらゆる価値観に世代間断絶が生じた」（同）という。その音楽に対して，「体制派は激しく抵抗し，ロックンロールは，反社会的で，性の乱れを招き，人種差別を『助長』すると主張した」（同）という。このような騒然とした時代的雰囲気のなかから，プレスリーという，真のロック・スターが誕生するに至る。

◆エルヴィス・プレスリーの登場：ジェームズ・ディーンの"後継者"

エルヴィス・プレスリー（1935-1977）は，ミシシッピー州テュペロの貧し

い家庭に生まれた。しかし，彼の周囲にはいつも音楽があったという。この時代の一般家庭，とくに貧しい家庭の娯楽はラジオを聴くことだった。シアーズのカタログ販売で手に入れた新式のラジオの前に近所の人や親類縁者が集まってきては，ヒルビリー・ミュージック（白人音楽）を含めて，さまざまな番組を聴いたのだった（東，1999，40頁）。また，両親はゴスペルをよく歌ったと言い，7年間もの間，エルヴィスを伴って黒人系の教会へバスに乗って通ったという（同）。貧しいプレスリーの家族は，エルヴィスがまだ幼いうちに，黒人たちの住む下層の地域に引っ越したが，むしろ「それがエルヴィスに幸いした。黒人たちの歌声や爪弾くギターの音色が，心地よさと安住を求める拠り所のない幼い魂に，この上もない安らぎを与えた」（同書，52頁）とされる。

エルヴィスは，その後，テネシー州メンフィスに引っ越すが，この大都市に来てみて，彼はいやでも「貧乏白人の屑（プアホワイト・トラッシュ）」の地位に気づかされた」という（同書，66頁）。それは，自らのみすぼらしい衣類や下層階級のしゃべり方からだった（同書，67頁）。メンフィスは，20世紀初頭の1909年にW・C・ハンディが『メンフィス・ブルース』を作って以来，「黒人音楽のメッカ」であった。しかしながら，黒人の音楽は「レース・ミュージック」(race music) であって，白人は聴くことができず，黒人専用のライブハウスに白人が入場することもできなければ，レコードを買いたくても売ってもらえなかったという（同書，69頁）。多くの白人の若者は，「黒人音楽のリズミカルで躍動感溢れるホットな雰囲気に魅了されていた」のだが，彼らは「夜間，こっそりラジオのダイヤルを合わせるしかなかった」（同）。これは，ラジオの黒人音楽をかける局にチューニングするという意味である。

このメンフィスにあるサム・フィリップスのスタジオで，プレスリーは生まれて初めての録音を行う（同書，98頁）。サムは，1950年に「サン・レコード」を開設し，そこで「メンフィス・レコーディング・サービス」というのを設けていた。いくらかのお金でレコードの吹き込みをしてもらえるサービスである。サムは日頃，口癖のように，「ニグロ［黒人の蔑称］のように歌える［白人］男がいたらひと儲けできる」と言っていたという（同書，97頁）。1953（昭和28）

年7月にエルヴィスがスタジオに初めて来たとき，サムは不在であったが，応対したマリオン・カイスカーは，これこそサムの求めていた男だと直感したという。「黒人の物真似ではない，新しいリズム・アンド・ブルースの誕生だった」（同書，124頁）という。ロック（黒人音楽）＋ヒルビリー（白人音楽）＝ロカビリーの誕生だった（ただし，その後は，「ロック」という呼び方が定着する）。このプレスリーのレコードは，白人DJで黒人音楽しかかけないラジオでかけられる機会を得るが，超人気となったという。エルヴィスに対するラジオでのインタビューで，彼がHumes High School出身だと答えたとき，リスナーは彼が白人であることがわかった。なぜなら，当時，この学校は，白人専門の職業訓練学校として知られていたからである（同書，126頁）。

　20歳の頃のエルヴィスは，容姿がジェームズ・ディーンに似ていたし，ロックという，大人に対する"反抗"のイメージの強い音楽の代表的な人物に，本人の意図とは無関係に祭り上げられてしまう。これは，後のエルヴィスの生き方（例えば，2年間の徴兵に従順に応じたこと）に対する，言われなき批判の原因になった。

◆ロックの商業主義化：日本とアメリカ

　プレスリーが，メジャーなレコード会社であるRCAに移籍し，デビューを果たして商業的な成功を見た1956（昭和31）年から，「ロックはアメリカ中の現象になり始めた」（森，2008，110頁）という。当初，「ロカビリー」と称しても，実質は「単にロックの拍子を持ったカントリーといったものも少なくなかった。それは，ロックを名乗ることでできるだけ多くの収益を得ようとするレコード会社の戦略だった」（同書，111頁）ようだ。先にも述べたように，「1950年代には旧世代と異なる価値体系として若者文化が社会問題化されていった」（同書，110頁）わけであるが，「ロカビリーはその象徴として批判され，その一方で扱いやすい商品として改良されていった」という二面性があった。つまり，ロカビリー（ロック）は，表面的には「カウンターカルチャー（対抗文化）」なのだが，実質的には「商業ベース」に乗り，「メインストリームのカル

チャー」となったのである。また，エルヴィスは，『ラヴ・ミー・テンダー』(1956) のような「バラード」もヒットさせ，ロック以外にもファン層を広げた。

　日本においては，プレスリーの音楽は「ロカビリー・ブーム」に乗って受容された。そのロカビリー・ブームは，1958 (昭和33) 年に「ウェスタンカーニバル」が「日劇 (日本劇場)」で開催されたときに始まる。2月8日から15日までのこのカーニバルは，伝統的な白人音楽である「ウェスタン」よりも「ロカビリー」がメインとなり，「猛烈なハリケーン」(菊池，前掲書，174頁) となったという。山下敬二郎，平尾昌章 (現在は昌晃) あるいはミッキー・カーチスといった若い歌手が登場し，歌手の"アイドル化現象"が始まったという (同)。「女性ファンが舞台に駆け上がる。常にかぶりつきに陣取って傍若無人にふるまう熱狂ぶりは，旧世代の大人たちを動顛 (動転) させた」(同) というような現象が起きたのである。

◆ビートルズの登場：労働者階級の英雄

　1950年代初期には，黒人のリズム＆ブルースがアメリカで爆発的な人気を博していたが，その音楽にあった「8ビート」のリズムパターンは，ロックンロール (ロック) とも共通していた。ロックの創成期に活躍したミュージシャンとしては，エルヴィス・プレスリーや，エレキで弾き語りをしたチャック・ベリーの他に，飛行機事故で夭折したバディー・ホリー (1936-1959) がいた。ホリーのバンド「バディ・ホリー・アンド・ザ・クリケッツ」は，ギター2本とベース，ドラムスの編成スタイルであり，ビートルズに影響を与えたという (菊池，同書，198頁)。「ビートルズ (カブトムシ)」という名前も「クリケッツ (コオロギ)」をまねて，メンバーの一人であるジョン・レノンが提案したものだという (きたやま，1987，133頁)。カブトムシは，英語圏ではゴキブリと同様に害虫であり，ジョンは，教師ら大人たちにとっては害虫だったのだ (同書，147頁)。だが，彼らは愛されなかったのだが，愛されたいとも思っていた (同書，60頁)。

ビートルズは，後に彼らのマネージャーとなったレコード店主でユダヤ系のブライアン・エプスタインに見出され，1962（昭和37）年に全英デビューを果たすが，それまでの6年間は「下積み時代」であり，彼らの本拠地であったリヴァプールとドイツのハンブルクの港町を往復していた。ハンブルクではそこそこの人気があったようだが，全英デビュー後にはアメリカにも進出して人気を博した。彼らは労働者階級出身であったが，そのことは，彼らを受け容れた人びとにとって意味のあることだったかもしれない（同書，61頁）。彼らは，エリザベス女王から勲章をもらったが，アメリカのベトナム政策をイギリスが支持したことに抗議して，勲章を返上したとき，人びとは喝采した（同書，62頁）。労働者のヒーローとしてのビートルズだったのである。

ビートルズは，1966（昭和41）年6月30日〜7月2日には，来日公演も果たす。「武道館」は，今では多くのアーティストの目標となっているが，武道館でのポピュラー音楽の公演は，ビートルズが最初だったのである。そのとき前座として舞台に立った「ザ・ドリフターズ」ら，あるいは観客にとって，「リンゴスターがドラムスでタイトに打つ安定かつ洗練された8ビートは衝撃的だった。それまでとはまったく異なるフィーリングだったのだ。そして，彼らがもう一つ見せたのは，バンドによる自作自演だった。自分たちで作詞・作曲をして演奏をして歌う。日本の若者は，ビートルズに熱狂し興奮した」（菊池，前掲書，198頁）のである。

◆ビートルズの音楽とレコード技術

かつての「SPレコード（Standard Play Record）」は片面（A面あるいはB面それぞれ）わずか3分しか収録できなかった。ビートルズの時代には「LPレコード（Long Play Record）」はあったが，シングル曲はSPに収録されていた。そのビートルズの「初期のサウンドの耳新しさとは，明らかにカー・ラジオやトランジスター・ラジオを通して流れるときの，高音中心のまとまりが刺激的だったことによる」（きたやま，前掲書，38-39頁）という。「つまり，〈ビートルズ〉は，安くて小さなスピーカーが一番得意にしている音域を狙い撃ちして

おり、彼らのイェイ・イェイ・サウンドは、トランジスター・ラジオで接近するのが、彼らの独創的な音を聴く一番の方法であった」（同書、39頁）という具合に、彼らの音楽は、姿勢を正して耳を傾けるタイプというよりは、何かをやりながら、ながら的・BGM的に聞き流すようなタイプの音楽と言えた。

もちろん、ビートルズも「ライブ演奏」を行ったが、それは、常に大勢の観衆の歓声によって音楽がかき消される運命にあった。他方、レコードは、ライブ演奏とは全く異なる独立した存在であった。そのような状況で「ビートルズが選んだのは、ナマの演奏活動をやめ、表現活動をレコードやフィルムによってのみ行っていくという方向だった」（同書、103頁）のだ。それ故、「記録の方こそホンモノであるとした点では、彼らはすでに複製芸術時代のマス・アーティストであった」（同）という見方もできる。実際に、彼らは、1966（昭和41）年8月29日にサンフランシスコで行ったコンサートを最後に「ライブ演奏」は行わなくなった（同書、103-104頁）。

◆日本における和製ポップス

日本におけるビートルズの直接的な影響として、1966～68（昭和41～43）年頃にGS（グループ・サウンズ）ブームがあった。さまざまなグループが誕生したが、最も人気のあった日本のグループは、ザ・タイガースとザ・テンプターズだった（菊池、前掲書、201頁）。他に、ザ・ワイルド・ワンズの『思い出の渚』やジャッキー吉川とブルーコメッツの『ブルー・シャトウ』（1967年）があり、後者は「レコード大賞」を受賞して日本の歌謡曲界の頂点に立った。その頃、やはり来日したアメリカのバンドである「ザ・ベンチャーズ」の影響を受けて、映画俳優だった加山雄三は自分で作曲し（作詞は岩谷時子）、映画で歌った曲『君といつまでも』などを大ヒットさせ、「カレッジフォーク」がブーム（第一次フォークブーム）となった（同書、213頁）。これらの音楽は、多数あったテレビの音楽番組から盛んに流れた。ベンチャーズは、メンバーたちが還暦を超えた今も、息子たちと毎年来日公演している。

しかし、日本においては、すでに1960年代初頭から「和製ポップス」のブー

ムがあった。その火つけ役となったのは，NHKのテレビ番組『夢であいましょう』(1961〔昭和36〕年〜1966〔昭和41〕年)であった。これは作・構成：永六輔他／音楽：中村八大他から成り，主な出演者としては黒柳徹子や渥美清，岡田眞澄，坂本九が参加していた。この番組は，歌あり，踊りあり，コントありという本来の意味での「バラエティ番組」であった(アメリカでは，このタイプの番組『エド・サリヴァン・ショー』などが大人気を博した)。この番組で，初めて作詞を手がけた永六輔と作曲家中村八大のコンビで，次つぎに後世に残る名曲が誕生した。一番有名なのは，坂本九が歌った『上を向いて歩こう』であり，1963(昭和38)年には，坂本九の日本語の歌唱のまま，SUKIYAKIというタイトルで，アメリカで最も権威のあるヒットチャート誌『ビルボード』の"Billboard Hot 100"において，3週連続1位を獲得した。"Billboard Hot 100"で1位を獲得した日本人アーティストは，現在まで坂本九だけである。

「六・八」(永六輔・中村八大)コンビは，その後もヒット曲を連発し，歌謡曲界で不動の位置を築いた。『黒い花びら』(歌手・水原弘で「第一回レコード大賞」受賞)，『遠くへ行きたい』，『こんにちは赤ちゃん』(歌手・梓みちよで「レコード大賞」受賞)などを作った。坂本九も他に『明日があるさ』(2000＝平成12年に「缶コーヒーGeorgia」のCMソングとして使用され，ウルフルズらのカヴァー曲が大ヒット)，『見上げてごらん夜の星を』(作詞・永六輔／作曲・いずみたくで，2011＝平成23年東日本大震災の「復興ソング」として歌われる)がある。また，作曲家・いずみたくは，歌手・由紀さおりの1969(昭和44)年のヒット曲『夜明けのスキャット』などをつくったが，由紀さおりは，2011(平成23)年になって，ピンク・マルティーニとのコラボ・アルバム『1969』がiTunesジャズ・チャートなどで第1位を記録し，海外で脚光を浴びた。

◆アメリカと日本におけるフォークブーム

アメリカでは，1960年代にベトナム戦争への異議申し立てとして「反戦フォーク」がブームとなり，代表的な歌手としてはジョーン・バエズ(代表作：We Shall Overcome『勝利を我等に』)がいる。1967(昭和42)年1月，ジョー

ン・バエズが来日し，大阪の府学連の平和集会でベトナム反戦あるいは公民権運動への熱い思いを訴えたが，「この影響が関西にすぐ現れた」(菊池，同書，213頁)。すなわち関西は，岡林信康(代表作:『山谷ブルース』)が現れ，日本における反戦フォークの中心地になった。他には，ピーター・ポール・アンド・マリー(P・P・M，代表作:『パフ』)やピート・シーガー(代表作:『花はどこへ行った』)あるいは2016年にノーベル文学賞を得たボブ・ディラン(代表作:『風に吹かれて』)がいた。「P・P・Mは日本の若者たちにギターを持たせて弾き語りで歌うことを教えた」(同)。ボブ・ディランは，突如，アコースティックのギターをエレキ・ギターに持ち換え，世間の批判を受けたが，「フォーク・ロック」(代表作:『Mr. Tambourine Man』)を生んだ。日本では，「日本のジョーン・バエズ」として森山良子が現れたが，森山はいわゆる「カレッジ・フォーク」の歌手であり，必ずしも反戦歌ばかりを歌っていたわけではない。

　日本では「反権力的な社会メッセージだったフォークがレコード産業に入り，歌謡曲と並んで日本の歌の一つのジャンルとして成立」(同書，217頁)するようになる。当時は，若者の間に流行を引き起こすメディアとしては，ラジオ(特に深夜放送)が重要であったが，東芝から奇抜なアイディアで発売された『帰ってきたヨッパライ』(作詞・フォーク・パロディ・ギャング／作曲・加藤和彦／1967.12)は，きたやまおさむ・加藤和彦らのザ・フォーク・クルセダーズが歌って大ヒットした(同)。これをきっかけに「レコード会社は作り手であるアーティストの自己表現を最大限に尊重した。スタジオを解〔開〕放し，若い作り手のセンスを生かして自由な企画・制作の場を提供したのである」(同)。

　「音楽様式としてのジャズやロック，演歌を取り入れたミュージシャンの演奏活動も，それがなんらかの反体制性や前衛性を実践していれば『フォーク』のカテゴリーに組み込まれる機運もあった」(南田，2001，120頁)。つまり，日本では「フォーク」がより包括的なカテゴリー名として使われる傾向があったのだ。これは，英米で「ロック」の名称が音楽表現の幅を越えたジャンルとして概念化していったこととパラレルであった(同書，121頁)。

しかしながら，1970年代の日本のフォークは，「プライベートな心情を吐露した「私的フォーク」を歌う吉田拓郎の出現により，「自作自演のスタイルはもちろんのこと，世代感をアピールする強烈なリアリティーをもつ新しい若者文化だった。これによってフォークの形態が大きく変わった」（菊池，前掲書，218頁）。他に，井上陽水は浅間山荘事件で幕を開けた1972（昭和47）年に，『傘がない』（作詞／作曲・井上陽水／1972.8）を発表したが，これは「60年代のロマンが完全に消えたことを伝えた。『70年安保』の挫折と若者の政治離れの進行を象徴していた。ある社会心理学者は，深刻な社会問題よりも，恋人を迎えに行く傘がないことが重大であるという若者心理を批判したが，この歌からは，デモや署名運動だけでは世の中は変化しようがないという絶望感が感じられ，むしろ，リアルな社会心理歌謡といえた」（同書，219頁）。さらに，高度経済成長の最後の年になった昭和48年には，南こうせつとかぐや姫の『神田川』（作詞・喜多条忠／作曲・南こうせつ／1973.9）がヒットしたが，これは小さなアパートで同棲する若い二人の生活がテーマとなっていた。「政治の季節に敗れた青春の痛みと不安を鮮やかに映し出していた。この歌からは，学生運動という空間と恋人とのささやかな平穏な日常生活とのギャップが感じられた」（同書，220頁）。この種の曲は，「四畳半フォーク」と呼ばれるようになる。

　このあたりまでが，日本におけるモダンな「レコード」の時代のピークであった。

◆テレビ全盛期におけるアイドルの出現

　モダン期後期のうち，1950年代から80年代くらいまでは，テレビという「大衆メディア」が，ポピュラー音楽の面でも大きな影響力をもち，人気アーティストを輩出するのに大きく寄与した。すでに述べたように，1950年代にはアメリカのエルヴィス・プレスリーがロックを確立し，1960年代にはイギリスのロック・バンドであるビートルズが世界的なアイドルとして人気を博したが，ともにテレビを効果的に用いた点で共通している。例えば，両者とも，当時のアメリカで最も人気のあったバラエティ番組の『エド・サリヴァン・ショー』

という番組に登場し，注目を浴びたことで一気に人気を得たのである（この番組への出演の際，プレスリーは，動きが卑猥だという理由で，テレビカメラが彼の下半身を映さなかったという話は有名である）。

1960年代には，日本でも「和製ポップス」が誕生したことを述べたが，その背景には，アメリカのテレビで歌われていたポップスを日本人歌手（例えば，尾藤イサオや弘田三枝子ら）が訳詞で歌い，人気を得ていたということもある。

1970年代の日本におけるポピュラー音楽界で主流だったフォークの歌手の主だったメンバーは，テレビを"拒否"するという「ポーズ」をとったが，その頃のテレビは，歌謡番組が花盛りで，『ザ・ベストテン』(TBS) などが人気を博していた。テレビに出ないフォーク歌手たちに代わって，ブラウン管に頻繁に登場したのが「アイドル」たちだった。特に，日本テレビの『スター誕生』というような番組で生み出された若い女性アイドルが人気であった。例えば，森昌子・桜田淳子・山口百恵の「中三トリオ」やピンクレディーといった歌手が次つぎに現れて，ヒット曲を量産していった。

1980年代も引き続き，テレビからアイドルが続々と生まれた（松田聖子・中森明菜・小泉今日子ら）が，異質だったのは，高校のサークル活動のような腰掛け的な感じで，全般にプロらしくない態度や歌唱力の持ち主だった「おニャン子クラブ」の出現であった。これは，バブル経済の頃で，誰でもチャンスがあれば，「アイドル」になることができるということを実証していた。他方で，映画界では，角川書店が映画とタイアップして製作した「角川映画」に主演したアイドルたちも出現した（薬師丸ひろ子や原田知世など）。

その後，1990年代はアイドルの氷河期で，めぼしいアイドルはいなかったが，2000年代に入り，つんく♂がプロデュースした「モーニング娘。」や秋元康がプロデュースした「AKB48」およびその姉妹諸グループといった「グループ・アイドル」が大活躍するようになり，「アイドル戦国時代」とも言われるようになった（岡島・岡田，2011）。

◆ J-Pop の始まり

今や,「Jポップ」という言葉で,戦後日本におけるポップ調の流行歌・歌謡曲まですべてをひっくるめて言う用法がある(これまでの多数の楽曲を収録したCD集など)が,これは歴史を改竄する面がある(「演歌」という言葉で,同様に幅広い楽曲を指すこともある)。

烏賀陽弘道によれば,「Jポップ」という言葉は,1990年前後から使われ始めた新しい言葉である(烏賀陽,2005)。具体的には,1970(昭和45)年のFM東京の開局以来,久々に誕生した東京の民放FMラジオ局として,1988(昭和63)年にJ-WAVEが開局したことがきっかけだった(同)。当初,この局では洋楽しか流さないことを方針にしていたが,同年末か翌年初め頃には,質の高い日本のポップスもかけることになり,その際に「J」という文字を冠したジャンル名を使うようになったらしい(同)。

ちなみに,「J」という文字を名称につけることは,1980年代にブームになっていた。民営化された旧「国鉄」(日本国有鉄道)がJRとなり,日本専売公社がJT(日本たばこ産業)となったり,日本航空がJALパックというツアー旅行を売り出したりした。Jポップという名称も,そのような流れに乗っていたとも言えよう。少し遅れて1993(平成)年には,サッカーのJリーグが発足している。

◆「レコード」から「CD」へ

発明王エジソンが,声を吹き込み(文字通りラッパ型の装置に向かって声を吹き入れる)記録し,再生できる装置である「蓄音器」を発明したのは,1877(明治10)年であった。これは「筒型」(円筒・シリンダー状)のものであった。1887(明治20)年には,エミール・ベルリナーが「円盤型」レコードを発明したが,これは再生のみであった。レコードは「音楽」を吹き込む以外に,「ラジオ」の録音番組などにも用いられた。有名な1945(昭和20)年8月15日の「玉音放送」は,天皇があらかじめ2枚のレコードに吹き込んだものであった(竹

山，2013，250頁）。

「円盤型」のレコードは，テクノロジーの面での進歩が遅く，1904（明治37）年に「SP（Standard Play）」盤が発明されてから，半世紀近く進歩がなかった。SP盤は，片面3分ほど（1分間78回転）の録音しかできなかった。表のA面と裏のB面を併せても，6分くらいの録音が可能であるにすぎなかった。ようやく1948（昭和23）年に至って，「LP（Long Play）盤」が発明された。これは，片面40分（1分間に33・1/3回転）であった。さらに30年以上が経過した1982（昭和57）年になって，デジタルのCD（Compact Disc）の発明がなされた。

現在の「ポストモダン」における音楽は，「コンピュータ」なしにはありえない状況である。音楽業界におけるコンピュータ利用の端緒は，音楽享受面でのデジタル化であったと言えよう。烏賀陽（前掲書，30頁）によれば，1970年代後半から80年代前半の低迷期を家電業界は「オーディオ不況」と呼んでいたのであるが，そこへ「画期的なブレイクスルー」として「CDの登場」があったという。最初にCDが売り出されたのは，1982（昭和57）年10月であり，「CDは86（昭和61）年には，LPの生産金額を追い抜き，翌87年になるとLPが持っていた過去の最高出荷額をも抜き去った。この86年から87年にかけて，アナログ＝LPからデジタル＝CDへと，リスナーに音楽を運ぶ記録メディアの主役が交代したと見ることができる」（同書，30-31頁）とする。

そのCDを実現するためには「デジタル録音」が必要であり，開発は「1964（昭和39）年の東京オリンピック後，NHKは実験放送中だったFMラジオの音質研究のひとつとしてデジタル録音の研究に着手」（同書，32頁）したことに始まるが，研究チームはソニーに入り，さらにオランダの家電メーカーであるフィリップス社と共同開発した結果，「コンパクトディスク」（直径12センチ）が実用化し，普及したのである。ソニーは「オペラの幕が途中で切れない」とベートーベンの『第九』が全曲入ることを前提に録音時間74分，そこから逆算して直径12センチという規格を提案，それが現在のCDの世界規格になった」という（同書，33頁）。

このCDは，以前のアナログレコードと比べて，針を用いず取扱いやすいの

で保存にそれほど神経質になる必要がなく,しかもディスクやプレイヤーも比較的安価であったため,急速に若者に普及した。それに対して,かつてのアナログレコード(今でも根強い人気はあるとされる)やそのプレイヤーは扱いにくく,かつ高価であって,ある程度は収入のある人びとでなければ買いにくい種類のものだったのだ。CDも,アナログレコードに比較すれば安価であったが,それでも音楽好きな若者が自由に何枚も買えるほどではなかった。そこへ,ネットから,ずっと安い料金で音楽をダウンロードし,それをiPodなど,携帯可能な音楽再生機器(携帯端末)を使って聴くという音楽享受スタイルが生まれてきたのである(ただし,音楽を携帯すること自体は,カセットテープを用いた1979＝昭和54年のウォークマン登場以来の文化である)。

第3部　モダン期からポストモダン期へ

第5章
コンピュータの誕生とデジタル化の進展

　ポストモダン期の社会は，コンピュータのネットワークがそのインフラストラクチャー（インフラ：社会基盤）を形成している。しかし，コンピュータは最初からネットワークとして存在していたわけではない。「コンピュータ」は，もともと独立した，文字通り「計算機」として誕生したのだが，その生みの親たちにも予想がつかなかったような多面的な発展をし，多方面で活躍する万能機械となった。一時は，人間を抑圧する存在とも見えたのであるが，今日では，世界中の人びととの間での「コミュニケーション」や「交流」のために不可欠な「メディア」として，「インターネット」というコンピュータ・ネットワークが世界中に張り巡らされている。ここでは，コンピュータの誕生からインターネットの登場までをあとづけ，さらにデジタル化によって社会がどのように変わってきたかをみてみる。

1　コンピュータの誕生〜メインフレーム・コンピュータとパーソナル・コンピュータ〜

　現在の「インターネット」の前提になる本格的な「デジタル・コンピュータ」自体の誕生は，第二次世界大戦そのものの副産物としてであった。当初，軍事用に開発されたものが民生用に転換されることはよくあるが，コンピュータやインターネットほどに社会全体で広く使われ，大きな影響力をもったものはないであろう。ここでは，「メインフレーム・コンピュータ」と「パーソナル・コンピュータ」の誕生についてみておく。

◆デジタル・コンピュータの開発

　デジタル・コンピュータの正式な発明者は，ジョン・V・アタナソフとされる。アタナソフは，通説では最初の本格的なデジタル・コンピュータとされる「ENIAC」の二人の開発者を相手取って，「デジタル・コンピュータの発明者」の称号を法廷で争い，勝訴したのである（スレイター，1992＝1987，61頁）。彼は「デジタルな方法を使った装置が役立つだろうと考えた。しかし，そのようなマシンは存在していなかった」（同書，64頁）が故に，自分でそれをつくることになった。彼は，電子的なデジタル・コンピュータのコンセプトをつくり，二進数を用いたり「メモリー」という用語を使ったり，彼以前の計算機を「アナログ」と称することもした（同書，65&63頁）。彼は，大学院生のクリフォード・ベリーとともに，真空管を使った「ABC」という計算機をつくった。「計算を電子的に行う最初のマシンだった」（同書，67頁）。ただし，この計算機は，実用的とは言えないレベルのものであったという（同書，68頁）。

　完成した本格的な電子的デジタル・コンピュータとしては，「ENIAC」[Electronic Numerical Integrator and Computer] を挙げることができる。これは，ジョン・W・モークリーとジョン・プレスパー・エッカートによってつくられたもので，「初めて完全に働いた電子式デジタル・コンピュータ」（同書，70頁）である。モークリーとエッカートは，アメリカ軍の機密研究として，ペンシルベニア大学においてENIACの組み立てを行ったのであるが，前出のアタナソフを原告とする裁判の判決においては，ENIACがアタナソフの「ABC」のアイディアに多くを負っているとされた。ENIACは，第二次世界大戦において，大砲（高射砲）で敵機を迎撃するための「弾道計算」を行う（その結果をもとにした「弾道表」によって射撃する）ために開発されたもので，1943（昭和18）年から構築が始まった。実際には，大戦終結後に完成したため（1946[昭和21]年2月に公式に公開），当初の目的には間に合わなかった。しかし，ENIACは，当時の熟練した専門家が手回し計算機を使って計算すると約20時間かかる計算を30秒でできたという（同書，76頁）。このENIACは，水爆開発

第5章　コンピュータの誕生とデジタル化の進展　137

に使われた（同書，81頁）ので，米ソ両陣営が核兵器をもちあって対立した「冷戦」をエスカレートさせたと言える。結局，コンピュータの開発は，軍事目的があってこそ実現したのである。

◆メインフレーム（大型）・コンピュータの発展

　ENIACのような「メインフレーム（大型）」コンピュータは「巨大な頭脳」であり，その後につくられた，さまざまなメインフレーム・コンピュータは，同時にさまざまな仕事をこなす"万能"のマシンとなった。

　「ENIAC」は，その図体がとてつもなく大きく，学校の教室には入らないほどの大きさ（長さ）だった。また，真空管を約1万7千本用いており，その発熱量はたいへんなものであり，かつ真空管は切れやすく，それを取り換えながら計算を行った。さらに，プログラムは，外部から配線の設定を変えることによって設定するもので，手間がかかった（スレイター，同書，34頁）。能力的にも，現在であれば高級な電卓でできるようなレベルだったようだ。

　この外づけのプログラムのあり方を変えたのが，天才的な頭脳の持ち主と言われたハンガリー出身のユダヤ系アメリカ人研究者ジョン・フォン＝ノイマンであった。彼は，「プログラム内蔵方式」のコンピュータを提案し，実現させたとされる。彼は，そのアイディアにもとづくコンピュータEDVACを1952（昭和27）年に完成させる。実際には，そのアイディアはエッカートが先であったという説もある（同書，35頁）が，プログラム内蔵型コンピュータは，今日，「ノイマン型コンピュータ」とも呼ばれる（同書，38頁）。

◆メインフレーム・コンピュータによる人間支配の懸念

　ENIACに代表されるメインフレーム・コンピュータ（大型汎用計算機）は，その図体の大きさ，威容から，「巨大な頭脳」を思わせる。実際，それにはいくつもの端末が付いており，そこからインプットされた，さまざまなデータを高速で処理する。それは，"同時的に"処理されているように見えるが，実は，多くの仕事を少しずつ処理している「タイム・シェアリング・システム（TSS：

時分割処理システム）」である。「端末」には人間が張りつき，データ処理してもらった結果のアウトプットを待っている。その頭脳を使わせてもらう側の人間の方には，ただ「入力」と「出力」ができるだけの「端末」を操作できるという能力と権限しかなかった。つまり，このコンピュータには，あらゆる情報が投じられ，しかも，それらの情報が，人間の能力をはるかに超えたスピードによって処理されるのである。人間は，その前では，「手足」あるいは「召使い」でしかないようにすら思われる。「コンピュータ」によって「人間」が"コントロール"され，"支配"されるイメージが，そこにある。

　人間は，自分自身のデータも，コンピュータに投入され，処理される。例えば，「国勢調査」のデータ処理は，コンピュータがなければ，人手では何年もかかる。「国民総背番号制度」は，膨大なデータを処理できる「コンピュータ」の存在なしには，機能しない。これは，日本では，2013（平成25）年に「マイナンバー制度」として成立した。「人間」は，コンピュータに比べれば，劣った存在であり，「管理」される対象にすぎない。「巨大な頭脳」の前で，個々の人間は無力な存在と感じられる。

　この極めて巨大なコンピュータは"中央集権的"な道具として，権力によって利用される。あるいは，それ自体，巨大な権力の「シンボル」ですらある。このようなメインフレーム・コンピュータの潜在的な力をSFは見事に描いている。一つは，ジョージ・オーウェルの小説『1984年』（原著：1949年）であり，もう一つはスタンレー・キューブリック監督の映画『2001年宇宙の旅』である。

　SF小説『1984年』は，オーウェルが執筆していた1948年の「48」を逆さにした「84」をタイトルに入れたもので，アメリカ合衆国とソビエト連邦共和国という当時の2大超大国対立を軸とした資本主義と社会主義の東西諸陣営間の「冷戦体制（米ソ冷戦）」という世界状況を背景として描かれている。この小説のなかでは，スターリンが支配する当時のソビエト連邦共和国（ソ連）を彷彿とさせる独裁国家が描かれる。内容は，「ビッグブラザー」による独裁がなされている「全体主義国家」での，窒息してしまいそうな言論抑圧（ソビエト連

第5章 コンピュータの誕生とデジタル化の進展　139

邦を連想させる）の下で生活している主人公の行動を描いたものである。各家庭には「テレスクリーン」と呼ばれる双方向テレビがあって，四六時中「プロパガンダ」情報が送られており，情報操作がなされるのと同時に，各家庭の人間は「監視」され，思想すら管理されている。その「テレスクリーン」は，おそらくは巨大なコンピュータにつながっている。そのメインフレーム・コンピュータは，まさに民衆を抑圧する独裁国家の支配の道具であり，人間は無力な「端末」のような存在である。小説の主人公は，テレスクリーンによる監視を避けられる，わずかな死角のなかでかろうじて自由を保持している。主人公は，そのような社会のなかで，変革を求めて動き出すのである。

◆映画『2001年宇宙の旅』における全能のコンピュータ

　コンピュータが，人間以上の能力をもち，人間を抑圧したり支配する，というイメージは，スタンレー・キューブリックが監督した有名なSF映画『2001年宇宙の旅』（1968年公開）によっても強められた。この映画が公開された60年代末には，パソコンというものはまだ全く存在していなかったので，映画のなかに登場する人工知能をもったコンピュータ「HAL9000」は，やはり図体がでかく，宇宙船を支配すべく，すべての情報と権限を手中に収めている巨大な頭脳であり，まさに「メインフレーム・コンピュータ」を彷彿とさせるものであった。「HAL」という名前がそれを象徴しているとも言える。なぜなら，（偶然という説もあるようだが）「HAL」というアルファベットを一字ずつずらすと「IBM」となるが，この「IBM」は，メインフレーム・コンピュータの世界的メーカーだったからである。

　映画『2001年宇宙の旅』では，HAL9000が，木星を目指す宇宙船の運航をすべて取り仕切っている。自らを万能の神のように感じているコンピュータHALは，ミスによるのかどうかはわからないが，冬眠中の宇宙飛行士たちを殺してしまう。活動中の人間たちは，HALがおかしくなっていることに気づき，密かに対策をとろうとするが，そのことを読唇術で知ったHALは，人間に対して明確に反抗的な態度をとり，ついには生き残った二人の宇宙飛行士の

うちの一人を遠い宇宙空間に飛ばしてしまう。しかし，最後には，ただ一人残った宇宙飛行士によって，その人工知能を停止させられてしまうのである。

このように，SF小説や映画においても，メインフレーム・コンピュータは，人間にとっては抑圧的な存在として描かれており，現実においても，水爆の開発などの軍事的な目的に使われるものだった。

なお，喜多千草によれば，コンピュータをこのような「巨大な頭脳」という"擬人化"した表現で語るやり方は，実は，「デジタルコンピュータの基本原理」を明らかにしたと言われるアラン・チューリングのいわゆる「万能チューリング機械」において，「コンピュータ」という言葉が「計算をする人」の意味で使われたことから来ているのだという（喜多，2003，36頁）。

この巨大な頭脳であるメインフレーム・コンピュータは，現実にはその後，すでに述べたような「タイム・シェアリング・システム」を採用することによって，大勢の人びとが"同時に"その頭脳の力を借りることができるようになる。1970〜80年代の日本でも，例えば，東京大学大型計算機センター（当時）には，さまざまな大学等からの研究者がやって来て，多くの課題を"同時的"に処理してもらっていた時代があった。

現代では，「スーパーコンピュータ」が科学技術の諸分野で活躍するようになった。これには，メインフレーム・コンピュータの進化という方向性と，パソコンなどの小型コンピュータの連結・並列処理という方向性がある。

◆小型のパーソナル・コンピュータの誕生と発展

個人が所有し，鉛筆やノートなどの文房具のように使える今のコンピュータ（スマートフォンはまさに，そのようなものである）の原型を誰が発想したのか？

メインフレーム・コンピュータは，その素子としてトランジスター以降，ICが使われ，全体に"小型化"していったが，それはコンピュータを構成する部品におけるテクノロジー発展の結果であって，もともと，コンピュータ使用やユーザーについての明確な意図や狙いがあって小型化したわけではないであろう。ICのような半導体については，「ムーアの法則」というものがあり，

「半導体性能は一年半で二倍になる」とされていたという（梅田, 2006, 10頁）。

現在のような「パーソナル・コンピュータ（PC）」の誕生は, そのようなメインフレーム・コンピュータの小型化による進化というよりは, 全く異なる考え方をもつ人びとによって開発されたと考えるべきであろう。それは, 「ネットワーキング運動」の洗礼を受けたカリフォルニアの地に誕生したのである。

これは, 当時の反体制的な価値（フェミニズムや環境保護論など）を信奉する人びとの, 個人を大事にし, 対等でゆるやかなつながりを求める運動であった（リップナック＆スタンプス, 1984=1982）。それと同様にメインフレーム・コンピュータの端末ではなく, 一台一台がすぐれた機能をもつ, 独立した（スタンド・アローン）個人用の小型コンピュータが求められたのである。

個人が用いるコンピュータの概念は, シリコン・バレーのパロ・アルト研究所（PARC）に在籍していたアラン・ケイに帰せられることが多い。彼は, 「ダイナブック」の構想を描いた（ケイ, 1992=1977）。しかしながら, 彼自身が実用的なマシンを完成したわけではない。実用という点では, まず, 1971（昭和46）年に, 最初のマイクロプロセッサ4004が開発された。これは, インテル社のテッド・ホフとビジカルク社の日本人エンジニアである嶋正利による開発であったが, コンピュータのための発明ではなく, 「電卓」用に開発されたものである。コンピュータのための開発という点では, 1974（昭和49）年に, インテル社の開発したマイクロプロセッサ8080を利用して, エド・ロバーツが世界初の個人向けコンピュータ「アルテア8800」を開発したことが重要である。当時は, パソコンではなく, 「マイクロ・コンピュータ」, 略して「マイコン」と呼んだが, これは「マイ・コンピュータ」という意味合いもあり, ユーザーは, 部品セット（キット）を買って, 自分で組み立てるのが普通であった。ただし, このマシンは, キーボード, マウス, ディスプレーさえ欠如したものであり, 形状的には, 今日のパソコンとは全く似ていない。

1976（昭和51）年には, スティーブ・ジョブズとスティーブ・ウォズニアックがAppleIを開発し, 次いで, 1977（昭和52）年に, この二人のスティーブがアップル社を創業し, AppleIIを開発した。1984（昭和59）年には, アイコン

つまり GUI（グラフィカル・ユーザー・インターフェイス）を備えた初の PC「マッキントッシュ」をアップル社が開発した。それに対して，1992（平成 4）年に，ビル・ゲイツが率いるマイクロソフト社が，自社の OS に GUI を導入（＝ Windows3.1），1995（平成 7）年には Windows95 を発売して世界的な大ヒットとなり，パソコンが世界に普及するのに貢献した。

2　コンピュータ・ネットワークの形成
　　～パソコン通信からインターネットへ～

　コンピュータを何台もつないで「ネットワーク」として利用するという考え方の起源については，いろいろな説があるようだ。有名なのは，アメリカのメインフレーム・コンピュータをネットワークとすることにより，ソ連からの攻撃による被害を回避するというものだが，パソコンをつなぐ「パソコン通信」の場合は全く異なる発想によるのであろう。

◆メインフレーム・コンピュータのネットワーク

　一つには，メインフレーム・コンピュータ（大型汎用計算機）をオンラインで共同利用しようとする目的から「対話型コンピューティング」が発想され，そこから，単なる端末ではなく，自立した小型のコンピュータへの道ができたとされる（喜多，2003，16-17頁）。対話型を発案したのは，ジョセフ・カール・ロブネット・リックライダー（J・C・R・リックライダー）と言われるが，彼は実際には「大勢の利用者が同時に大型汎用コンピュータを利用する時分割処理（タイムシェアリング）という方式の開発を目指した」（同）とされる。

　先に言及した東京大学大型計算機センターでは，最初は，各研究者が自分でつくったプログラムをカードあるいは磁気テープを通じてメインフレーム・コンピュータに読み込ませ，処理結果を連続用紙にプリントアウトしてもらうという形でコンピュータを利用していたが，次第に各自が，センターにある何台ものディスプレイのうちの一台を用いて，コンピュータと"対話"しながら利用できる形になっていった。

第5章　コンピュータの誕生とデジタル化の進展　143

　喜多千草によれば，リックライダーの考え方と違って，コンピュータを小型化し，オンラインではなく，今日のパソコンのようにスタンド・アローンの装置として使うという発想は，1960年代に別にあったという。すなわち，「各自がコンピュータを占有して画像表示装置を駆使した直接利用の方式を洗練してゆくことのほうが大切だと考えていたグループは，複数存在した」（同書，17頁）という。それでは，なぜ，そのようなメインフレーム・コンピュータを"つなぐ"という発想が生まれたのか？　これに関しては，よく言われるように，米ソ冷戦下では，ソ連から核弾頭を装着したミサイルが発射され，ワシントンDCにある国防総省（ペンタゴン）が攻撃されて，そこにある，あらゆる軍事情報をもつメインフレーム・コンピュータがいつ破壊されるかわからない。そのようなことがあっても，あらかじめ何台ものメインフレーム・コンピュータがネットワークを形成していれば，一台のコンピュータがやられても，他のコンピュータで代替できるという「セキュリティ」の考えであった。

◆インターネットの始まり

　事実として，アメリカ合衆国における，いくつかのメインフレーム・コンピュータが回線で結ばれ，ネットワークとして機能するようになったが，この場合，必ずしも「軍事情報」の"共有"が目的ではなく，それらのメインフレーム・コンピュータは大学の所有のものであったので，むしろ「科学・学術情報」の"共有"が目的であったように思われる。

　ただし，そのようなコンピュータ・ネットワークを形成したり維持する費用は，国防総省（ペンタゴン）管轄の「軍事予算」から，さまざまな名目で支出されたようであり，間接的には"軍事"目的のためのネットワークとも言える。軍事目的に貢献すると称する「コンピュータの研究」にはいくらでも予算がつぎこまれたという。したがって，名目的には，ペンタゴンの「ARPA」（Advanced Research Project Agency ＝高等研究計画局）のためのネットワークであるという意味で「ARPAネット」と称せられる。これがつくられたのは，1969（昭和44）年で，まさに冷戦体制のさなかであった。

しかしながら、そのARPAネットが初めて結ばれたのは、カリフォルニア州の3つの大学（スタンフォード大学・カリフォルニア大学サンタバーバラ校・UCLA＝同ロサンゼルス校）とユタ大学の計4大学間であったので、軍事的なネットワークというよりは科学的なそれというイメージが強い。事実、その後、ARPAネットは科学技術情報を共有するためのネットワークへと進化する。具体的には、1983（昭和58）年に管轄がNSF（全米科学財団）に移り、「NSFネット」に名称を変更した。さらに、冷戦の一方の陣営の雄であったソ連が崩壊した1991（平成3）年には、NSFネットを商用にも解放し、CIX（Commercial Internet Exchange：商用インターネットワーク交換会）が設立された。共通のプロトコルを用いることにより、さまざまなネットワークが結びついて、「インターネット」が形成されたのである。日本においても、1992（平成4）年に、日本初の商用プロバイダーが設立（11月）された。まさに冷戦の終結とともに、インターネットの民間への開放が始まったのである。

1994（平成6）年には、ネットスケープ社がマーク・アンドリーセンらによって設立され、Netscapeブラウザが爆発的に普及し、次第に「インターネット」の存在が知られるようになった。しかしながら、決定的な要因となったのは、翌年のマイクロソフト社による「Windows95」の世界的な発売であったろう。日本でも、マスメディアによって、Windows95の発売が何日も前から予告され、当日は大きな騒ぎとなったが、行列をつくった人のなかには、パソコン自体を持ってもいない人がいたと伝えられる。

◆パソコンのネットワーク＝「パソコン通信（パソ通）」

「インターネット」の根幹を成すのは、アメリカのARPAネットを基盤とするネットワークであったが、それだけでは、現在のような「インターネット」にはなりえなかったであろう。インターネットが民間に開放される以前から、草の根的に多数存在していたのが、「パソコン通信」（略称：パソ通）であった。「インターネット」というのは、実際には、根幹のネットワークに、さまざまな「パソコン通信」やその他の企業のコンピュータ・ネットワークが合流し

て，世界的なネットワークになったものと考えられる。

　アメリカや日本でも，いわゆる"草の根"のパソ通が数千存在し，さらに加入者が数百万人というような大規模な商用のパソ通もいくつか存在していた。これらのネットワークは，すぐれた機能をもちながら個々に独立した小型のパーソナルなコンピュータ（PC）同士の対等なつながりを実現したものであり，民主的な運営など，先に述べた「ネットワーキング運動」の影響を受けたネットワークであった。日本で，商用のパソ通として多数の会員がいたのは，ニフティとNECVANの二つで，それぞれ数百万人の会員がいた。それらの会員は，現在ではニフティなどを「プロバイダー」として，インターネットとつながっている。1990年代前半におけるインターネットの民間への開放後は，それらのパソ通はインターネットにつながり，世界規模の巨大なネットワークができあがったのである。

◆「ネットワーキング運動」

　「ネットワーク」型の組織に注目が集まるようになったのは，この数十年である。それは，今日においては「情報通信基盤の発達と，それをもとにした経営技術の進化に支えられている」（若林，2009，11頁）という面がある。しかし，実は，情報通信基盤は必要条件ではないのである。と言うのも，最初に「ネットワーク型組織」が注目されたのは，初期のパソコンがやっと誕生するかどうかという頃の1970年代に，アメリカ合衆国のカリフォルニア州を中心に「ネットワーキング運動」が起きてからである。当然のことながら，その頃の「ネットワーク」とは，人と人とのつながりのあり方を意味していたからである。しかし，この運動の後に，ネットワーク型組織は，さまざまな企業にも採用されていったのである。

　「ネットワーキング運動」とは，当時は"反体制的"だった価値観を共有する人びと，例えば環境保護論者（当時は生産中心主義的な考え方が主流であった）やフェミニスト（女性の社会的な地位の向上を唱える人びと）などの"ゆるやかな"結びつき，つまり「ネットワーク」を志向する運動であった。ネットワー

クに参加する人びとは、上下関係のあるピラミッド型の組織とは異なり、互いに対等な関係で水平につながりあっており、(共同代表のように)リーダーも複数いたり、役割を相互に交換することが容易であった。そして、その結果生まれたネットワークのことは「もう一つのアメリカ」と呼ばれる(リップナック&スタンプス、1984＝1982、23頁)。

この運動を調べたリップナックとスタンプスによれば、「ネットワークとは、われわれを結びつけ、活動・希望・理想の分かち合いを可能にするリンク［結合］である」(同)とし、「ネットワーキングとは、他人とのつながりを形成するプロセスである」(同)とする。

◆「ネットワーク組織」の構造

現代のように、情報があふれる世の中で、情報にもとづき、さまざまな意思決定を次つぎに行っていく必要がある時代の企業において、ルーティン的な仕事に適合した官僚制的な大きな組織は機動性を欠いているので、「イノベーションや改革による競争」においては、「組織の大規模化［スケールメリット］ではなくネットワーク化が好まれる」という(若林、前掲書、15頁)。

この「ネットワーク」化については、一つは組織構造自体のネットワーク化がある。これは、上意下達式のピラミッド型ではなく、「水平型」であり、グループのなかで意見が出しやすく、永続的なゴールではなく、特定の創造的な「プロジェクト」の遂行にふさわしい。もう一つは、コンピュータ技術を背景とした物流のネットワーク化がある。例えば、荷物の配送という仕事に関して、以前から郵便局(現・日本郵政)や日本通運という大規模な組織が存在していたが、それほど細やかなサービスは提供されていなかった(例えば、受取人になる客自身が、大きな荷物を郵便局や鉄道駅にまで受け取りに出向かなければならなかった)。それに対して、新たな情報システムを導入し、全国的なネットワークを育成したヤマト運輸は、荷物を戸口から戸口へと配送できるようにし、便利かつ迅速、確実な「宅急便」という「個人向けの小包の宅配サービス」を開発したということがあった(同)。

◆インターネットの基本機能

　1990年代半ばに広く公開されるようになった「インターネット」における活動は，大きく分類すると，① 情報収集（インフォメーション），② 商品取引（トランザクション），③ 協同作業（コラボレーション）および ④ 交流（コミュニケーション）の4つに分けられるであろう。ここでは，どのようにそれらの活動が発展してきたかをみてみる。

◆初期のインターネット技術の影響力に関する認識

　日本におけるインターネット技術導入の中心人物であった慶應義塾大学の村井純は，「インターネット」とは，「世界中のすべてのコンピュータをつなぐコンピュータ・ネットワーク」（村井，1995，2頁）であり，「デジタル情報の特徴により，知識や情報を世界中で自由に交換，共有するためのインフラストラクチャーなのです」（同書，5頁）と述べていた。この頃は，インターネットの力はまだそれほど展開されず，具体的な活用法も十分認識されていなかったと思われるが，村井は「人間のいとなみにとても大きな影響をおよぼすのです」（同）というふうに断言している。ただし，その根拠は，「インターネットの上でデジタル・データは，ほぼ一秒で地球を一周することができ，双方向で，文字や音声や画像が大量に高速に交換できる」（同書，6-7頁）というように，もっぱら技術的な面でのものだった。

　そこで，インターネットを技術的に定義すると，「TCP／IPというプロトコル［通信における約束事］を使用してつながっているコンピュータのネットワーク」（同書，29頁）であり，TCPとは「トランスミッション・コントロール・プロトコル，すなわち，転送の制御をするプロトコル」（同）であり，このTCPが「IP（インターネット・プロトコル）とセットになって，インターネット上のコンピュータの通信を制御している」（同）と説明される

◆ウェブ（WWW）とホームページ（HP）

　初期のインターネットの利用は，WWWの「ネット・サーフィン」が主要なものであり，要するに，さまざまなサイトをはしごしての「情報の"収集"」が目的であったが，これは，パソコン通信の掲示板と同様な機能であり，機能面ではパソコン通信の"延長"でしかない。ただし，文字中心だったパソコン通信と比べて，その表示の仕方はずっと洗練されるようになった。

　村井純によれば，インターネットは，中心をもつパソコン通信（これはクローズドでもある）と異なり，「情報や知識に対する視点を一人ひとりが自由にもつこと」（村井，同書，70頁）ができるメディアであり，「この仕組みによって，世界中の情報がお互いに複雑に絡まって編まれるので，ワールド・ワイド・ウェッブ（WWW。ウェッブは「くもの巣」の意味）と呼ばれる」（同書，70-71頁）とする。この情報を読むためのソフトウェアであるブラウザーとしての「モザイク」（Mosaic）が最初につくられた。それを使えば，インターネット空間には「国境」がない（同書，77頁）ので，「知識や情報がどこのコンピュータにあるかということをいちいち意識しないで，あちこちへ行ける」ことから「ネットサーフィン」ができると説明される（同書，72頁）。

　現在では，それぞれ個々の情報のまとまりを「ホームページ（Home Page）」と呼んでいるが，村井によれば「ワールド・ワイド・ウェッブでは情報を本のページのような単位で表示していて，その最初のページをホームページと呼びます。ここにはだいたい目次のような内容が書かれています」（同書，76頁）という。これが，本来のホームページの意味であろう。新たなメディアについて語るのに，「本」という古いメディアをイメージした言葉を用いたことが興味深い。

◆ウェブの利用

　ウェブが発展すると，それを自分のパソコンで利用するための「ブラウザー」が必要になったが，ネットスケープやエクスプローラーなどのすぐれたブラウ

ザーの登場によって，ウェブの利用がさらに進む。ウェブを利用する入り口としての「ポータルサイト」が登場し，マウスのクリック一つでいろいろなページに飛ぶことができるようになり，それ以前のように，いちいち URL アドレスを入力する必要がなくなった。さらにポータルサイトから入るのも面倒ということで，「検索エンジン」を利用して目標のサイトを目指し，検索語を入力することで目指すサイトの候補がすぐに表示されるようになり，検索エンジンがポータルサイトを兼ねるようになる。その代表が「グーグル」である。グーグルは，ウェブ上のすべての情報を整理し，利用できるようにすることをゴールとした。

◆インターネット上での交流

大手のポータルサイトは，インターネット・オークションを主宰する。これは，以前のパソコン通信において，最も基本的なサービスであった掲示板（BBS）においてなされていた不要物の交換のような催しの延長とも言えよう。

それ以外に，インターネット上での交流として，例えば物理的・地理的には遠く離れた人びとの間で，双方向のやりとりが自由になされ，協同作業（コラボレーション）もなされる。特定のソフトウェアをインターネット上で自由に利用でき，それを改良したバージョンのものを再びインターネット上で使えるようにするということもなされる。これと同様なことは，ウィキペディアについても言える。ネット上の百科事典である「ウィキペディア」は，ボランティアの多くの編集者が，さまざまな言葉について情報をまとめたサイトである。

◆インターネットを経由するコミュニケーション

コンピュータ開発の早い段階で，すでにコンピュータをゲーム機として使うという発想はあったようだが，コンピュータをつないだネットワークを経由して「メール」をやり取りするという発想は，もともと「計算機」であったコンピュータの開発者たちには乏しいものであったろう。

しかし，学術情報のやり取りに際して，メールを送るという行為は必要で

あったであろうから，コンピュータのネットワークができた段階からは，コンピュータを利用したメール（以前は「電子メール」あるいは「Eメール」と呼んだ）のやり取りがなされてきたのであろう。

現在でも，インターネット利用のかなりの部分はメールであるはずだ。ただし，最近ではパソコン（PC）ではなく，ケータイやスマホを情報端末として，インターネット経由のメールやチャットあるいはLINEが普通になっている（このような変化の最初は，3節で述べるdocomoのiモードであった）。

◆■チェーンメール

コンピュータを経由するメールを使えるようになると，かつて郵便でやっていたような一種の呪いめいた遊びがメールに移植されるようになる。「幸福の手紙」（あるいは「不幸の手紙」）である。これは，かつては葉書き（郵便はがき）でなされていたことであるが，例えば，同じ文面の葉書きを24時間以内に5人の人に対して送らないとあなたは不幸になる，というような内容である。郵便の時代にこれをその通り実行するには，手間もお金もかかったわけであるが，メールが使えるようになると，これはとても簡単な行為になる。そこで，内容も込み入ったものになっていく。例えば，某病院で手術の予定があるが，希少な血液（AB型でRh－のような）が不足しているので，献血に協力してほしい，というような真に迫った内容である（これはかつてNHKのBS放送で紹介された事例である）。このような内容のメールを"止めない"で友人に回覧して欲しいというような要望であった。ただし，このケースでは，最初の情報ソースが誰であったかは示されていなかった。つまり，誰かが責任をもって流した情報ではなかったのである。

同様に，特定の「コンピュータ・ウイルス」が蔓延しているので気をつけてください，というメールが回り，かつ，このメールを誰か知り合いに伝えてほしいという要請が付け加えられるということがあった。これは，実は虚偽の内容のメールであった。善意のふりをして，人びとを翻弄しようとしたのである。

こういった「チェーンメール」は，コンピュータによるメール（電子メールあるいはEメール）がまだ珍しかった1990年代に一時ブームになったが，その後，下火になっていた。ところが，近年，ツイッター・サービスが登場することによって，チェーンメールに似た現象が再び現れるようになった。

◆自殺サイト

　日本において，インターネットがまだ普及の初期段階にあった頃，インターネットは，プラスの評価を得るよりは，「闇の社会」とつながっているというような，社会のなかでの"逸脱"的な存在としてマイナスのイメージをもたれることが多かった。そのような状況を象徴する事件が，1998（平成10）年の年末に起きた「ドクター・キリコ事件」（宅配毒物自殺事件）である。

　まず，新聞報道に表れた事件経過を追ってみる。最初に，一つの自殺事件が起きた（12月12日）。これは，「杉並区女性」が，インターネット上の掲示板（のコーナー）で「ドクター・キリコ」と名乗って薬の情報を提供していた「北海道男性」＝ペンネーム「草壁竜次」から宅配便で届けられたシアン化カリウム（いわゆる「青酸カリ」）を飲んで服毒自殺を図り，この女性は15日に死亡した。その自殺に関連して，杉並区女性を担当した医師から宅配便の伝票にあった電話番号へ問い合わせをしたことで服毒を知った草壁竜次もシアン化カリウムで自殺した（12月15日）のである。警察（高井戸署）は，12月24日に公開捜査に踏み切り，翌25日に通報があって，草壁竜次のことが明らかになる。

　メディアの側は，「毒ネット　深い闇」（『朝日新聞』1998年12月26日，社会欄）など，インターネット上の自殺情報や薬物取引の問題に焦点を合わせて取り上げたが，容疑者の草壁は，金銭と引き換えにシアン化カリウム入りのカプセルを数人の主婦に分けたことは確かであるが，あくまでも，そのカプセルは，「いつでも死ねる」と思えば，むしろより前向きに生きることができるはずだという考えのもと，「お守り」のような意味でカプセルを送ったとされ，組織暴力団など「闇」の世界との関係はなかったようである（テレビ朝日『報道スクープ』調べによる）。

◆ネット心中

　2003(平成15)年2月11日，埼玉県入間市のアパート内で，近くの無職男性(26歳)と千葉県船橋市の無職女性(24歳)，川崎市の無職女性(22歳)の3人が死亡した。その「アパートは2，3年前から空き室で，3人がいた南東の六畳和室には練炭入りの七輪が四個置かれ，ガラス戸には粘着テープが目張りしてあった」(渋井，2004，76頁)という状況から，これらの3人は自殺とみられたが，「遺体を発見し，119番通報した栃木県に住む女子高校生(17歳)の話で，前年12月頃，亡くなった3人とその女子高校生はインターネットを通じて自殺計画のやりとりをしていたことがわか」(同)り，特異な事件であることが判明する。住む場所もばらばらな他人同士による集団自殺であった。このことから「マスコミは，インターネットの心中掲示板でよびかけた『ネット集団自殺』と報道するようになり，ネット心中がその後，連鎖的に発生するきっかけをつくった」(同書，77頁)。

　実際に，2003年の報道によると，11件32人が「ネット心中」で死亡したという(同書，14頁)。他にも，中国地方に住む高校生，義紀さん(18歳)は，2003年5月頃から，複数の自殺系サイトの掲示板で心中相手を募った。20代前半の統合失調症の男性からメールが来たので，約1か月メール交換を続けたあと，会って打ち合わせをしたが，「義紀さんはその打ち合わせでも，車内での練炭自殺にこだわっていた」(同書，45頁)。結局，その男性は脱落し，後で加わった2人の女性(30代と60代)と3人で決行することにする。が，「どうせ死ぬのなら大げさに取りあげてもらいたい」(同)と言って義紀さんは新聞記者の取材を受け，決行のメールを受け取った記者は地元の警察署に連絡し，自殺は未遂に終わったという(同)。

　一般的には受け入れてもらえないような自殺願望を共通に抱く人びとをインターネットが容易に出会わせ，彼らが自殺決行にあたって必要な準備を分担しながら，自殺への意思を互いに確認し合い，強め，実行するのに役立ったとされた。しかし，このような「ネット心中」は，まだインターネットの普及初期

の頃の，ネットの有利さを利用した一種の「流行現象」であったと言えよう。

◆功罪半ばする「2ちゃんねる」

「2ちゃんねる」と言えば，あることないこと，多くは芸能人をはじめとする有名人らに対する誹謗中傷のあふれた掲示板であるという印象が強いが，なかには肯定できる書き込みや利用法もある。例えば，「匿名で発言できる掲示板の中でしか『正論』『真っ当な意見』を言えないのが現在の日本の現実であり，問題点なのではないのか」と荷宮和子は言う（荷宮，2003，59頁）。女性である荷宮にとって，ネットのいいところは，「性別」をさらさずに発言できるという点である。すなわち，「女のくせに」というバイアスから逃れた状態で言いたいことが言えるとする（同書，16頁）。

荷宮は，「2ちゃんねる」という「ネットの匿名掲示板の登場で『匿名でボランティアできる手段』をフツーの人間が手に入れることができた」（同書，66頁）とも評価する。例えば「おり鶴オフ（会）」事件というものがあった。これは，2003年8月1日，広島平和記念公園の折鶴14万羽が大学生による放火で焼失したということがあったのだが，2ちゃんねるでは，政治的な思想とかに関係なく，なくなったものを回復しよう，折りたい人が折りたいだけ鶴を折って8月15日に広島に届けよう，というような書き込みが一斉になされ，その結果，多くの人が折った鶴を鉄道マニア（鉄ヲタ）が掲示板を使って連絡をとりながら，駅毎に随時集めていき，折鶴を回復したのであった（同書，2章）。

このように，匿名だからこそ率直なホンネを語れるのと同時に，よく知らない他人と連携・協力することを躊躇しがちな多くの日本人が，ネットによって匿名のつながりをもって活動しやすくなったとも言えるのだ。

◆インターネットを危険視する日本人

以上，インターネット普及初期における日本で目立った諸事例を見たが，多くはインターネットに対してマイナス・イメージを付与する事例であった。

アメリカと日本の両方の状況をよく知る梅田望夫によれば，日本の場合，インフラは世界一になったが，インターネットは，善悪でいえば「悪」，清濁では「濁」，可能性よりは危険の方にばかり目を向ける。良くも悪くもネットをネットたらしめている「開放性」を著しく限定する形で，リアル社会に重きを置いた秩序を維持しようとする。この傾向は，特に日本のエスタブリッシュメント層に顕著である。「インターネットは，自らの存在を脅かすもの」という深層心理が働いているからなのかもしれないとする（梅田，前掲書，21頁）。

このような日本人の態度は，インターネットに対するものだけとは限らない。これまでのさまざまなメディア普及過程を見てみると，日本人は一般に，新しいメディアに対する警戒心がかなり強い民族だと言えるかもしれない（もちろん，すべての日本人がそうだというわけではないが）。映画史の初期には，檜舞台に上がる歌舞伎役者が，土の上で演じる映画俳優を蔑視したり，テレビがニューメディアだった1950〜60年代にも，日本では，テレビは「一億総白痴化」の影響があるとか「電気紙芝居」にすぎない，といった危険視ないしは蔑視があった。ただ，テレビの場合には，そのような態度がそのメディアとしての発展を大きく阻害したということはなかった（逆に，「テレビ」を蔑視した「映画」が凋落するということはあった）。

しかし，どんなメディアにせよ，新しいメディアに対する多くの日本人の，このような後ろ向きで「危険視」あるいは「評価しまい」「無視しよう」とするような頑なな態度は，新たなメディアのもつ可能性を自由に伸ばし，人間の能力をより開発しようとする動きにとっては，慎重さを超えて，大きな阻害要因になりうる。このことは，テレビとインターネットとの「ハイブリッド文化」の形成にもマイナスに作用する可能性があるし，実際にあまり進んでいないという日本の現状もある。

3　デジタル化の進展

中央集権的で組織的・寡占的なモダン・メディアから，分散的で個人的・多元的なポストモダン・メディアへの変化は，急激になされたのではない。日本

においては，1980年代以降に過渡的な段階を経，最近のポストモダン段階に至ったと言える。1980年代は，経済面では消費社会化が進み，バブル経済となった時代であり，テクノロジー面では，コンピュータ化やデジタル化が進んだ頃である。

1990年代半ば以降のインターネットの普及・発展に伴い，個々のメディアもその様相を大きく変えた。インターネットは，リアルな社会と重なりつつ，一つの大きなバーチャルな世界を築き，それは「サイバー空間」とも呼ばれている。「電話」あるいは「テレビ」などの既存メディアは，デジタル化することで，インターネットと"接続""相互乗り入れ""融合"し，グローバルな「ネットワーク」と接続された「リアル空間」のなかで活用される「機能」の"一部"という位置づけに変化していった。

◆社会に浸透するコンピュータ

日本におけるコンピュータの導入は，1960年代の国鉄（日本国有鉄道）の新幹線の登場に伴う運行の自動化や切符の予約や発売をする「みどりの窓口」の設置が早い例であり，他には銀行の「オンライン化」があった。

コンピュータの発展は，徐々に，既存のマスメディアに大きな変化をもたらした。例えば，新聞記事の原稿は，1980～90年代には，紙とペンからワープロを経てパソコンでの入力に変わり，紙面も活字を組む「活版印刷」からコンピュータを使い"電子的"に編集されるものへと変わっていった。これは，CTS（Computerized Typesetting System）と呼ばれた（稲葉・新井，1988，158頁）。テレビにおいては，CMがコンピュータを使って自動的に正確に流されるようになった。しかし，これらは，従来，手作業で行っていたものをコンピュータという機械で代替（機械化・自動化）したのであり，主に「省力化」という意義があったと言えよう。

近年においては，既存マスメディアに対する「コンピュータ」の影響は，「デジタル化」と「ネットワーク化」が前提となっているが，それは単なる省力化を超えた意味をもつに至っている。しかしながら，既存マスメディアがコ

ンピュータやインターネットにすべて置き換わったというようなドラスティックなことは起きていない。ポストモダンの現状では，新旧メディアの「シェア」「接合」あるいは「融合」というハイブリッド形になっている。例えば，新聞は，「紙面」と「電子（デジタル）媒体」の両方が"共存"する状況となっている。

◆「ニューメディア」時代と多メディア化

1980年代の「ニューメディア」には，二つの位相があったと言えるだろう。第一の，既存の「マスメディア」の機能を多様にし，その能力を増強するための「ニューメディア」としては，具体的には「テレビ」の機能の拡張としての「家庭用ビデオ」の登場や，多チャンネル化を導いた「ケーブルテレビ（CATV）」や「衛星放送」（BS：Broadcasting Satellite および CS：Communication Satellite を用いる）の普及がある。これらにより，テレビ番組の"録画"・"保存"ができるようになったり，"多チャンネル化"ということはあったが，ユーザーの側からすればテレビの使い方が広がったものの，テレビの見方にそれほど"革新的"な面があったわけではない。それらは多少形を変えながらも（例えば，DVDやハードディスクへの録画やワンセグ放送の視聴など），基本的には今日においても続いている。

第二の，それまでにない，まさに"新しい"「ニューメディア」としては，「ビデオテックス」がある。既存の「マスメディア」とは大きく異なり，"双方向性"をもつ（ユーザーからのリクエストやリアクションを送れる）メディアとして普及が期待され，「情報社会」をリードするメディアとして，鳴り物入りで導入されたにもかかわらず，ほとんど普及することなく姿を消した「メディア」である。

「ビデオテックス」は，日本では日本電信電話公社（略称：電電公社）の「キャプテンシステム」という名前で登場した。専用のモニター画面とキーパッドのある装置で，画面上のメニューから情報を選び，ニュースや株価情報といった静止画情報をリクエストして，画面上に表示させるものであった。

「インターネット」と似ているが、オープン・システム（open system）であるインターネットとは異なり、特殊なクローズド・システム（closed system）である。「ビデオテックス」は、フランスを除いて（後述）、日本やアメリカなど世界各地の試みのいずれにおいてもほとんど普及しなかった。一言で言えば、当時の「ニューメディア」の"目玉"は、"失敗"に終った。「ビデオテックス」においては、ホストコンピュータに蓄積される情報の提供者は自治体や企業であったが、それほど情報は豊富でないわりに、装置と個々の情報に対して多くのコストがかかった。使い勝手も悪く、あまり利用されなかった。唯一フランスでは、国家的な情報戦略として、郵政省が「ミニテル」という装置を無料で希望者に貸し出すという形で1千万台近くも普及した。家に居ながらにして、フランス新幹線（TGV）の情報を見たり、乗車券を予約・精算できる便利なものであった。しかし、これも、汎用性の高い「インターネット」に取って代わられる結果になったと思われる。

◆テレビのデジタル化

　日本における地上波テレビの歴史は、1953（昭和28）年の本放送開始以来、近年まで、アナログ電波による放送の歴史であった。しかしながら、20世紀末から、衛星放送やケーブルテレビ放送をはじめとして、テレビ放送の「デジタル化」が徐々に進み、ついに最も古くから放送していた地上波もデジタル化した。このようなテレビのデジタル化は何を意味するか？

　テレビは、まず1989（平成元）年にNHKのBS放送が開始された。BS放送は、Broadcasting Satellite（放送衛星）という日本独自の、衛星放送に特化した出力の大きな衛星（それだけにコストもかかる）を用いたもので、世界最初の定時番組を衛星放送で行うものであった。当初はアナログ放送であったが、後に、ハイビジョン化に伴うデジタル化がなされた。1990年代は、多くの国で、通信用に打ち上げているCommunication Satellite（通信衛星）を用いたCS放送が始まり、やはり当初はアナログ放送であったが、1990年代半ばにはデジタル化が相次いでなされた。また、同じ頃、テレビのケーブル放送も普及した。

ケーブル放送は同軸ケーブル（ADSL）あるいは光ファイバーを用いるので，そもそもコンピュータとの「親和性」が高い。同じ回線で，インターネットとテレビ放送の両方を送信できるのである。それゆえ，ケーブルテレビとインターネットを抱き合わせで契約することで，両者の普及が促進された。

2011年7月24日の正午には，「地上デジタル化（略称：地デジ化）」への完全移行が行われた（ただし，同年3月11日の東日本大震災による東北の被災3県＝岩手・宮城・福島は，例外的に翌年3月迄移行を延期）。その後，旧来の東京タワー（1958［昭和33］年12月完成）からの電波は，新たに建設された東京スカイツリー（2012［平成24］年5月完成）からのデジタル電波へと移行した。

この地デジ化の意味の一つは，地上波に使われる「電波」の"整理"ということがある。希少な電波を携帯電話等に，より有効に割り当てるためである。もう一つは，テレビとインターネットとの"融合"に関連している。いずれにしても，世の中全体における「情報化」，具体的には「モバイル化」や「コンピュータ化」と関連していると言えよう。

◆電話のデジタル化と携帯電話の登場

かつて家庭用の電話機として「黒電話」が，政府機関であった日本電信電話公社によって各世帯に"貸与"されていた。これは，数字を記した回転盤のついた「ダイヤル電話」であり，電話番号に対応した数字を一つ一つ回すと，各数字と回転盤が戻る時間の長さが対応していて電話番号として発信される「アナログ方式」であった。その後，「プッシュホン」になり「デジタル方式」に変わった。それにつれて，単に通話ができる電話機から，さまざまなテレホン・サービスが可能な電話へと変貌していった。

日本では，アメリカ（1920年代に普及）と比べて，住宅用電話の普及が大幅に遅れたが，1970年代末に全国的な電話回線網というインフラストラクチャー「（インフラ：社会基盤，infrastructure）」がようやく完成し，住宅用電話もほぼ全世帯に普及するに至った。インフラ完成という使命を達成した電電公社は1985（昭和60）年に民営化され，株式会社のNTT（日本電信電話株式会社）に変

わった。それまで「電話」=「緊急連絡用」であり，貴重な通信メディアというイメージが強かったが，私企業となったNTTは，方針を変え，電話をどんどん使ってもらうためのキャンペーンを行うに至った（「カエルコール」など）。

同じ1985年には，「携帯電話」の始まりである「ショルダーホン」が登場した。これは電話機を肩に下げるもので重さは約3キロもあった。その後，持ち運び可能な「携帯電話」（900グラム）が売り出されるに至るが，料金等が高いこともあり，利用人口は少なかった（岡田・松田，2012，25頁）。

◆電話のモバイル化＝「ケータイ」の普及

携帯電話は，1990年代の半ばまでには，ビジネスを中心に，ある程度使われるようになっていた。しかしながら，例えば，1995（平成7）年1月17日の早朝に起きた「阪神・淡路大震災」の際には，何人もの人が携帯電話を使って消防署に連絡し，救急車の出動を要請したものの，電話をかけた地域とはかけ離れた地域の消防署につながるというようなシステム上の不備があり，実用面での問題があった。

1990年代の半ば頃までは，「ポケベル（ポケットベル）」の利用が高校生等の若い世代に広まり，一大ブームが引き起こされていた（中村，1997，96-99頁）。ポケベルは，もともとはビジネス用であり，英語ではpager（＝呼び出し人）と呼び，会社などからこの装置に電話を掛けると呼び出し音が鳴り，呼び出された人は，公衆電話等を探して会社に電話するものであった。このポケベルに小さな画面が設けられるようになり，そこに最初は数字，後にはカタカナのメッセージが表示されるようになって，若い世代に人気を呼んだのである。しかし，1995年に日本独自の簡易版（出力が弱く，通信範囲が狭い）の携帯電話であるPHS（略称：ピッチ）が発売されるようになり，料金の安さから若者にアピールし，PHSを含めた携帯電話の契約が増える結果となった。

さらに，1999（平成11）年に，docomoがi-modeサービスを開始したが，これは世界で初めて携帯電話とインターネットとが結びついたサービスであった。従来のショートメール（SMS：ショート・メッセージ・サービス）よりも，

ずっと長いメールを書くことが可能になり，ポケベルでメッセージを送る（より正確には，プッシュホン式電話の番号ボタンを押し，その番号の組合せでポケベルに向けてメッセージが発信される）ことに習熟していた若者層も，急速にこのサービスを受け入れ，携帯電話がさらに普及するに至った。この時点で，PHSと携帯電話は，併せて「ケータイ」と表示されるに至り，個人が「電話」を持ち歩く「モバイル化」の時代となった。その後，docomoのi-mode以外にも，各電話会社で同様なサービスが開始され，2000年代以降の日本では，若者を中心に，電話での「通話（会話）」よりも「メール」の方がコミュニケーション・ツールの主役となる時代になった。

21世紀の初め（2001年3月末）には，ケータイの全契約数が6千万台を超え，その半数以上の約3千5百万台がインターネットと接続していたという（岡田・松田，前掲書，31頁）。この時点で早くも，現在のようにケータイがインターネットを用いる「情報端末」として広く使われる準備は整っていたと言える。

◆日本の携帯電話のガラパゴス化とスマホの登場

2000年代半ばに入って，アップル社の「iPhone」（2007〔平成19〕年発売）をはじめとして，グーグルのアンドロイド携帯など，いわゆる「スマートフォン（略称：スマホ）」が登場し，急速に携帯電話に取って代わるに至る。しかし，このスマホは，技術的にはそれほど目新しいものではなかったとされる。というのも，日本の携帯電話はすでに，この時点で技術的にとても高く，財布や定期券などの機能も含め，さまざまなものを詰め込んだ高度に多機能的な装置になっていたからである。しかし，日本の携帯電話は，そのため，多くの人にとって不必要な機能も多く，使いこなせないことの多い装置であり，日本では売れたが，海外ではほとんど売れないものであった。それに対して，海外ではシンプルな携帯電話が専ら用いられ（例えば，フィンランドのメーカーである「ノキア」製のものが大きなシェアを占めたことがあった），メールも長文のものは使われなかった（アルファベットの長文を小さな画面で打つことは不便であった）。

電話では主に会話を行い、メールは短文用の SMS を用いるのが、海外での普通の携帯電話のあり方であった。そのため、独自の高度な進化を遂げてしまい、他から孤立してしまった日本の携帯電話は「ガラパゴス化」しており（吉川、2010）、後に「ガラケー（ガラパゴス・ケータイ）」と自嘲的に言うようになった。

そこへ登場した「iPhone」などの「スマホ」は、電話というよりもパソコンの延長であった。また、基本的な機能は最初から入っているが、それ以外は、ユーザーの必要に応じて「アプリ（アプリケーション・ソフト）」を取り入れることで一層の高機能化が可能になった。モバイル音楽機器の iPod や最初のスマホである iPhone を開発したアップル社の CEO であったスティーブ・ジョブズは、日本の携帯電話（あるいはもっと以前のソニーの「ウォークマン」）に学びつつも、デザインに力を入れ、機能的にはよりシンプルで、ソフトとハードとネットワークを一体化したユーザー本位の装置を開発したのである（夏野、2011、4 & 22-23頁）。

使いやすくデザインも良いスマホの登場によって、海外においても、日本のガラケー同様に、電話ができるモバイル装置がインターネットと接続するようになり、広く普及するに至った（スマホ以前から、カナダの企業が1997年に開発した「ブラックベリー」のような同様の情報端末がなかったわけではないが、ビジネス界はともかく、一般にはそれほど普及はしていなかった）。その結果、「電話」は「スマホ」のさまざまな機能のごく一部という地位に転落し、「スマホ」自体はネットワークの「情報端末化」したのである。

◆メディアのパーソナル化とデジタル・デバイド

情報メディアは、かつては電話もラジオやテレビも"単機能"のものであり、電話はせいぜい"一世帯一台"くらいしかなく、ラジオやテレビはその初期においては「家庭団欒」のメディアであった。電話については、家庭外では広く「公衆電話」を利用することが普通であった（店舗などにも「赤電話」や「ピンク電話」があった）。その後、メディアは次第に"パーソナル化"してい

き，個人専用のものを持つようになる。現在においては，より便利だが複雑な"多機能"メディアが出現しつつある。

モバイル情報端末を駆使し，ネットワークを有効に使うことで，さまざまな「コミュニティ」にも参加し，趣味や社会的な活動といったリアルな世界も充実すること（リア充）がありうる反面で，情報リテラシーが欠如し，情報端末を持っていないか，持っていてもあふれる情報を活用できない場合には，デジタル・デバイド（情報格差）が生じる。一つは，経済的な格差に至る場合がある。他には，広がる「ネットワーク」とのつながりを欠き，場合によっては"孤立"や"孤独"に陥る可能性もある。高齢化が進む現代日本においては，高齢者と若い世代との間でのデジタル・デバイドが大きくなる傾向がある（木村，2001）。

第6章
口コミからソーシャル・メディアへ

　インターネットは,「情報収集」の手段とされることが多いが,実際には,過去においてもメールやトランザクション（取引）のように,何らかの「交流」あるいは「コミュニケーション」の手段となっていることが多かった。

　最近では,SNSをはじめとする,さまざまなサービスによって,ますますコミュニケーション手段としての利用が増えてきている。ここでは,インターネットの現状を「ポストモダン」段階と捉え,そこに至るまでの経緯をまず述べたうえで,もはや現代の社会において不可欠な「インフラストラクチャー（インフラ：社会基盤）」と化したインターネットを舞台に発展しつつある,新たなコミュニケーション・メディアとしての「ソーシャル・メディア」が,「ポストモダン・メディア」としてもつ意味や意義,さらには問題点について考察する。

1 「うわさ」から浮かび上がるパーソナル・ネットワーク

　かつて,個人対個人のパーソナル・コミュニケーションの手段が,対面コミュニケーションや古代以来存在してきた手紙あるいは近代以降の電話くらいしかメディアがなかった時代は,狭義の（ネットを含めない）「口コミ」が重要なメディアであり,言わば「うわさ社会」であった。それは,大きく見れば,インターネットが普及し始める1990年代半ば以前のことであり,現在からほんの少し前のことにすぎない。人類の歴史が始まってから,ごく最近まで,「口コミ」が頼りの,そのような「うわさ社会」こそが人間の社会であった。特に,交通や通信手段が発達していなかった古代や中世においては,通例,個人が移動する範囲は極めて小さく,人生において新たに出会う人びとの数も多く

はなく，多くの顔見知りのなかで生活していたと言える（ただし，意味のある関係を築ける生物学的限界＝ダンバー数は150人程度という〔バウマン＆ライアン，2013＝2012，60頁〕）。それに対して，モダン期の都市に住む人びとにとっての環境は，名も知らない多くの人びとに囲まれて暮らす，実質的には「"匿名"の社会」という性格のものである。そのような社会においても，個人や物事について，さまざまなことが語られ，それらが知り合いのネットワークを伝わる「風の便り」として，さまざまな人びとの耳に達した。個人や物事についての「評判」や「悪口」や「人気」などというのも，そのようにして，「風の便り」として聞こえてくるようなものであった。藤竹暁（2004）の言うように，そのようなモダン期の都市において，ジャーナリズムや探偵小説も始まったのである。

◆ **モダン都市における「コミュニティ」と「ネットワーク」の濃度**

モダン期の都市にも「コミュニティ」は存在しうる。しかし，「都市コミュニティ」と言っても，一通りに決定するものではない。いわゆる「下町」のように，商人や職人が多い「コミュニティ」では，もともと「職住接近」であった。そのような地区では，昔から「祭り」が存在し，人びとは"一体感"をもって暮らしていた。それに対して「山の手」のような地区ではサラリーマンが多く，昔（昭和初期あるいはそれ以前の大正時代）から「職住分離」であり，地域との関係は薄く，言い換えれば，その地域は「コミュニティ」の体をあまり成していなかったと言えよう。

したがって，しばしば語られるように，かつてはどこにでも「コミュニティ」が存在し，それが次第に"崩壊"するに至ったというような見方は，必ずしも実際のコミュニティを踏まえての話ではないと思われる（少なくとも，全体を見通しての話ではない）。

この場合，「コミュニティ」という言葉よりも「ネットワーク」という言葉の方が，より実態を反映しやすい。つまり，「コミュニティ」が"存在"するというのは，ある地域のなかに"高度に結合"した「ネットワーク」がある場

合と見ることができる。社会学者のエリザベス・ボット（2006＝1955）は，ロンドンの家族20組を集中的に研究し，都市の家族のもつ「ネットワーク」の結合度（connectedness）が，家族によって"高度に結合"している場合と"分散"している場合がある（多くはその中間に位置する）ことを示した。いわゆる「コミュニティ」とは，ある個人の"知り合い"二人も互いに"知り合い"である（ネットワーク論では，互いに知り合っている三者で安定した三角形を成す）度合いが高い地区のことであると言えよう。

　ボットの研究は，1950年代のロンドンという限られた時代・場所でのものであったが，現代日本にも示唆するところは大きい。「コミュニティ」の有無というのは，結局は，地域における"人的"「ネットワーク」の結合度に帰されるであろうし，それはその地域に多い「職業」，あるいはその地域の「産業」のような社会的要因と関わるわけで，そのような考慮なしに，一概に「コミュニティ」があるとかないとかは言えないわけである。

◆日本人の人間関係とリアル社会における"孤立化"する個人

　日本においては，従来，人間関係に関連して，さまざまな「縁」が結ばれてきた。伝統的と見なされる「血縁」「地縁」をはじめとして，第二次世界大戦後の日本社会に特有な「社縁」というものもあった。しかるに，最近，この20年くらいの間に，日本人の人間関係には，大きな変化が見られる。

　現代日本のリアル社会においては，効率化によって，ますます人と人との関係＝「絆」は"限定的"になってきている。つまり，人と人の付き合いが，生活全般にわたる全人格的なものから生活の特定の局面における「手段と目的」の関係，すなわち"機能的な"関係になりつつある。

　もちろん，例えば「家族」は大事だという意識はあるが，それほど強くはない。その端的な現れとして，例えば，昔と違って，一定の年齢に達すれば，必ず「結婚」して新たな「家族」をもたなければならないという意識は強くない。また，この数十年においては，婚姻の年齢が高くなり，"50歳に達しても結婚しない"「生涯未婚」というカテゴリーにカウントされる男女も増えてき

た。内閣府の『子ども・子育て白書　平成23年版』によると，特に男性は，1975（昭和50）年の2.1％から，2005（平成17）年には16.0％へと，生涯未婚率が著しく増加した（女性は，4.3％から7.3％に増加）。「血縁」「地縁」「社縁」ともに薄くなり，「孤独死」や「無縁死」が増加している。

　核家族化から，さらに「単身化」や家族崩壊が進み，今や「個人化」しつつある。それは，さまざまな集団などからの"解放"であり，個人が"自由"を謳歌できるようにもなった，ということである。しかしながら，その一方で，"孤立化"も進んでおり，誰にも看取られずに亡くなる「孤独死」や，遺体の引き取り手のいない「無縁死」が増えているという（NHK「無縁社会プロジェクト」取材班，2010）。かつての村社会では，人間関係が「監視」や「束縛」の網（ネットワーク）にもなりえたが，現在のさまざまな「ネットワーク」は，孤立を防ぐ「セーフティネット」にもなりうる。

◆「友だちの輪」による"善意"の「うわさ」の広がり

　かつてのような「うわさ社会」では，「うわさ」は「口コミ」であり，文字ではしかと捉えがたい，実態のあいまいな存在であることが普通であった。それ故，「うわさ」と言うと，何か怪しげな情報（怪情報）の蔓延というようなイメージがあった（もちろん，怪情報のビラやファックスというのもあったが，ここでは一応それは考慮外とする）。だから，逆に，そのような怪しげな情報というイメージを念頭において，「私は絶対にうわさを流したりはしない」というふうに，否定的に断言する人もいた。

　しかしながら，実際にうわさが広まる場面では，「うわさ」は，"怪しげな情報"というよりは，むしろ"耳寄り情報"として，「誰か」が，私に対して"善意"でもって私の"ためになるような情報"として，わざわざ教えてくれるようなものであった。それは，通例，マスメディアのような公的なメディアには載らない情報である。だから，マスメディアでそれをチェックすることはできない。そもそも，その「誰か」というのは，実際には"善意"の「友人」や「知人」（親子や親戚も含みうる）なのである。決して，私に対して"悪意"

を抱く「他人」ではないのである。

　要するに，モダン社会においては，多くの匿名的な人びとがいるなかで，「信頼」を基盤とした「人間関係」，つまり「信頼関係」の連なりであるところの「友だち（や知人）の輪（ネットワーク）」に沿って，常日頃の「コミュニケーション」がなされていたわけである。「うわさ」が発生した場合も例外ではなく，同様なネットワークに沿って"善意"で伝播していくのである。

　ただし，「うわさ」の場合に伝達されるのは，希少なチャンスに関する情報（例えば，めったにない儲け話）であったり，何らかの迫り来る危機を予知するような情報であることが多い。特に"あなた"だから教えてあげるわけであって，一般の人びとの耳にまだ入っていないような貴重な情報だ，というのである。もし，このような情報が（友人のふりをした）"悪意"ある人によって伝えられるのならば，それは「詐欺」の可能性があるだろう。しかし，われわれの通常の感覚としては，知り合いはそのような人ではないはずである。"悪意"ある人とつきあっているはずはなく，そのような貴重な情報も，"善意"にもとづいてもたらされた情報のはずなのである（だから，確信犯的な"悪意"を秘めた人に比較的容易にだまされる）。

　「信頼関係」というのは，人間とペットのような異種間においても基盤を成している。また，「オレオレ詐欺」や「振り込め詐欺」が一向になくならない（今や「詐欺」は，毎年数百億円単位のかせぎをもたらす，一種の「産業」として確立しているとも言える！）が，結局，だまされる側は，自分は「信頼関係」に基づいて「孫助け」や「息子助け」をしているのだと信じているのである。決して，"変な""見知らぬ人"に金をくれてやっているわけではない（と信じている）のだ。

◆対面的な「口コミ」の連鎖

　対面的なコミュニケーションにおいての「うわさ」の広まり（伝播）については，過去に相当数の研究があったが，最も初期に行われた第二次世界大戦における"実験的"な研究は，「伝言ゲーム」的なシチュエーションでなされた。

これは，最初に何らかの絵画を見た人が，記憶にもとづいて別な人にその絵画のなかに描かれた内容について伝え，それを聞いた人は（もとの絵画を見ることなく）また別な人へと次つぎに伝え聞いた内容を伝達していく，というものである。つまり，一回一回は，特定の二人による"1対1"の対面的な状況で一方から他方へ"一方的に"情報を伝えていき，伝達の「連鎖（チェーン）」は，一本の線のように，他の連鎖の線と絡むことなく延びていくのである。

しかしながら，これは"実験的"状況であるから，現実の場合と比べて"不自然"であるという批判がある。そのような批判の根拠の一つは，実際の「うわさ」の広まりは，「伝言ゲーム」にあるような"一方向"的なものではない，ということである。人びとは，複雑な「ネットワーク」の一部を成しており，実際には，一人の人が複数の人びとを相手に（同時に，あるいは，時をおいて）話すかもしれないし，自分が話した相手が別な人に話した後，その別な人（あるいは連鎖のもっと先の人）から，自分がかつて話した情報を聞かされるかもしれない。また，そもそも実際のコミュニケーションにおいて，どちらかが"一方的に"話をし，他方が聞くだけで，何の反応も質問もしないで終わる，というようなコミュニケーションのやり方をすれば，それ自体が極めて"不自然"である。

しかし，「実験」は，そもそも現実を単純化した状況で行うものであるから，現実とのズレがあってもおかしくない。それに，実験で得られた「うわさ」研究の知見の多くが，現在でも一定の意義をもつのは疑いえないところである。以下で詳細を述べるが，例えば，うわさが何人もの人の連鎖のなかで伝達される間に，"変容"してしまうということがある。また，有名な$R \sim I \times A$という「公式」もあるが，これも最初期の実験的な研究から導かれたものであり，一定の適応範囲をもつと言える。

◆うわさの公式

社会心理学者のG・W・オルポートとL・L・ポストマン（1952=1947）は，うわさに関する古典的な実験研究によって，うわさの強さ（伝播範囲の広さ）

に関する次のような公式を導き出した。

$$R \sim I \times A$$

ここにRは「うわさ（Rumor）」の強さ，Iは「重要性（Importance）」，Aは「あいまいさ（Ambiguity）」を示し，〜は「比例する」，×は「積」を表す。この公式は，うわさの強さ（伝播範囲の広さ）は，そのうわさ内容の重要性やあいまいさ（のどちらか，あるいは両方）が大きければ大きいほどRは強まり，もしI＝0あるいはA＝0であれば，R＝0となる。

具体的な例をあてはめてみる。あるコミュニティで一匹の猫が死んだとする。ある高齢の女性が飼っていた，その猫も，猫としては高齢だとすれば，猫の死はそのコミュニティの多くの住民にとって，ほとんど何の重要性もあいまいさもない（その女性にとってはとても重要なことかもしれないが）。この場合，I＝0かつA＝0であり，Rも限りなく0に近く，その高齢女性にお悔やみの言葉をかける人が何人かいる程度で，ほとんどうわさにはならないであろう。ところが，あるコミュニティにおいて，何匹もの年齢もさまざまな飼い猫が次つぎに不審な死に方をした場合は，どうであろう？　この場合，この事件はそのコミュニティにおいて重要な意味をもつ。したがって，Iは大となる。また，死因が分からず不安が広がった状況で，あいまいさAも大となる。このような場合には，猫の「連続不審死」についてのうわさが広く行きわたる（ただし，猫を飼っている人びとの間で）ことが考えられる。

なお，うわさは，伝達の過程で「変容」することが知られている。その主なものは，①省略化，②強調化，③パターン化の三つである。「省略化」は，うわさが伝わる過程で，次第に内容の情報量が減り，うわさが簡略なものになっていく現象である。これは，口コミは「記憶」に頼る面が大きいため，覚えやすい簡略なものになると考えられる。しかし，だからと言って，うわさのなかの重要な要素がなくなることはない。むしろ，うわさのなかの特徴的な言葉や数字などは残り，全体の情報量の減少とあいまって，より「強調化」された形になる。また，これも「記憶」に関わるが，より「パターン化」された覚えやすい形に変わる傾向があるのである。例えば，「背広とネクタイの男」と

いう言葉は、「サラリーマン」という言葉に変わる傾向がある。

◆「コミュニティ」のなかでのパーソナル・ネットワーク（人間関係）

　以上のような基本的な知見は、実験からもたらされたものではあるが、現実の「うわさ」にもかなり当てはまる。しかし、現実が実験状況と大きく異なる場合も当然存在する。例えば、ある「コミュニティ」のなかの「パーソナル・ネットワーク（人間関係）」を順に辿って「うわさ」が拡散していくうちに、そこから突然、かなり異質な人びととの「パーソナル・ネットワーク」を辿りはじめることがありうる。それは、後述する「弱い紐帯（弱い絆）」を通って、それまでとは別な、異質な「コミュニティ」のなかの人間に、その「うわさ」が"飛び火"した場合と言える。例えば、現在学んでいる大学のなかのパーソナル・ネットワークを辿っていたのが、そこから、かつて学んだ高校時代のパーソナル・ネットワークに移っていくような場合である。

　また、先に実験研究への批判として挙げたようなことも現実には起きる。「うわさ」が辿るラインが一本ではなく複数の線に分岐し、そのどれか一本（以上）が自分に戻ってきて、かつて自分が誰かに教えた同じ「うわさ」を別な人から聞くということがありうる（ネットワークの交差）。そもそも、一人の人が別な一人の人だけにしゃべるというよりは、興味深い情報であるほど、それぞれの人が複数の相手に伝えるのが普通であろう。

◆情報交換としての「うわさ」

　現実が、伝言ゲーム的な実験状況と大きく異なる、もう一つの点は、現実に何らかの「うわさ」を聞いた人間が、何の反応や質問などもせずに、聞いた内容をそのまま他の人に伝えるようなことは少ないだろうということである。もちろん、例えば「学校からのお知らせ」のように、何か最初に決められた固定的なメッセージがあって、それを改変することなく、電話口でそのまま言って、生徒たちの家庭の間を順々に伝えなければならないというような状況があれば別である。そのようなことは、かつて、FAXがなく、電話しかない時代

にはあったかもしれないし，メールやLINEの一斉送信はそれに近いであろうけれど，現実の「うわさ」は，そのようなものではない。

現実には，「うわさ」を聞いた人は，少なからず興味・関心をもち，聞き返したり，質問したり，あるいは自分の意見（解釈）や情報（知識）を付け加えたりするものである。つまり，実際の「うわさ」のやりとりは，互いの"情報交換"という形になると考えられるのである。だからこそ，ある「うわさ」を聞いた人がそれを他の人に伝えるとき，情報交換の結果を加味した"改変"（尾ひれなど）も生じてくるのであろう。

◆「コミュニティ」概念の拡張と情報拡散の速まり

かつて「コミュニティ」と言えば，地方都市や都会の下町における"伝統的"な「地域共同体」を指すのが通例であり，かつ，そのようなコミュニティも"崩壊"しつつあるといった論調が多かった。また，崩壊した「コミュニティの再生」や郊外の新興住宅地における新たな「コミュニティの形成」が，問題になることもしばしばあった。

しかるに，インターネットの発展による「バーチャル・コミュニティ」の出現や，SNSの普及による「ネット上のコミュニティ」が語られることが増えてきた。このような状況もあいまって，最近では，「コミュニティ」を地域コミュニティのような「地縁型コミュニティ」と，地域とは必ずしも関係のない「テーマ型コミュニティ」に分けるべきだというような議論（山崎, 2012, 13頁）も増えてきた。「テーマ型コミュニティ」は，何らかの問題意識や関心にもとづく，地域を超えた人びとのつながりであり，現在ではインターネットを媒介として増殖していると言える。しかしながら，これは，古典的な名著とされるマッキーヴァーが著した『コミュニティ』(1975=1917) においては，地域における「コミュニティ」とは異なる「アソシエーション」と定義された集合形態であった。

今日は，地域に根ざした「コミュニティ」も地域を超えた「コミュニティ」も，個人にとっては同様に重要であることが多い。「テーマ型コミュニティ」

は，時間的にはある程度の持続性もあるが，ツイッターやLINEなどの新たなネット上のつながりは，さらに短時間での「つながり」の形成とそこからの「離脱」も可能にしている。つまり，人びとは，ネット上で「離合集散」を繰り返しているとも言えよう。このようなつながりは，空間的には相当に広い範囲にわたることもある。その結果，情報（メッセージ）の"拡散"もとても広く，かつスピードが速くなっている。正確な情報の拡散も速いが，場合によっては根拠のない「風評」さえも広く速く伝えてしまう状況が増えているのである（関谷，2011）。

◆ネットワーク研究とその成果～「6次の隔たり」と「弱い紐帯」～

　ネットワーク研究は比較的新しいが，今後の発展が期待できる研究分野である。その研究成果は，社会に対するわれわれの眼を開かせる洞察に満ちている。そのうちの二つについて紹介する。

　一つは，われわれは，意外に"稠密"な「ネットワーク」の網の目に捉えられており，さまざまな人びとと潜在的に"つながっている"ということである。そのようなネットワーク研究に先鞭をつけたのは，アメリカの社会心理学者スタンレー・ミルグラムである（ミルグラム，2006＝1967）。彼は，アメリカ中部のネブラスカ州に住むA氏（と仮に呼んでおく）から，その知り合いではない東部のマサチューセッツ州に住むX氏（同）にコンタクトをとることをゴールとする実験を行った。まずA氏は，X氏に近づけるかもしれない知人Bに手紙を書き，BはやはりX氏に近づけるかもしれない知人Cに手紙を書くといった手続きを繰り返し，X氏に達するまで何人くらいの介在者が必要かを調べたのである。このような手続きを何百ケースにもわたって実施し，ミルグラムは多くとも10人くらいまでで到達し，必要な介在者の中央値は「5」であることを見出したのである（ただし，最後までゴールに達しないケースも多かったらしい）。A→B，B→Cといった線分の数で言えば「6」であり，AからXまでの間に「6次（6 degrees）の隔たり」があるわけである。要するに，物理的に離れた未知の人びととの間でも，知り合いを辿れば，比較的容易にコンタク

トをとることができることを証明したとされ，「世間は狭い」＝「スモールワールドである」ことを裏づける研究とされる。

　もう一つは，つながり（紐帯）の強さに関する法則である。われわれは，とかく"強い"紐帯を重視しがちであり，"弱い"紐帯は軽視する傾向があろう。ふだんつき合っている人びとこそが大事だと思うのは自然ではあるが，ふだんつき合っている人びとの「コミュニティ」はどうしても同質的になってしまい，新鮮な情報を得たり人脈を広げるという点では限界がある。それに対して，ふだんあまり濃いつき合いをしない人びとは，異質な「コミュニティ」につながっており，そこに新たな情報や人脈が存在している可能性が高い。そのような"弱い"紐帯（弱い絆）こそが強みをもっているわけである（グラノヴェター，2006＝1973）。就職や結婚がうまくいかない場合にも，そのような"弱い"紐帯をたどって打開できる場合がある。ちょっとした知り合いや先輩 ── 後輩のような関係を利用するというのが，その例になる。ネットワーク論で言えば，そのような"紐帯"は，自分が属していない他の「コミュニティ」への「ショートカット（近道）」である。実は，先に述べた6次の隔たりも，そのようなショートカットを適切に見出し，それをつないでいくことによって，未知の他者に出会う可能性を示しているのである。

2　ソーシャル・メディアの歴史と機能

　梅田望夫（2006）は，日本でいち早く「web2.0」についての議論を紹介した人である。そこでは，インターネットは，ユーザーが情報の受信者（受け手）であるだけでなく，自らが発信者（送り手）となる段階に来ていることを熱く語っていた。このように，インターネットのユーザーが，情報の受け手（受信者）であるだけでなく，送り手（送信者）・書き手にもなり，積極的なユーザーとなる可能性が開かれた時代がやってきたわけである。そのような状況から，現在のようなソーシャル・メディアの時代が準備された。ただし，梅田自身は，ソーシャル・メディアについては言及しておらず，その後の短い期間で，さらに新しい段階がやってきたとも言える。ここでは，ソーシャル・メディア

の時代到来前後の状況を確認しておく。

◈ web2.0とすぐれた個人による情報発信

　インターネットにおける「情報発信」と言っても，いろいろなレベルがあるだろう。例えば，自分が所有する不要なもの・過剰なものをネットを通じて人びとと「取引（transaction）」するため，不特定多数の人びとに対して掲示板や自分のブログなどで"告知"する，あるいは公開ネットオークションに参加するというような，少し前であれば街角の掲示板やチラシもしくは集会でなされたことの延長である場合もあろう。すでにパソコン通信においては，「掲示板」（BBS：Bulletin Board System）でそのようなことが行われていたが，クローズド（closed）であった。インターネットでも，もっぱら家族あるいは友人が見ることを想定して（しかし，実際には，万人に対してオープンであるが），自らのホームページあるいはブログを立ち上げるということが行われるようになった。以前であれば，多くは企業や自治体などの組織がホームページやブログの立ち上げをやっていたのだが，web2.0の段階で，不特定多数の人びとに対する「個人」のレベルでの情報発信，つまりは社会に対する個人の発信が急増するのである。

　従来，ネットの情報は"玉石混交"であるとされてきたが，梅田によれば，より多くの人びとがネットで発信することにより，質の低い情報は淘汰されるとする。「在野のトップクラスが情報を公開し，レベルの高い参加者がネット上で語り合った結果まとまってくる情報のほうが，権威サイドが用意する専門家（大学教授，新聞記者，評論家など）によって届けられる情報よりも質が高い」（梅田，同書，16頁）というのである。「さらに専門家もネット上の議論に本気で参加しはじめるとき，既存メディアの権威は本当に揺らいでいく」（同）とする。

　ただし，これだけでは，質の高い情報サイトとそうでないものとの区別はできない。テクノロジーの発展が実は必要である。個人の発信が増えたとしても，そのままでは玉石混交のままであり，情報の洪水でしかない。そこに登場

したのが，グーグルやヤフーのような「検索サイト」であり，「ページランク」機能であった。グーグルの場合には，他のサイトと相互に多くのリンクを貼っているサイトがランクの上位に来るというメカニズム（アルゴリズム）によって，相対的に重要なサイトがランキングの最初のページに表示されるという形で，無用なサイトを低いランクにして事実上排除しているのである。

◆ブログブーム～身辺雑記からニュース報道まで～

　ブログは，アメリカでは，市民からのニュース発信や政治的な活動への利用が多いと言われる。それに対して，日本では，中世以来の「日記」文化の伝統もあり，ブログは日記に代わって（ただし，通例の日記と違い"公開"を前提としているが），日常の身辺雑記を書き，毎日のように（あるいは日に何回も）頻繁に更新するメディアとしてブームになった。

　「ブログ（BLOG）」とは，WEB LOG を縮めた言い方であり，本来「ウェブ上の"日誌"」くらいの意味である。日本でのブログの主たる使われ方は，その意味に近く，ウェブ上に公開される個人の「日記」というような使い方が多いとされる（山下他，2005）。それに対して，アメリカでは，事実上の巨大な（立法権・行政権・司法権に並ぶ）"第四の権力"である既存の「マスメディア」に対して，場合によっては「個人」であっても，それに対抗するほどの力をもつ新たな「メディア」になりうるウェブ上のサービスと考えられている。つまり，「"個人"発の報道メディア」という意味や意義を付されうるのである。

　事実，アメリカにおいては，ブログが政治的な領域において大きな影響力をもった例がいくつもある。例えば，2001（平成13）年9月11日の同時多発テロ以降，アメリカのマスメディアは，テロ撲滅を掲げるブッシュ大統領やその政権を批判することがタブーとなり，「権力の監視」機能も骨抜きにされてしまった状況下で，カリフォルニア州サンフランシスコ郊外に住む無名の個人であったマルコス・モーリツァス（35歳）は，ウェブサイト「デイリー・コス」を主宰し，そのブログは「次第に反戦派やリベラル派のよりどころとなり，急速に読者を増やしていった」（池尾，2009，17頁）。このサイトを立ち上げた

2002年に読者は160万人に達し，2009年には「毎月2千万人もの人が訪れるようになった」(同書，18頁)という。コスのサイトが多くの読者を集めた秘密は，誰でもサイト内に自分の「ダイアリー」と呼ばれるブログサイトを開設でき，書き込んだ記事や主張をほかの読者が評価し，投票により多くの「推薦」を集めるほど，人の目に触れやすい位置に置かれる仕組みにあった(同書，17頁)。

◆バーチャル・コミュニティ〜「想像のコミュニティ」から「セカンドライフ」へ〜

松下慶太は，「インターネットが普及し始めた90年代は，インターネットによって掲示板などのコミュニケーション・ツールが発達し，バーチャルなコミュニティが形成され，そこでは人種や宗教，性別などさまざまな差別が不可視化することで，直接的な民主主義が成立しうるのだ，というポジティブな未来図が語られた」(松下，2012，90頁)と要約しているが，そのようなコミュニティは，実は，インターネットが普及する以前のマスメディアの場合にも，少々異なる形で存在していたと言える。例えば，1970年代を中心に日本ではAMラジオの「深夜放送」を聞くことが若者の間でブームとなったが，深夜の同じ時間に若者たちが彼らに人気のパーソナリティの語りに耳を傾け，翌日にはクラスでその話題を語り合ったり，深夜放送の番組で読まれる投稿の葉書を媒介に，リスナー間で共感や一体感が生まれていった。それは，若者たちのイメージのなかにある「バーチャル・コミュニティ」だったと言えよう。そもそも，マスメディアは，ラジオリスナーに限らず，テレビ視聴者や新聞や雑誌(漫画を含む)の読者などの間で，ある種の「想像の共同体」が成立すると言えよう。新聞の場合で言えば，「投書欄」は，まさにラジオのリスナーの投稿と同じような読者の交流の場にもなりうる。

また，インターネットが登場する以前のパソコン通信は，まさに，それぞれ独立した別個の「バーチャル・コミュニティ」を成していた。インターネットによって，既成のコミュニティは相互に接続したことで解体し，インターネッ

トのなかで新たに「バーチャル・コミュニティ」が形成されなおす。

例えば「セカンドライフ」は、それ以前の、言わば"等身大"であることが前提であったバーチャル・コミュニティとは異なり、実際の自分とは全く異なる「アバター（分身）」による、2次元的な異世界における生活や交流を楽しむものとして登場した。このようなサービスを「ビジネス」の場としようとした試みは失敗したように思われる。「日本の企業の仮想店舗はすべてなくなり、根強い個人ファンによるオンラインゲームが行われているだけ」（山田、2012、105頁）というのが現状のようだ。しかし、安全に「変身願望」をかなえてくれるという点では一定の意義があったろうし、リアル空間との接点や類似性が少なく、まさに"バーチャル"なコミュニティになりうる世界である。

◆ソーシャル・メディアのネットワークと影響力

以下で詳しく述べるが、急速に普及したソーシャル・メディアは、それらのサービスを生み出した人びとの思惑をも超えて、社会的に大きな影響をもたらしている。それは、現実のユーザーたちがそれらのサービスをどのように利用したのか、ということと関わる。

従来のマスメディアと比較して、ソーシャル・メディアの一番の特徴は、情報の送り手（発信者）が大資本や組織ではなくて、基本的に「個人」だということである。その個人というのも、社会のなかの"孤立"した個人ではなく、潜在的に"グローバル"な「ネットワーク」とつながった個人であり、それ故に、潜在的な「影響力」を発揮する可能性をもっているということになる。ただし、その「影響力」の大きさは、潜在的には"グローバル"なネットワークにおいて、その個人がもっている「社会関係資本（social capital）」の大きさと相関していると考えられる。

◆社会関係資本（social capital）

「社会関係資本」（コールマン、2006＝1967）とは、ネットワークにおいて、どれくらいの他者とのつながりをもっているかということである。多くの他者

とつながっていて、ある「コミュニティ」のなかで、何本もスポークが放射状に出ている車輪の軸のような「ハブ」の役割を演じる場合には、社会資本は"大"である。ただ一本のつながりで、かろうじてネットワークにつながっているような場合には、"小"ということになる。完全に"孤立"し、つながりをもたないこともままある。

そのような社会資本をもつ量の順に人を並べると、とても量的に多い人もいるがそれは少数であり、次第に少ない人が存在し、量的に少ない人が大多数を占めるという分布になり、これを「ベキ乗」の分布と言う。これは、「80：20の法則」や「パレートの法則」とも同じものであるが、最近の言い方では、「ロングテールの法則」と言い、長い尾をもった恐竜の形をした分布である。そこでは、個人資源としての社会関係資本の量は、決して"平等"ではなく、むしろ「格差」あるいは「差異」が非常に大きいと言えるであろう。

また、マスメディアは、特に初期の頃は、各メディアで「機能」が一つに"特化"した「単機能」型のメディアであり、「情報の表示方式」も"単純"であったのに対して、ソーシャル・メディアにおいては、「多機能」型の「マルチメディア」になる。個々ばらばらのメディアから「マルチメディア端末」になりつつある。

◆「人間関係」という「社会関係資本」と「絆」への欲求の高まり

仕事を失うと容易に人間関係が切れてしまうことが多いので、"孤立"するのは経済要因が一番の原因と思われるかもしれないが、「人間関係」それ自体が「お金」とは異なる意味で重要な「社会関係資本（social sapital）」と言える。そもそも、「お金」があれば"孤立"しないかと言えば、19世紀の作家チャールズ・ディケンズの小説『クリスマス・キャロル』の主人公、スクルージという老人の物語が象徴的に教えてくれるように、全くそんなことはないのである。お金があることと人に好かれて友人をもつこととは、必ずしも一致しない。

失業したり、退職したりして、仕事面で多くの人間関係を失ったとしても、

他に「社会関係資本」としての多様な「人間関係」があれば、それによって"孤立"することが避けられたり、何らかの「支援」を得ることも可能である。かつてのように、兄弟が多く、結果的に親戚が多ければ、何らかのつきあいをせざるをえず、日頃はわずらわしいこともあるけれど、何かあったときに支援の手が差し伸ばされることもあり、「セーフティネット」の代わりをすることもあった。いや、今でもそれは、ある程度は真実である。例えば、自分が仕事を失ったときに、何らかの就職先を斡旋してくれることがあったり、災害に遭って住む家を失ったときに、一時的な避難先となることもある（夜逃げせざるをえなかった哀れな少年だった私の例がある）。現在では、血縁以外の「縁」や「人間関係」（単に有益な情報を与えてくれる"知り合い"でもよい）をつくっておく方がよいと言えよう。個人で起業する場合に、友人たちから資金などを得る例もあり、実利面でも友人は貴重な資源となる。

2011（平成23）年3月11日の東日本大震災後には、日本全体において、一般に「絆」への欲求が高まったと思われる。例えば「震災婚」という言葉が聞かれるようになった（白河, 2011）。これは、従来であれば、個人の自由を優先し、結婚を考えることもなかった人びとが多かったと思われるが、震災を機に、「家族」をつくることの重要性を認識し、「結婚」に踏み出す人びとが増えたと言われる現象をさす。かつて日本人は結婚する割合がとても多いと言われた時代もあった。再び、そのような時代が戻ってくるのであろうか？

◆失敗した SNS 第一号

石川幸憲（2012）によれば、インターネットの初期の段階で、世の中の潜在的に密接なネットワークのあり方（「スモール・ワールド現象」あるいは「6次の隔たり」）に目をつけて、先駆的な SNS を実現しようとして失敗した例もあるという。

石川が挙げているのは、アンドリュー・ワインライクという人が、1997年という、かなり早い時期に立ち上げようとした「シックス・ディグリーズ・ドット・コム（SixDegrees.com）」というサイトである。これは、世界中の人び

ととの間に6人ほどの知人の輪を介在させると，ほとんどの人びととつながる可能性があるとする「6次の隔たり」の考えにもとづき，「リアルな世界を出発点にしてバーチャル（仮想）なコミュニティーをインターネット上で実現しようという野心的な試みであった」（同書，68頁）という。立ち上げから数年で会員数が100万人を超えた（同書，69頁）に過ぎず，失敗したが，「時代を先取りし過ぎたことが敗因だったという」（同）。まだまだテクノロジーやソフトウェアが追いついておらず，サービスが不十分であったり，コストが高かったことが原因のようだ（同書，70頁）。

◆ソーシャル・メディアの定義と分類

　ここでは，ソーシャル・メディアの定義をみておく。津田大介によれば，まず「ソーシャル・メディア」とは，「ユーザーとユーザーとがつながって，双方向に情報を提供したり，編集したりするネット上のサービス」（津田，2012a，24-25頁）である。それをさらに二つに分類し，「人と人とのつながりをサポートするコミュニティ型のウェブサイト」としての「SNS（Social Networking Servis）」と「ユーザーが直接情報を投稿するサイト」としての「CGM（Consumer Generated Media：消費者作成メディア）あるいはUGC（User Generated Contents：ユーザー作成コンテンツ）」があるとする（同）。

　前者の「SNS」は，「コミュニティ型」と要約することもできるだろう。「ツイッター」や「フェイスブック」あるいは「Mixi」などが例になる。「CGM」あるいは「UGC」は「動画投稿サイト」と要約できよう。YouTube（ユーチューブ）やニコニコ動画などが例になる。

◆SNSの例1：「ツイッター」

　SNSは，「コミュニケーション」の手段だと言えるが，直接的な"双方向"メディアではなく，時間的なズレを伴う"双方向"メディアだと言えよう。その代表例の一つが，「ツイッター（Twitter）」である。日本語では「つぶやき」という訳語が定着してしまっているが，もともとTwitterは「小鳥のさえず

第6章　口コミからソーシャル・メディアへ　181

り」の意であり，その語感からすると，孤独な「つぶやき」というよりは，もっと明るく"饒舌"なイメージがある。

　この「ツイッター」というインターネット上のサービスは，当初「ミニブログ」とも呼ばれた。ツイッター社が提供しているが，その登場は，2006（平成18）年7月であり，もともとは，アメリカのビズ・ストーンとエバン・ウィリアムズおよびジャック・ドーシーの3人でスタートしたもので，「知人がどこで何をしているのかを簡単に知るための，新しいチャットのようなサービス」（神田，2009，31-32頁）というものであり，公開直後の評判は「おもしろいけど役に立たない」というものだった（同）。

　しかしながら，このサービスは，あっと言う間に広がりを見せ，人びとが，有名人や企業などのツイッターをフォローして「情報収集」のツールにするだけでなく，個人が身近な出来事を"発信"して，一種の「報道」機能を果たす「メディア」に成長した。

　このツイッターの特徴としては，「フォローは読み手からの一方的なつながりであり，マイミクのように双方向ではない。また，投稿文字数が140字以内と短いこともあって，気楽に投稿できる」「リアル世界にはない新しいつながりだ」「つぶやきを眺めている人たちが自発的に発言を選択して連鎖する。このときのコミュニケーションは一時的ではあるが心情的に同期する」（小川，2011，153-154頁）などの新しいバーチャルな人間関係をもたらしている。

◆ SNSの例2：「フェイスブック」

　2004（平成16）年，当時まだアメリカのハーバード大学生だったマーク・ザッカーバーグがネット上に作り出したサービスで，紙媒体でもあった「大学名鑑」のような機能をもつものである。もともと，エリート大学のなかでの出会いや人脈づくりを目的としていたので，他のSNSとは異なり，「実名登録」が原則である。そのため，知人を見つけやすいとか，昔の知り合いに再び出会うことが容易である，といった特徴をもつ。2012（平成24）年3月末現在で，アクティブ・ユーザーは世界で約9億人に達し，日本でも，ほぼ同時期（同年3

月16日現在）に，1千万人を突破したという（守屋，2012，14頁）。同年5月18日には，フェイスブック（facebook）がアメリカのナスダック市場に上場し，翌日にはザッカーバーグCEOは大学の同窓生だった女性と結婚したと発表した。

　日本では，若者を中心に，かなりの程度の普及を見せているが，2011（平成23）年1月にniftyビジネスが行った調査によると，「プロフィール」に実際の「性別」を記す人が87.6％，「実名」を記す人が78.6％，「年齢」でさえも69.4％が記しているという。ただし，この調査は，普及の早い段階でのものであり，現在もこのように高い比率で実名などを登録しているかどうかは，わからない。

　実名で登録した場合は，「知り合いかも？」機能によって，かつての友人を見出すことが以前よりはずっと容易になり，「友人関係の再構築ができる」（同書，16-17頁）という利点もあるが，もう会いたくもない人やストーカーに見つかる可能性も高い，という問題点（同書，26-31頁）もある。ストーカーなどでは，「交際ステータス」という項目の更新で「交際中［の相手がいる］」から「独身」に変わったことがわかることで，狙われるという（同）。

　コミュニケーションに過敏となる「フェイスブック疲れ」（同書，45頁）の人が7割近くいる（同書，47頁）し，個人情報の漏洩や企業による利用者の素行調査なども可能だという（同書，52-59頁）。このようなことから考えると，利用者個人にとって持続的にフェイスブックを利用するメリットよりも，むしろフェイスブックの登録者の属性を用いることで，企業がターゲットを絞って，より効率的に広告を配信できる（同書，14頁），という利点の方がはるかに大きいとも考えられる。

　利点のもう一つは，「就職活動や転職の時にも頼りになる」（同書，17頁）ということであるが，むしろ，後述するように，フェイスブックでは「プライバシー（個人情報）の流出」の可能性が大であるから，実名で，無闇に自分の行動記録や言辞を残さない方が賢明であろう。フェイスブックを便利で，自分の目的に役立つツールとして活用する，というドライな心構えが必要であろう。

◈ CGMの代表例1：YouTube

　YouTube（ユーチューブ）は，やはり当時，アメリカの大学生だったチャド・ハーリーとスティーヴ・チェンおよびジョード・カリムの3人によって，2005（平成17）年2月15日に生み出された動画投稿共有サービスで，「シリコンバレーのベンチャーのお作法にならって（？）自宅のガレージで」開発を始めた（神田, 2006, 21-22頁）という。したがって，立ち上げにかかったコストはわずかなものであったが，このYouTubeをグーグルが2006（平成18）年11月13日に買収したことにより，3人は，16億5千万ドル（当時のレートで約2千億円）という巨額の富を手に入れることになった。

◈ CGMの代表例2：ニコニコ動画

　ニコニコ動画（略称：ニコ動）は日本国内で誕生したサービスであって，YouTubeやHuluなど海外の動画配信サービスが続々と日本に上陸するなか，ニコ動は国内で生まれ，国内市場で独自に成長した（佐々木, 2009）ものである。当初，運営は「ニワンゴ」という会社がやっていて，その親会社が「ドワンゴ」であった。

　そのコンテンツとしては，もともとは一般の人が動画を投稿するサイトだったが，2007（平成19）年から「公式生放送」として自社制作番組を発信し，メディアとしての存在感を高めてきた。また，スペースシャトル打ち上げの米国からの生中継や，小沢一郎民主党元代表の独占会見，楽天などプロ野球の公式戦に加え，2012（平成24）年から将棋界最高峰の名人戦の対局も中継しているという（『朝日新聞』2012年5月21日，文化欄）。

　番組としては，「国会生中継」「プロ野球DeNA対西武」「ルパン三世放送！ニコニコアニメ名作劇場」「アイドル生放送局」などがあり，「番組表にはNHKと民放を足して2で割ったように，硬軟両方の番組が並ぶ」（同）。その他，「サッカーの中継，専用ライブホールでの音楽ライブ，自社制作ミュージカルなど生放送」「『ハリー・ポッター』など映画約150本も配信している」

（同）。

　会員は，2012（平成24）年5月現在約2,725万人もいるが，「コンテンツの増加とともに，会員数も右肩上がりで，20代人口では8割が会員ともいう」（同）。

◆ニコニコ動画の人気の理由：コメント機能

　YouTubeと違うニコニコ動画特有の人気の理由は，「会員ならば誰でもパソコンなどからネット経由で書き込むことができる」（『朝日新聞』前掲記事）だけでなく，視聴者が書き込んだコメントが画面の右から左に走る機能があり，視聴者たちが熱狂するとコメントが殺到，画面を字が覆う「弾幕」状態になる（同）。例えば，「88888・・・」というのは，"拍手"を意味しており，「ＷＷＷＷ・・・」というのは，"笑い"を意味している。これに関連して，ニコ動を運営するニワンゴの杉本誠司社長は「一つの番組をみんなで一緒に楽しむという臨場感を提供している」と話す。このユニークな仕掛けに関しては，「コメントは歌舞伎の観劇で客席から発する掛け声に似ている。日本の風土に合っていたのかもしれません」と杉本社長は言う。

◆ソーシャル・メディアの機能１：単なる連絡手段と拡散手段

　ソーシャル・メディアは，かなり以前から存在している電話・電報やケータイ，FAXや電子メールあるいは手紙（郵便）と同様に，メッセージ内容には関係なく，日常的な情報の通路として機能する連絡手段であるが，津田大介はこれを「コミュニケーションインフラ［社会基盤］的側面」と呼ぶ。ただ，ソーシャル・メディアの場合，それだけでなく，さまざまなタイプの特定内容の情報を伝達・拡散する「メディア的側面」もあり，計二つの役割をもっているとしている（津田，2012b，44頁）。考えてみると，後者は，古代から存在する"最も古い"メディアとも言われる「うわさ」の伝達という「口コミ」の手段としての側面を述べているとも言え，ソーシャル・メディアの出現によって，「口コミ」の手段が"多様化"したとも言える。

　以上のような分類における二側面は，現実には，「うわさ」についてと全く

同様に，さまざまな社会的背景とメッセージ内容の特徴（本章1節のうわさの公式を参照せよ）が重なり合ったときに，ある種のメッセージが通常の伝達の仕方（単なる連絡）を超えて，より広がりをもつ「うわさ」となって世の中に拡散していくことを意味しており，ソーシャル・メディアに"固有"の特徴とは言えない。ただ，拡散した場合の範囲が，格段に大きくなるということはあるが，それも，例えば，「テレビによる誤報」の拡散範囲の広さと比べて，どちらがより大きいかは一概には言えないであろう。文字として残り，変化しにくいという点では，ソーシャル・メディアの方が影響力が強いこともありうる。

◆ソーシャル・メディアの機能2："動員"するメディア

　津田は，ソーシャル・メディアが，前項で述べたように「インフラやメディアという役割を超えて，われわれに新たな側面を見せ始めている。政治に直接働きかける『デモ』の端緒としての役割だ」（津田，同書，44頁）と言う。その典型例として，「福島第一原発事故に起因する反原発デモ」を挙げている（同）。これは，2011年の東日本大震災の約1カ月後となる4月10日に，リサイクルショップ「素人の乱」がツイッターで呼びかけた高円寺での反原発デモに1万5千人（主催者発表）が集まったもので，「報道によれば，参加者の9割近くが20〜30代の若者で，その多くがツイッターやフェイスブックなどのソーシャルメディアを通じてデモの存在を知り，参加したという。当日のユーストリーム中継も，1万人を超えるネットユーザーが視聴した」（同書，44-45頁）という。

　これが本当に全員，ソーシャル・メディアによって集まったのかどうかは定かではないが，1960〜70年代に多かった，かつてのデモは，安保闘争にせよ，メーデーなどのイベントにせよ，政党や組合等の"組織"による半強制的な"動員"が多かったのとは，性質が違うようである。

　他方，松下慶太は，「ケータイの発展・普及によってインターネットがモバイル化し，ソーシャル・メディアが普及していったことで想像のつながりは柔軟に組み替えられるようになった。こうした変化を最も端的に表している事象

がフラッシュ・モブ（Flash Mob）である」（松下，前掲書，63頁）と言う。これは，広場等に突然群衆が現れて，歌や踊りやその他のパフォーマンスを行い，終わるとさっといなくなるというような現象である。CMに利用するなどの目的をもつイベントの場合もあるが，「デモ」とは異なり，通例は政治的な意味合いは全くない。むしろ，何人もの同好の士が，ソーシャル・メディアで互いに連絡をとりながら，特定の場所に集合してパフォーマンスを行うだけであり，特に"意味のない"行動の場合が多いのであろう。

◆ソーシャル・メディアが社会を変える

「ソーシャル・メディア」と言っても，多くの場合は，友人や仲間（あるいは会社などの組織）の間で利用するものである。しかしながら，そのようなメディアであっても，それが「ネットワーク」とつながっており，より広い範囲の人びとと関係しうることから，場合によっては「現実の社会にも影響」（松下，同書，53頁）してくるのである。

現実の社会との関係と言えば，しばしば指摘されるのは，いたずらやちょっとした犯罪行為など，内輪の話題を提供しただけのつもりが，知り合いでないさまざまな人びとに見られたために，強烈なバッシングを被るということがある。その点を重視して，中川淳一郎（2009）などは，「ネットはバカと暇人のもの」と批判する。

しかしながら，「ソーシャル・メディア」がときとして，そのような範囲や影響力を超えて，社会そのものを変える一助になることが言われるようになった。その典型例とされるのが，アフリカのチュニジアにおける「ジャスミン革命」に始まり，周辺各国にも波及した「アラブの春」という社会現象であった。「ジャスミン革命」は，2010年冬に，チュニジアで起きた政変で，20年以上続いたベン・アリ独裁政権が反政府デモによって崩壊した。その背景としては，若者たちの慢性的な失業率の高さがあり，独裁政権への不満が溜まっていたことがある。そこへ，ある事件をきっかけに，ある若者が警察に対する抗議として焼身自殺を行うということがあった。このうわさは，ソーシャル・メ

ディアによってまたたくまに人びとの間に広まって反政府デモが起きたわけだが，そのことがまた人びとに伝えられてデモが国家全体へと大規模化し，政権への不満のはけ口となった。その結果，もろくも政権は崩壊したのであった。これは，チュニジアにおける民主化運動となり，チュニジアの国花ジャスミンにちなんで「ジャスミン革命」と呼ばれた（松下，前掲書，53頁）。このニュースは，周辺の同じように長期の独裁を敷いてきたアラブ諸国に伝わって，人びとを蜂起させ，デモを起こさせ，リビアのカダフィ政権やエジプトのムバラク政権などの独裁政権を同様な崩壊に導いた。これら一連の民主化運動を総称して「アラブの春」と呼ぶのである（同）。

　これらの長期にわたる独裁政権国家では，そもそも新聞やテレビなどのマスメディアが政府によって厳しく統制されて検閲などの規制を受けており，むしろ，その反動でインターネットを経由するソーシャル・メディアが，検閲・規制の目をくぐって，政府に反対する人びとの情報交換，共有，連帯を可能にした。例えば，チュニジアは，インターネットやケータイなど「アフリカで一番IT化が進んで」いた（津田，前掲書，67頁）というような状況があったのである。

　ただ，民主化後，これらの国が安定した状態を保っているかと言えば，必ずしもそうではなく，例えばチュニジアでは経済が悪化し，多くの若者たちが国外に流出する事態だという（『朝日新聞』2016年12月31日，国際欄）。

3　「バズメディア化」するソーシャル・メディア

　インターネットはかつて（ウェブ2.0以後であっても），メールなどの通信以外の公開された情報としては，企業や政府・自治体のホームページ，マスメディアには載らないようなマイナーな記事や，有名人ではない普通の人びとの日記（ブログ）などが主で，テレビ・ラジオや新聞・雑誌などのマスメディアには掲載されない情報を読み手自身が選んで読みに行ったものだ。しかし，SNSが登場し，インターネットの使い方が変わってくると，その影響力も変わってきた。

◆スマートフォンの普及とネット依存

　パソコン通信までは「パソコン（PC）」の使用がほとんど不可欠であった。しかしながら，2007（平成19）年にスティーヴ・ジョブズ率いるアップル社が「iPhone」を発売して以来，他社も同様な「スマートフォン（スマホ）」を開発して追随した結果，急速にスマホが普及し，スマホは携帯電話さらにはPCをも駆逐し始めた。

　スマホはデザイン性と操作性に優れた装置であるが，技術としては，日本のいわゆる「ガラパゴス・ケータイ」（通称ガラケー）を大きく凌ぐものではない。むしろ，「情報端末」としての「コンセプト」が明快であり，ユーザーのニーズや感覚にフィットしたものであった点がガラケーとは異なる。ガラケーの場合には，ユーザーが使いこなせないほど多くの機能を最初から盛り込まれた，言わば"お仕着せ"のものであったが，スマホはシンプルな装置であり，それにユーザーが欲するさまざまな機能をあとから「アプリ」という形で，ユーザーが自分で"カスタマイズ"できる点が好ましいのである。

　実際によく使われるものとして，スマホがケータイに取って代わられても，基本的にメールのやり取りが重要である。ただ，機能としては，近年，メールとは異なる「LINE（ライン）」と呼ばれるサービスが普及してきた（コグレ・まつもと，2012）。これは「チャット」機能と言えるが，連絡先を登録してある仲間（グループ）とのやり取りが「タイムライン」として画面上に表示され，スクロールによって過去のやり取りも見直すことができる。このような新たなサービスの普及によって，かつて主流だった「Mixi」のようなSNSは衰退した。「Mixi疲れ」が原因だという。

　ケータイの時代からスマートフォン（スマホ）の時代に移ることで，さまざまなアプリケーション（利用可能なサービス）を自ら選んでスマホにインストールし，利用できるようになった。このアプリケーション（通称：アプリ）は，企業でなくても個人で開発することもでき，すでに数百万ものアプリが存在しているという。

スマホは便利なだけに「依存」に陥りやすい。その利用頻度・時間が過剰になるだけでなく，他の活動の妨げとなっても止めることができなくなる。

これは，テレビやテレビゲームの場合と同様，メディアの長時間の利用をする子どもが常に一定の割合でおり，日常生活に支障が生じるというようなことが起きる。新しいメディアによっても生じる，古くからある問題である。ネット依存の現状については，例えば，樋口進『ネット依存症』(2013) などの文献で扱われているが，これはギャンブル依存症などと同様に，治療の必要な症状である。

◆ソーシャル・メディアの「バイラルメディア化」「バズメディア」化

スマホを使っている非常に多くの人びとによって利用されるようになったソーシャル・メディアがある。その例が，LINEであり，ツイッター，インスタグラムなどである。ツイッターやインスタグラムは，すでにテレビや雑誌などのマスメディアで有名な人が，つぶやいたり写真を投稿したりすると，多数の（数十万，数百万人単位の）フォロワーがそれらのツイートや投稿を見たり，リツイートしたりする。その結果は，またたく間に，より多くの人びとに拡散していく。このように，口コミ的なものがウィルス (virus) のように拡散していく現象を形容して「バイラル (viral)」あるいは「バズ (buzz)」（うわさ）と言う。

後述するように，ツイッターの実況中継的なつぶやきからテレビ番組の視聴率が跳ね上がるといような社会現象が現在では起きている。今や，まさにSNSを含むソーシャル・メディアは「バイラルメディア化」「バズメディア化」している。多数の人びとが見る可能性から，例えばYouTubeの投稿動画に広告を表示し，再生回数が多ければかなりの広告収入を得られる。そのため，YouTubeに投稿をくり返す「ユーチューバー」のなかには，過激な動画を載せ，批判が殺到する「炎上」を起こす人たちがいる（『朝日新聞』2017年4月4日，社会欄）。

◆ステルス・マーケティング（ステマ）とネット上の評判

インターネット上の情報で，一見，公正あるいは中立な情報に見える「口コミ」や「ブログ」の記事が，実際には「広告」や「マーケティング」の意図をもつ場合がある。見えない戦闘機である「ステルス」にちなんで，このような見えない商業的意図をもつネット情報のことを「ステルス・マーケティング（略称：ステマ）」と呼ぶ。

藤代裕之によれば，ステマは「偽ニュース汚染の一つ」であり，「日本でも過去に何度も問題になっている」（藤代，2017，240頁）。例えば，ネット上の人気口コミサイトである「食べログ」が2012年に問題とされた。これは，「食べログのレビューを飲食店が金で買い，評価を上げていた」（同）もので，「ステマを依頼した飲食店に急に客が増えたことで発覚した。客は偽のレビューを信じて行列をしていた」という（同書，240-241頁）。同年には，詐欺事件に発展した「芸能人ブログのステマ・ペニーオークション」（同書，241頁）事件も起きた。これは，何人かの有名芸能人が自身のブログで，ペニーオークションを利用して高額商品を格安で落札したと書き込んでいたが，実際には落札しておらず，サイトから謝礼をもらって虚偽の情報を記載したという（Wikipedia「ペニーオークション詐欺事件」）。

このようなことは，芸能人に対する信頼を裏切り，その評判を下げる行為であるが，ネットオークションなどでは，出品する一般の人びと自身の信頼も問題になる。日本人は実は他人に対する信頼度が他国に比べて低い傾向があるというが，ネット上の個々人の評判を集約して共有する方法が必要だとする考え方もある（山岸・吉開，2009）。

◆ LINEの登場と企業PRの拡散

近年，仲間で連絡を取り合うのに欠かせなくなっているのが，「LINE（ライン）」である。もともとは，「友だち」であれば「無料通話」ができることがメリットとされたが，現在では文字メッセージや「スタンプ」を使うことが普通

であり，画像や動画を送ることもできる。「スタンプ」は，漫画あるいはイラスト風のキャラクターの絵柄で，擬音（オノマトペ）や短いフレーズがついていることもある。文字メッセージを送る代わりに，ちょっとしたリアクションや感情を示すのに使われる。アプリは無料であるが，スタンプは無料のものと有料のものがあり，種類は無数にある。LINE の特徴は，「タイムライン」である（ただし，ツイッターなどでもある）。タイムラインは，メールとは異なり，一回一回のやり取りが独立して示されるのではなく，これまでのやり取りも見える形で残されている。

　LINE を運営しているのは LINE 社であるが，これは，韓国の NAVER という会社の「100パーセント子会社」（慎・河，2015，34頁）だという。ただし，LINE というサービス自体は「日本で純和製メッセンジャーアプリとして認知されている」（同書，35頁）。LINE が誕生したのは，2011（平成23）年3月に起きた東日本大震災がきっかけだとされる。災害に際しては，電話も不通になり，身近な大切な人とのコミュニケーションもままならないという状況が生じる。そのようなときに，「『クローズド』なコミュニケーションツールの必要性が社内で喚起され，LINE が生まれた」（同書，38頁）というのだ。つまり，もともとオープンなネットでありながら，それを用いて，限られた人びととのやり取りを可能にするクローズドなサービスが発想されたというわけだ。サービスの開始は同年6月だった。

　LINE は，基本的に，仲間という閉じたグループ内でのやり取りを行うものであるが，それだけでなく，ゲームや音楽あるいは漫画などを配信して利益を得ている（同書，40-41頁）。また，「クリエイターや個人が独自にスタンプを制作販売できる」（同書，46頁）が，企業の「スポンサードスタンプ」もある。「企業ごとのお馴染みのキャラクターを利用者に無料で配布する」ことができる。「企業の公式アカウントを"友人"として追加することでダウンロードが可能にな」り，「ダウンロードした利用者がそのスタンプを友人に送ることで，多くの人に自社の宣伝を行うことができる」（同書，45-46頁）。

◆ LINE いじめなどの問題

　LINE は，いろいろな仲間ごとに「グループ」をつくることができ，ネット上ながら"閉じた（closed）"コミュニケーション・システムを形成することができるということは，連絡網として優れているというような"実用上"の利点のほかに，仲間の絆を強めるというような"精神的な"利点もある。

　LINE は，メッセージを見ると「既読」という表示がされる。そのため，すぐに返信をしない場合に，読んでいながら無視したとも解釈されやすいことがある。そのことも理由になるが，LINE 上で「仲間はずれ」をすることも容易である。気に入らないメンバーからのメッセージを読めなくする「ブロック」を行ったり，気に入らないメンバーを除いたグループを新たにつくることできる。もちろん，罵詈雑言のメッセージを送ることも容易である。

　LINE 依存が前提としてある以上，このようなことは当事者にとってはとても大きな問題になりうる。

◆ ツイッターの利用の拡大

　ツイッターは，140文字のメッセージを発信する（つぶやく）ことができ，以前は「ミニブログ」とも呼ばれた。しかし，「ブログ」とは異なり，「フォロワー」という常連の読者が登録されると，発信者が新たにつぶやいた内容（ツイート）はフォロワーに自動的に届くという機能がある。このツイートを受けた一人が，その内容に共感し，同じツイートを再び発信する（これを「リツイート」という）ことができる。その内容は，リツイーした人のフォロワーに自動的に送信される。この「リツイート」が何回も繰り返されると，最終的には，非常に多数の人びとに，もとのツイートが届くという仕掛けになっている。

　ツイッターは，ある現場にいる人（当事者）がつぶやいたのを読んで，その現場の状況を理解し想像することができる。いわば，当事者による「現場中継」であるが，それを読んで，フォロワーは"バーチャル"に「場を共有」することができる。フォロワーは，可能であれば，自らもその現場に急行し，

"リアル"に「場を共有」することもできるのだ。こうして「共感」の「連鎖」が生じうる。テレビドラマの『半沢直樹』（2013年）の最終回は，そのドラマを視聴していた人びとがドラマの内容や感想をツイートし，それを読んだ人びとがテレビのスイッチを入れるという連鎖が起きて，結果的に42.2％という，近年にはないような高い視聴率（平成に入っての民放最高記録）を記録したのであった。

◆東日本大震災時のツイート等による「うわさ」と「風評被害」

2011（平成23）年では，まだ今ほどスマホが普及しておらず，ツイッターに関してもそれほど多くのユーザーはいなかった。それにもかかわらず，この震災を巡っても，さまざまなツイート（つぶやき）が投稿され，根拠のない「うわさ・流言」レベルのものも多かった。例えば，放射能を防ぐために，ヨードを含むうがい薬を飲んだ方がよいというような，ある種，善意にもとづくツイートもあった。ただ，このような誤情報は，専門的な知識をもつ人によるツイートで修正させることは比較的容易だと思われる。このようなことは，関谷直也も言うように，「情報不足」にもとづく「コミュニケーションの活性化」とも言えるので，特別に問題にするにあたらない。

問題はむしろ「風評被害」であり，東日本大震災後にも多くみられた。それが生まれ広がるメカニズムや条件を知ることが必要である（関谷，2011）。

◆トランプのツイッター利用

2016（平成28）年のアメリカ大統領選挙はまさに異例の展開となり，大方の予想を覆してドナルド・トランプが第45代大統領に当選した。彼が当選した理由についてはいろいろなことが言われているが，一つには，トランプが大統領選挙に入る前から，民衆（支持者）に向け直接に自分の意見を伝える手段として多用してきた「ツイッター」が効果的であっただろうと推測できることである。

字数の限られるツイッターは，冷静な議論を論理的に展開することには向い

ていない。むしろ，短いフレーズで，その時々の思いや感情を吐露するのに向いていると言える。トランプはまさに，後者のやり方で支持者にアピールしてきた。毎朝6時過ぎには最初のツイート（つぶやき）を行うが，敵だとみなす相手に"攻撃的"な言葉で批判や反論，ときには自慢するといった内容であるという（『朝日新聞』2017年1月11日，国際欄）。

　トランプはツイッターを一方的な情報発信の手段として用いているが，要人であるだけに既存のメディアも無視はできない。そこで，事実上の「ネット」利用と「マスメディア」利用の「ハイブリッド」が生じ，大きな影響力を発揮していると推測できる。アメリカ政治を専門とする清原聖子は「視聴率が取れる，とテレビは選挙中にトランプ氏を積極的に扱うようになり，広告費に換算すると数十億ドル［数千億円］分という露出をさせました」と述べている（『朝日新聞』2017年3月2日，オピニオン欄）。

　これは，メディアそのものは新しくなったが，かつてエジソンが，毎日のように新聞記者を集めては，まだ完成にはほど遠い発明をもうじき完成するなどと語り，それを新聞記事に書かせる「パブリシティ（無料広告）」を多用して，自己の発明に対する世間の関心を引き続けたのと似たメディア利用であるとも言える。

第4部　ポストモダン期

第7章
ポストモダンの思想・人間像と社会像

「ポストモダニティ」には，理想化されすぎ合理化されすぎた「モダニティ」の"呪縛"から解き放たれるという意味がある。言い換えれば，より"人間的"な時代の到来とも言える。ただし，表面的にはそうであるが，基盤においては，「モダン」期の"延長"である「技術」の絶え間ない"進歩"は続いており，それが「モダン」期の「価値」であった「啓蒙」や「教養」を全体的には拡張させるのであるが，他方で，「データ」や「情報」が主役となり，表向き・意識的には「知識」や「教養」を軽視する「反知性主義」が台頭し，「価値」としての「啓蒙」の地位は低下する傾向が出てくる。

1　多元化・フラット化と主体・権威・体系・本物の喪失

社会が複雑化しグローバル化して，全体的に"混沌"としたポストモダンの時代は，もはや一人あるいは少数の優れた人間がリードして文化を造っていくという時代ではない。デカルトの言う「我思う故に我在り」という「主体性」のあり方は，まさに"孤高"の近代的な「個人」のそれと言えるが，今の時代は，もはや孤高ではやっていけない，ということが増えてきた。これは，理系の領域でも言えるようだ。それを象徴するかのように，ポストモダン期のメディアを代表する「インターネット」はまさに，個人の専有物ではなく，みんなで共有するメディアであり，皆が協力する場でもあるのだ。

◆ポストモダン期の"混沌"と社会のフラット化および既成の権威の否定

ポストモダン期においては，かつて浅田彰（1983）が述べたように，"分裂"的な人間（スキゾ人間）が生じ，多元的で矛盾を包含した複雑で混乱した「無

秩序」状態が生じる。と言うのも，ポストモダン期においては，モダン期における合理的な人間観における矛盾をより意識し，人間の多元性・複雑性がより強調されるからであろう。現実に，例えば，男女は区分が不明確となり，これまでの区分の中間的な存在が市民権を獲得する傾向にある。

モダン期に主流だったピラミッド型組織は「階層制」であり，その典型は官僚制であった。現在でもこのタイプの組織は健在だが，他方で，より"フラット"な社会への志向がある。インターネットなどの「ネットワーク」は基本的に上下の関係がなく，対等な関係でのつながりを結んでいる。

インターネットは，マスメディアのように既成の「権威」や「権力」を前提とはしていない。ネット上では，すべての人は"平等"である。これは，先にも述べた（第5章2節）ように，当初のインターネットの根幹が学術的なものであって，互いに"対等"に結びついていたことに由来していよう。それ以前の，ピラミッド型の組織や制度において，地位や肩書によって「権威」や「権力」が形成されていたのとは対照的である。

実際に，ネット上では，大規模掲示板である「2ちゃんねる」のように，既成の権威や権力に対する批判が飛びかっている。あるいは，権威を引き下ろそうとする告発や悪口にあふれている。中川淳一郎（2009）のように，ネットは所詮，「バカ」と「暇人」のメディアだと言えなくもない。しかしながら，そこが全くの無法地帯でどうしようもない世界かと言えば，必ずしもそうではないであろう。後に小説化や映画化もされた『電車男』（中野，2004）のように，オタク青年の恋愛をみんなで見守り，助けようとする応援や協力のような動機も働いている。

メイロウィッツ（2003＝1985）はかつて，テレビが，ドラマやニュース映像で物事の裏側まで暴いたり報道することで，権威を低下させると論じたが，インターネットの場合には，自由に意見を述べたり表現活動を行えるということで，素人とプロとの差異を縮め，社会をフラット化するという結果をもたらす。

◆一元的体系の消失

　モダン期においては，何らかの原則や原理・公準などにもとづき，壮大な「理論」がつくられた。例えば，「マルクス主義経済学」「ダーウィンの進化論」「フロイトの精神分析学」あるいは「アインシュタインの相対性理論」といったものである。論理的に組み立てられた厳密な理論体系というものが，モダン期の思想や科学の理想であり，目標でもあった。官僚組織や会社もピラミッド的な階層を成す「体系」をもっていたし，電気やガスや下水道あるいは鉄道なども，一元的な体系をもつ傾向があった。

　しかしながら，今日においては，そのような壮大な理論や一元的な体系は，修正されたり，いくつかの体系が組み合わさった「ハイブリッド」な体制になっている場合が多い。典型的なのは，「電力の配電網」であろう。例えば，日本ではかつて，大別された地域毎に一つの電力会社が存在し，一元的な配電網があったが，現在では，再生可能な発電方式が増加しつつあり，電力は自由化されて，配電網は多元化している。

　かつてマルクス主義経済学を旨としていた「社会主義国」は，今日，ほとんどが実質的に「資本主義」に移行している。しかし，中国やベトナム共和国などは，いまだに「社会主義」の看板は掲げたままになっている。また，共産党の一党独裁も変わっていないし，会社は国有であり，国民に土地の私有は認められていない。つまり，社会体制全体としては，「資本主義」と「社会主義」のハイブリッド（折衷）である。

　もちろん，ハイブリッド車やハイブリッドスイーツあるいはハイブリッド・カフェなど，現在では，さまざまなものが多元化している。

◆"創造"「主体」の変化

　「個人」の"主体性"を重視するモダン期の文化においては，個人こそが世界の中心的存在であり，"創造"の主体であり，単位であった。少数の優れた「個人」が一人孤独に沈思黙考し，壮大な体系的な知の世界を造り上げてきた。

その代表格が，進化論のチャールズ・ダーウィン（1809-1882）であり，資本論のカール・マルクス（1818-1883）であり，相対性理論のアルバート・アインシュタイン（1879-1955）であった。すぐれた創造主体であった彼らのもたらしたものは，まさに科学における「大きな物語」の創造であったと言える。この三人は，19世紀半ばから20世紀の前半までにその活躍の時期があった。

　それに対して，20世紀の半ば以降は，もちろん科学技術の発展は続いているものの，世界観を根本的にドラスティックに変えるほどの革命的な知見が見出されてきたとは言えない。創造性の研究者であるディーン・シモントン教授は，「最先端の自然科学の研究はグループで行われるようになり，1人の天才が新しい科学を創造するのは難しい」という論考を発表した（『朝日新聞』2013年2月14日朝刊，31面科学欄）。自然科学の領域においては，もはや「個人」の時代ではなく，今後はますます大勢の研究者が協力・分担しながら共通の目標・目的を達成する時代になりつつあると言えよう。例えば，2013（平成25）年のノーベル物理学賞は，「ヒッグス粒子」を予言したピーター・ヒッグスとフランソワ・アングレールに与えられた。このヒッグス粒子自体の予言は半世紀前になされたものであったが，その存在を確かなものにした諸研究は，20世紀後半から21世紀にかけての世界規模の「共同研究」であり，なかでも日本人研究者たちの貢献は大きいとされる。この日本人研究者たちのあり方は，まさに新しい時代の科学者のあり方であろう。

　特にインターネットの時代になって，能力の突出した個人が孤高の状況で文化的・科学的創造を行っていくというよりは，ネットを通じて，常に手持ちの情報が更新され，メールのやり取りがなされることによって複数の人間が協力（コラボレーション）して，新たな価値ある作品や研究成果を生み出すことが容易になる。実際，そのようなことが行われつつある。研究面で特にその傾向は強く，一人の突出した優れた研究者が全体を引っ張っていくというよりは，多くの優れた研究者のグループが分担・協力し合って，大きな研究成果をもたらすということが起きている（東大の国際的な共同研究施設「カブリ数物連携宇宙研究機構」＝カブリIPMUなど）。ここでは，ネットを通じて世界の研究者が連

絡し合うだけでなく，データを互いに交換して意見交換がなされたり，分担して分析を行うこともある。もちろん，同一の対象を研究するために集まって対象を考察し，議論することもあるが，そのような機会がなくとも共同・協力が容易になったと言えよう。

◆キャラクター・アバター・変身

　人間は，本来的に分裂した面があり，状況に応じて「キャラクター」を変えることができる。つまり，人間は「多重人格」的でもある。ただし，それは多くは無意識に行われている（平野啓一郎は，2012年の著書で，このあたりのことを改めて論じている）。例えば，仕事の面では謹厳実直な中間管理者が，家では優しいマイホームパパであり，友人との間では，終始ユーモアをたたえた楽しい男であることは可能である。また，さまざまな状況において，状況に応じた「変身」も可能である。このような「変身」はかつて，服装や髪形あるいは化粧や装飾品・面などを変えることで，より意識的・文化的に誇張した形でも行われていた。例えば日本の「能」やヨーロッパの「仮面舞踏会」などはその例になるであろう。

　モダン期には，例えば，小説家は同じジャンル（例えば推理小説）にあっては，ほぼ同じ人格を維持していた（そうでないと同じ小説家という一貫性がなくなり，混乱が生じる）。インターネットの時代には，個人は唯一の姿や人格をもった，確固たる「アイデンティティ」を保つこともできるが，ネット上の名前である「ハンドルネーム」を変えることで，さまざまな場において，さまざまな人格を演じることができる。また，ネットゲーム等で「アバター」という自分の分身を自由に選び，性別を変えたり，動物やロボットや架空の存在になったりすることも可能である。状況や場面に応じて，"多面的"な自己を享受することができるわけである。

◆シミュラークルと本物の不在

　「シミュラークル」は，フランスの思想家ジャン・ボードリヤール（1984＝

1981）が用いた概念であるが，ポストモダン的な状況をよく示すものである。それは，ポストモダン期においては，「本物」と「ニセ物」の区別が不分明になり，その中間的な存在である「シミュラークル」が大きな存在感をもつようになるということである。言い換えると，ポストモダン期とは，「本物」とか「オリジナル」といった概念がもはや意味をもたない時代とも言える。一見，本物あるいはオリジナルなものに見えても，実態や実質はもはやそこにはないということでもある。これは，ヨーロッパの一見とても"古い"建築物によくあてはまる。外観や外壁は確かに古いものが保存されており，例えばパリの中心に多数あるアパルトマンはおよそ150年も前の石造りの建築であり，そこに多くの人びとが今も住んでいるというのは，100年程度の木造家屋も珍しい日本からすれば，驚異的なことである。しかしながら，そこに「昔ながらの生活」があるかと言えば，全くそんなことはない。実際には，その「内装」はとても現代的に改装されており，電灯やエレベーターもあればインターネットもある。外側だけが本物であるにすぎない（しかも外壁は定期的に塗りなおされている）。

　これをソシュールの記号論（ソシュール，1972＝1968）で言うところの「シニフィアン（記号形式）」と「シニフィエ（記号内容）」という言葉で言い換えてみよう。本来，「記号」はこの二者が"恣意的"な関係ながら，通例はしっかり結ばれているわけであるが，「シミュラークル」においては，シニフィアン（例えば建築物の外観）とシニフィエ（人びとのライフスタイル）の間にもはや何の関係もなく，かつてどのようなシニフィエがあったとしても，今は「シニフィアン」そのものが独自の優位な存在感を示しているということである。このような記号形式の優位性が，世界のいろいろな場で見られるのがポストモダン期である。

　ボードリヤールの言う「シミュラークル」のなかには，「通貨」のような重要なものも含まれるはずである。つまり，かつては「金本位制」があり，「金」が言わば「本物」で「紙幣」が「ニセ物」と言ってもよかった（ただし，信用の裏づけが必要だった）わけであるが，現在では，「通貨」は実際には，「クレ

ジットカード」を使用する場合のように，信用の裏づけと数値「データ」があれば充分なのであって，まさに「シミュラークル」の状態が支配的なのである。これに関連して，2014（平成26）年2月にネット上の仮想通貨「ビットコイン」の取引サイトの一つ（東京）が突如，停止してしまい，混乱と不安をもたらしたが，この通貨については，確かな管理がなされていなかったようだ（『朝日新聞』2014年2月27日，朝刊1面）。

◆シミュラークル～観光と祭り～

　シミュラークルも考えてみれば，「今」と「昔」あるいは「リアル」と「バーチャル」の"折衷"の面がある。ポストモダンの建築は，現代的な建造物と過去を象徴する背景が一体化しており（マグウィガン，2000＝1999，31頁），その意味で「シミュラークル」であるとも言える。

　シミュラークルは，本物とか偽物といった区別を超えた存在である。例えば，古くからある伝統的な「街並み」というものを考えてみると，外観はほぼ本物（昔のまま）であっても，中身（家屋の使途や機能）やそこに暮らしている人びとは，当然，今のものであり，変化してしまっている。これは，ボードリヤール（前掲書）が挙げているネイティヴ・アメリカンの生活も同じである。外観やコンセプト（理念）は昔のままに保たれていたとしても，それを支えている現代人の生活や経済等は，やはり変貌しているのだ。

　現在の観光や祭りは，まさに「シミュラークル化」の典型である。各地の観光名所や祭りの行われるコミュニティで見せるものは，確かに「本物」の寺社や街並みや神輿あるいは山車である。「シニフィアン」は現存する。しかしながら，それらを支え，他の多くの人びとに見せる側の生活も意識も，全く昔とは変わってしまっており，「意味」あるいは「シニフィエ」は以前とは変貌してしまっているのだ。例えば，「アニメの聖地巡礼」の祖型となった埼玉県鷲宮町（現・久喜市鷲宮町）にある「鷲宮神社」は，もともと四コマ漫画だった『らき☆すた』のアニメ化の際に描かれて有名になり，今や三が日の初詣客が40万人を超す人気である（水野，2013b，249-250頁）が，江戸時代以来の重厚

な「神輿」(千貫神輿) 担ぎを地元以外の人びとに頼らざるをえない点は他の神社と共通しているだけでなく，オタク青年たちが担ぐ「らき☆すた神輿」という新たなシニフィアンも生まれている。

◆超現実のディズニーランドと世界のディズニー化

　ボードリヤールが言いたかったのは，ポストモダン期においては，「オリジナル」には似ているが，「コピー」でもなく，ある意味で「オリジナル」や「コピー」を超越した存在であり，"超現実"とも呼んでいい「シミュラークル」が存在感を発揮し優位に立つ，ということであろう。ボードリヤールが挙げている例で一番典型的なのは，「ディズニーランド」であろう (ボードリヤール，前掲書，16-19頁)。それは，ウォルト・ディズニーが描いたファンタジーの世界のコピーのようであるが，むしろそれ以上の存在なのである。

　実際のところ，ディズニーランドとディズニーのアニメ作品とは必ずしも関係があるとは言えない。確かに，そこここに着ぐるみのアニメ・キャラクターが居たり，キャラクターの名を冠した城があったりするが，「アドベンチャーランド」や「ウェスタンランド」などは，過去の世界やアメリカの浄化され理想化された縮図である。それは，世の中の裏側 (舞台裏) や醜い場所を見せないように，労働も浄化された極めて美しい場所であるのだ。

　ボードリヤールは，ディズニーランドは，アメリカがディズニーランドと同様な世界であることを隠すために存在すると言っているが，実際には，1955 (昭和30) 年にアメリカのカリフォルニア州アナハイムに，世界初の「テーマパーク」である「ディズニーランド」が誕生して以来，アメリカをはじめとして，世界は「ディズニー化」(Disneyization) しているのである (ブライマン，2008＝2004)。

◆コンピュータの進化と人間像の変化

　スマートフォン (スマホ) は，電話の進化というよりも，むしろパソコンの進化だと言われ，持ち運びのできるコンピュータとも言える。そのスマホは，

すでに腕時計型の「スマートウォッチ」や眼鏡型の「スマートグラス」が開発されており，"ウェアラブル"（身につける）コンピュータ普及への道が開かれつつある。

　スマートウォッチは，SF映画的なイメージを実現した装置に思えるが，スマートグラスの方は，眼の前にバーチャルなデータを投影することが可能で，詳細なデータを見ながら複雑な作業を行うことができる。眼の前に指示が投影されるので，専門家でなくても誰でも薬剤を取り出すなどの仕事が可能だし，両手が空いているので効率的であるという（NHK番組『クローズアップ現代』2013年11月26日放映）。問題は，従来は，人間が自分の意思や知識にもとづいて行動していたのが，ウェアラブル・コンピュータの指示に人間の方が従うだけの労働になる，というようなことである。つまり，モダン期のような「主体性」をもった人間ではもはやなくなる，ということである。

　現在，いろいろな場で，さまざまな形で，人間行動のデータが収集され，集積されつつあり，「ビッグデータ」の時代になりつつあるが，それは，データを分析して，最適な行動を見出すことを含む。このような状況を敷衍して考えてみると，人間の行動は常に，張り巡らされたセンサーによりモニター（監視）されてデータ化され，個々の人間は，データの分析結果が指示するところに従うということになりかねない（同番組）。つまり，自分自身のこれまでの行動のデータ（の集積と自動的な分析）が，"再帰的"に自分に対して最適な行動を指令するということになりうる。そこにモダン期の人間の「主体性」は，もはやないと言えよう。鈴木謙介は10年も前に，「情報としてのわたし」が個人を先回りして未来を選択させるようになり，それが「宿命」のように受け容れられることが，特に若者の間で起きうることについて述べていた（鈴木，2007，17頁）が，そのような事態が広まりつつあるのかもしれない。

◆ビッグデータとAI（人工知能）

　とても多くの人びとの行動に関するデータは，今や「ビッグデータ」と呼ばれる。これは，できるだけ多くの情報データを集めることと，それを分析して

整理し，人びとの行動についての新たな知見を得て，今度は人びとの行動を「予測」するという利用の仕方をするのである。ビッグデータは，従来はメインフレーム・コンピュータ（大型計算機）やスーパーコンピュータ（スパコン）の力を借りないとできない特別なデータであった。

かつては「天気予報」のような自然現象についてのデータであったり，技術開発や宇宙飛行のためのデータのようなものが「ビッグデータ」であり，物理現象に関わるものが主であった（海部，2013，17＆47頁）。今日では，ネットの発展によって，無数の人間から生じる限りない行動データをセンサーでキャッチし，それを収集・蓄積できるようになった。今後は，それらのデータから，より意味のある行動パターンを見出すことに企業あるいは権力が精を出すことになろう。人びとは，自分が意識しないうちにデータを取られて分析され，行動パターンを読み取られ，先回りされて自分にとって好ましいサービスを提供されるので，それを非主体的に消費するのである。

しかしながら，本来はユーザー自身の情報であるのに，それを密かに集めたデータとして企業が勝手に利用したり，他の企業に売ったりすることもありうる。実際に，JR 東日本が，IC カードの Suica 利用者の行動データを他企業に売ろうとして問題になり，謝罪した（The Huffington Post，2013年7月25日）。

これらの人間の行動や身体に関するビッグデータは，今や AI（Artificial Intelligence：人工知能）の進化によって，以前よりも容易に分析・利用できるようになりつつある。最近の AI は，与えられたビッグデータにもとづいて深層学習（deep learning）を行い，自ら賢くなって，より適切な分析ができるようになる。AI がより賢くなり，より普及していくと，人間が今行っている仕事の多くが AI によって奪われるのではないかという危惧もある。特に「シンギュラリティ」という見方は，AI の能力が人間の能力を全面的に超えてしまう時が2045年頃にやってきて，人間の時代が終わるという（フォード，2015）。

2　ソーシャル空間の分類

モダン期において，人間活動に関わる「時間の縮減」と「空間の拡張」がほ

ぽ極限に達した。現在はリアル空間だけでなく，「バーチャル空間」あるいは「サイバー空間（サイバースペース）」における活動が重要になっている。軍事的な分野でも，サイバー空間での監視や防衛が重要になりつつある。アメリカ国防総省は，それを陸・海・空・宇宙に次ぐ「第五の戦闘空間（バトルフィールド）」になったと考えているという（伊東，2012，5頁）。

　このような状況において，人びとは，リアル空間あるいはバーチャル空間のどちらか一方だけの充実を図るだけでは済まなくなっている。他者との交流においても，いわゆる「リア充」（リアル世界での充実）だけでは済まず，ネット上の交流も不可欠になっている。しかし，このような状況は，むしろ手かせ足かせとなって，人びとを束縛し，自由を奪う結果にもなっている（Mixiやフェイスブックなどの SNS 疲れや LINE 依存など）。

　なお，この節では，「バーチャル空間」を概念的に拡張し，人びとの空想や妄想である"想像"の世界（「空想世界」（ファンタジー空間））も含めて考え，さらには「シミュラークル空間」や「ハイブリッド世界」についても考察する。

◆リアル空間とバーチャル空間

　「リアル空間」は，3次元であって現実（リアル）の人やモノが存在し，"物理的"な法則が適用される場である。「バーチャル（仮想）空間」は，実際には"物理的"な空間ではなく，"情報"にもとづく「空間」であるが，実際には「比喩」あるいは「イメージ」の世界である。そこにおいては，移動するための「距離」や「時間」は，ほとんど問題にならない。つまり，「今」「そこ」にある空間であり，点あるいは「クラウド（雲）」のようなもので，実際は1次元と言える。ただ，「タイムライン」のような，情報データの蓄積に伴う"継時的"あるいは"歴史的"な「時間」は存在しているので，点のつながりである「線」的な1次元あるいは「面」的な2次元とみなすこともできよう。

　「バーチャル空間」は，「リアル空間」と何らかの対応をしているような空間であり，言わば位相数学（トポロジー）で言うような空間である。「トポロジー

空間」では、リアルな空間の要素の全部ではなく、特定の特徴が問題とされるが、「バーチャル空間」においても、リアル空間とイコールではないものの、ある種の特徴は共通であり、その「広がり」がイメージされると言えよう。

　1990年代までは、コンピュータあるいはインターネットは、リアル世界の"補助"や"補完"でしかなかった。例えば、パソコン（PC）間のメールがまだ「Eメール」と呼ばれていた時期には、「郵便（手紙やはがき等）」が主であり、メールやファックスもその補助的な位置づけであった。"正式"な連絡や招待などには郵便が用いられ、速報あるいは予備的な連絡のためにメールが用いられた。しかし、今や多くの場合、連絡はメールでなされ、正式の書類もその添付ファイルとして送られることも少なくない。

　ネット上の「バーチャル空間」が、それ自体独立した世界として存在することも起きた。例えば、現在も存続している「セカンドライフ」（第6章参照）と呼ばれるネット上のサービスでは、リアル世界とほぼ同じようなモノやサービスがあり、自らの分身である「アバター」には、リアル世界とは異なる属性（性別や職業等）をもたせ、リアル世界ではできないような行動や会話を楽しむことも可能であった。そこでの経済活動によってその世界の金銭を稼ぎ、リアル世界でその金銭を換金して使用することさえ可能であった。また、「シムシティ」というような、ネット上にのみにある都市も同様な存在であったろう。それは「サイバーシティ」とも呼ばれる。ソーシャル・ゲームのつくる世界も同様であろう。しかしながら、現状では、リアル世界から独立したそのような世界は、運営が必ずしもうまくいっていないのではないかと思われる。

◆「"純粋"仮想空間」「"並行"（平行）仮想空間」「シミュラークル空間」

　「バーチャル（仮想）空間」について、吉田純は明確に「インターネット」と関連づけて述べている。すなわち、「インターネットは、理念的には全世界の個人が双方向的なネットワークを通して結びつきうる仮想的な社会空間の出現の可能性を世界史上はじめて開示したのであり、いわばシステムのグローバル化という趨勢に抗するかたちで、生活世界もまたグローバル化していく可能

性を示したともいえよう」(吉田, 2000, 13-14頁) という。ここでは,「インターネット」という, 目には見えない網の目が世界中に張りめぐらされているというイメージが想定 (まさに"仮想") されているようであり, それがわれわれの生活にも影響しているという認識がある。

　吉田純は, 西垣通を引用しながら,「『仮想』を『現実』の単なる対立概念として捉えるのは正確ではない」(同書, 51頁) とし,「インターネットやパソコン通信などのCMC [Computer-Mediated Communication] ネットワーク上に構築される仮想的社会空間は, そこに参加する人々にとって, まさに現実の社会と同等の (ある意味ではそれ以上の) 意味をもち機能を果たす空間として現れている」(同) とする。

　吉田は, インターネットが, リアル空間から"独立"した意味ある空間になりうると解釈しているわけである。これを敷衍すると,「バーチャル空間」を二つに分類することができるであろう。一つは,「リアル空間」での対応物がない, 言わば「"純粋"仮想空間」を考えることができる。しかし, それらはリアル空間からは完全に分離独立した空間であり, リアル空間におけるものとは異なる構造やルールをもつ世界となり, いわば「ゲームの世界」と同じものになり, 一般的な社会学の研究対象にはならないであろう。

　それに対して, 第二に,「ネット通販」や「ネット銀行」などは,「"純粋"仮想空間」そのものではない。もともとリアル空間に存在していたモノをネット上にも"拡張"したとも言える空間であり, 物流や購買あるいは現金の授受といった「現物」のやりとりを前提としているからである。このような場合には, リアル空間と関連しながら, それに"並行 (平行)"して, リアル空間とある意味で (例えば機能的に) 同様な空間が存在していることになる (トポロジー空間と同様)。このような空間を「"並行"(平行) 仮想空間」と述べておく。

　他に, リアル空間が"シミュラークル化"した「"シミュラークル"空間」もある。これは, 一つは"かつて"「リアル空間」に存在していたモノをネット上に再現する (例えば, 写真や地図などで) ような試みである。つまり, このような空間が作られたときには, そのもととなったリアル空間内のモノはすで

に失われている。しかし，それだけにネット上での「自由」は担保されている。これをネット上ではなく，物理的に再現する場合もある。例えば，古い建造物を再生するような場合がある。また，過去の世界を美化し縮約した形で物理的に再現したのが「ディズニーランド」（の一部）と言えよう。さらに，"情報"あるいは以下に述べるような「空想世界」にもとづく「モデル」や「イメージ」によって，リアル空間には似ているが，本来どこにもなかった空間（ユートピア）を造り上げることもある。これも「シミュラークル空間」の一種であると言えよう。したがって，アニメ・キャラクターの居る空間も「シミュラークル空間」である。ディズニーランドはこちらの意味でも「シミュラークル空間」である（前節参照）。

◆「空想世界（ファンタジー空間）」

以上に述べたような「バーチャル空間」は，ファンタジーのような「空想世界」とは異なる（これは「ファンタジー空間」とも呼びうる）。「空想世界」は，「シミュラークル空間」に分類されうるが，文学のような"言葉"によって紡ぎ出されるか，絵画やマンガあるいは映画やアニメのような2次元（あるいは3次元）の"画像"や"動画"によって構成される。基本的には「イメージ表現」の世界であり，おおもとは個人の"頭"のなかにあったものと言えよう。例えば，村上春樹の『1Q84』(2009-2010) という小説の世界は，完全に作家自身の空想の世界であって，リアル空間と似た面はあっても，本質的にリアル空間とは別次元である（『1Q84』の作品自体は並行宇宙へのワープを内容としている）。しかしながら，そのような頭のなかの想像の空間がリアル空間に干渉して影響を及ぼしたり，物理的に"実体化"されたりもする。

そのような「空想世界」によるリアル世界への"干渉"あるいは"影響"という現象は，昔からある。例えば，「詩」や「小説」といったフィクション世界内での出来事が現実に干渉し，影響したということは，とても多い。かつて，文豪ゲーテが著した純文学『若きウェルテルの悩み』(1774) の主人公ウェルテルがピストル自殺をしたという小説内の出来事が，リアル空間の多くの若

第7章　ポストモダンの思想・人間像と社会像　211

者の自殺をひき起こすという現象（ウェルテル効果）が生じたとされる。大衆文化の分野で社会的な話題になった出来事の例としては，ボクシングを題材とした人気マンガ作品であった『あしたのジョー』の登場人物で，主人公ジョーのライバルであった力石徹が作品上で亡くなったことを受けて，1970（昭和45）年に詩人で劇団主宰者であった寺山修司が，なんと現実社会の場で「葬式」を挙行したということがあった。これは，もちろん大人の「遊び」であり「リアル」と「空想世界（フィクション）」の混同であるが，意図したものである。このような意図的混同は最近，増殖しており，アニメに描かれたリアルな場所を訪れる「アニメの聖地巡礼」などがその典型例になる。

◆リアル世界とバーチャル世界の相互干渉と「ハイブリッド世界」

　ネット上のバーチャル空間において実現されている「バーチャル世界」は，現在では多くの場合，リアル空間での社会的な活動である「リアル世界」と密接なつながりがあるのが普通になってきており，その両者を合わせた「ハイブリッド世界」こそが，今や事実上の「現実世界」となっている。

　例えば，ネット上のサービスを受ける場合やSNSにおける"ソーシャル"な関係も，バーチャルな世界がネット上で完結するものではなくなっている。むしろ，リアル世界とオーバーラップしており，リアル世界を反映したものになっているし，逆に，リアル世界に対しても影響を与える。そこでは，リアル空間でのつき合いだけでなく，バーチャル空間でもつき合わなければならない。それは，リアル空間でのつき合いよりも素早い反応をしめさなければならない。そのために，いわば「SNS疲れ」を感じる人びとが多数生じている。

　もう一つは，「監視」の拡大がある。モダン期の「監視」は，巨大な権力が，その支配下にありながら反体制的な思考や活動を示す諸個人をさまざまな面からチェックするものだった。それは，出版物や映画等の「検閲」や演説会場や劇場での憲兵の「臨検」あるいは危険人物の「軟禁」というような，あからさまのものが主だった（中国は，まだこの段階にある）。しかし，現代では，ミシェル・フーコー（1977＝1975）が紹介したジェレミー・ベンサムの言う「パ

ノプティコン（一望監視装置）」の存在による不可視の「監視」に対する意識から，自己規律的な行動をとるようになっている。インターネットの普及期には，その「匿名性」から，自由な言論が可能で，監視をかいくぐることができるという議論もあった。しかしながら，事実上，「匿名性」は「幻想」でしかなく，インターネットの書き込みも容易に本人を特定できるのが現状である。

ソーシャル・メディアの普及は，個人の発言がすぐに多くの人びとの目にするものとなり，当該ブログが炎上したり，つぶやきや投稿を見とがめる第三者によって，容易に当該人物が特定されて，リアル世界における「個人情報」を晒されるということが起きている。まさに「相互監視」の時代である。かつては「インターネット」が「解放区」であったかもしれないが，今は「リアル世界」と密着しているのである。さらに，第三者による監視だけでなく，スマホのアプリのなかには，自分の恋人を追跡し「監視」するタイプの「カレログ」というものもあった。身近な人間によっても「監視」されうる時代なのだ。

3　ネット時代の集団的営為に関する著作権問題

ポストモダンの時代は，「個人」が必ずしも"主体性"を発揮するとは限らない時代である。と言うより，個々人がそれぞれ主体性を発揮しているつもりでも，人びとの"意図しない"営みの「集合」が意味をもつ，ということが主流になる（社会的な影響力をもつ）かもしれない。

文化創造もそのようなものかもしれない。その際，個々人の生み出すものは，それほど独創性はなく，著作権の観点からは取り締まるべきものであるかもしれない。しかしながら，厳密に著作権を適用とすると，人びとの創造への意欲を殺ぎ，文化のすそ野を傷つけ，文化全体の文化における熱量を下げてしまいかねないという問題が生じるであろう。

◆著作権の意義

今日における「創造」が，既成のもののハイブリッドであることが増えると，その既成のものの使用をめぐって，著作権が関係してくる。「著作権」は

本来，創作者の権利を守ることにある。しかしながら，既成の権利を守るために，新たな創作者の活動を阻害する面もある。そのような権利者の権利と新たな文化の創造の間のバランスをとることが必要であるが，残念ながら，日本の著作権に関しては問題があるという指摘が多い。

かつて西洋における中世の時代には，文化作品の複製は「集団」的行為であった。例えば聖書に関連した著作その他の作品は，修道院のような場所で多数の修道僧の協力による「写本」によって複製が作られた。しかし，ルネサンス以降のモダン期においては，創作は「個人」的行為が基本になり，そこに「著作権」の考え方が現れ，複製を作る権利やそれを販売して得られる利益は，創作した個人に還元されるようになった。ここでは，すぐれた少数の書き手による思想あるいは広く伝えるべき内容が，「出版」という形で複製化されると考えるからこそ，そのような「個人」が創造した作品に対して全面的な「保護」がなされてきたのである。現在でも基本は変わっていない。

文化庁のホームページによれば，「著作権」とは，小説・音楽・美術・映画・コンピュータプログラム等といった「著作物」が保護されるという権利であり，特に届け出を行わなくても「著作物を創作した時点で発生」する。保護期間は，日本では，映画以外のものは「著作者」が明確であれば「生存年間及びその死後50年間」であり，映画については「公表後70年」である。国によって，保護期間は変動する。

既成の曲の歌詞をツイッターにつぶやいた場合でも，日本では著作権侵害に問われる場合がある。それを免れるには，「著作権法に抵触しないのは，報道や批評，研究など，『引用』の正当性が認められた場合に限る」（城所，2013，19頁）と言うようなことを知らないといけない。

◆著作権の世界の潮流

権利者の権利と新たな文化の創造の間のバランスをとるため，世界の潮流としては，著作権を厳格に適用して取り締まるというのではなく，「フェアユース」（公正利用）をある程度認めて，文化の創造に寄与しようというものである。

「フェアユース」とは，厳密に言えば著作権を侵害する行為であっても，私的な利用で営利を目的としない場合は，罪に問わないという考え方である。城所によれば，アメリカの裁判所が重視するのは「原作品の市場を奪うか否か」だという（同書, 20頁）。多くの人びとによる二次創作などは，その基準には該当しない。既成の文化的遺産を多くの人びとが自由に享受し，新しいものを創造するのに，著作権が阻害しないようにしている。

◆日本における著作権適用状況

これまで著作権侵害は「親告罪」であり，当事者が訴えなければ罪には問われない。「ネット上には，許諾を取らずに利用していると思われるコンテンツが氾濫している」（同書, 21頁）が，「黙示の許諾」という暗黙の了解であり，事実上の「お目こぼし」が多かったという（同）。

しかしながら，業界によっては，著作権の適用をより厳しくし，著作権料を厳しく取り立てたいとする考えも根強い。例えば，「日本音楽著作権協会（JASRAC）」は，街の音楽教室での演奏からも使用した楽曲の著作権料を徴収する案を発表した（『朝日新聞』2017年2月2日）。対象は，ネットで広く生徒を募集している全国の約9千の教室だという。「公衆に聞かせることを目的に演奏したり歌ったりする」ための「演奏権」を作曲家や作詞家が専有しており，音楽教室における生徒も不特定の「公衆」であり，そこでの演奏にも演奏権が及ぶとの解釈のようだ。

日本における動きは，海外での潮流とは正反対に，全体として著作権侵害の取り締まりを厳しくして厳罰化しようという方向にある。現在は，被害者自身が被害を訴える「親告罪」であるが，被害者に代わって警察・検察が訴えることができる「非親告罪」になる可能性もある。今の日本の文化には，コミックマーケットやボーカロイドの初音ミクをはじめとして，「二次創作」があふれている。それらの文化さえも圧殺することができるようになるかもしれないのである。

第7章　ポストモダンの思想・人間像と社会像　215

◆興隆する二次創作

　今日，かつてのような"少数"の優れた"プロフェッショナル"な「個人」という創作者についての既成概念が変わりつつある面もある。例えば，一般の漫画愛好家が多数参加する「コミックマーケット（略称：コミケ）」やネットを利用する「動画投稿」において，いわゆる"素人"であっても，相当にレベルの高い作品を創作する場合がみられる。これらの場合にも「著作権」という概念は適用されうるであろうが，いわゆるプロとは異なり，複製を多数作って販売し利益をあげるという考え方にはなじまない（コミケで漫画愛好家が自らの作品の複製をある程度販売することはあるが大量ではない）。

　また，ネット上では著作権所有者でない人間が他者の作品をもとに「動画投稿」をすることがしばしばあるが，そのような「動画投稿」に対しても従来からの著作権の考え方を適用することには賛否両論がある。それと言うのも，著作権を厳密に適用することは，もとの作品が広く認知されたり活用（二次創作）されることをしにくくし，もとの作品への関心を失わせたり，新たな作品への創作意欲を殺ぐことがありうるからだ。つまり，自由な創作といった活動への阻害要因になりかねないのである。悪質な著作権侵害の他は，寛容に対処する方が文化全体としては良いのかもしれない。

　具体的に，YouTubeなどの動画投稿サイトでは，オリジナルの作品が，多くの受け手によって"改変"され，再びそのサイトにアップされるというようなことが起きている。ニコニコ動画に投稿された「初音ミク」の例などがそうである。このような場合，個人の手柄を誇るというようなことがない。互いに"切磋琢磨"し，結果的により良い作品が出来上がればそれで満足ということなのであろう。そこには著作権をめぐる醜い争いもない。

◆ YouTubeと著作権問題

　神田敏晶は，YouTubeについて「誰もが自分の作品を発表し，自分の意見を主張し，それを誰もが自由に見ることができるようになった。映像の送り手

と受け手の関係もテレビのような一方通行ではなく，映像を通じた双方向コミュニケーションも実現している」「自分の作品やコメントは限りなくネット上に残る。これは，もはや『未来のテレビ』といっても過言ではないだろう」（神田，2006，4-5頁）と言っている。実際には，YouTube＝テレビとまでは言えないであろうが，これまでのテレビが，権威をもった寡占的なメディアであったのに対して，YouTube やニコニコ動画などは，誰にでも開かれており，コメントを書いたりでき，双方向性があるなど，既存のテレビのあり方を問い直す存在になることは間違いないであろう。

　ところで，「ニコ動は，投稿動画で歌手の楽曲が無断で使われるなど『著作権法違反の巣窟』だった」（『朝日新聞』2012年5月21日朝刊，文化欄）という。親会社ドワンゴの川上量生会長（当時）は「合法化」と「自由の確保」の両立を狙って，日本音楽著作権協会（JASRAC）やレコード会社に，ドワンゴが視聴者に代わって使用料を支払う「包括許諾契約」を結び，問題を解決したのだった（同）。

　YouTube の方は，むしろ，著作権上の問題があった場合には，当該の映像を削除することで対応していると思われる。逆に言えば，著作権が侵害されている場合でも，クレームがない限りは「黙認」するという解決策と言えよう。

◆特許と「共同研究」

　「特許」についても同様で，モダン期に入って産業活動が活発になって以降，発明の特許は「個人」に帰された。そのため，共同で何かをつくりだした場合にも，集団を代表して「個人」の名が付されることが多かった。ほぼ同時に別々な場所でなされた発明の場合でも，例えば申請を一番早く行った，たった一人の個人に特許が与えられること（先願主義）もあった。ちなみに，ノーベル賞の場合，一部門の受賞者は三人までという制限があり，当然もらってよい人がもらえないことがあるが，このような制限も，個人の発明発見という思想が背後にあるのかもしれない。

　モダン期のエジソンの場合，エジソン自身は「発明王」としてもてはやされ

たが，実態としては，エジソンは研究所を主宰し，多くの優秀な人材を集めて，事実上は「共同研究」を行っていたのであり，現在のような企業や学術の世界での共同研究の先駆でもあったのだが，実際には多くの人びとの協力で生まれたものであるのに，形としてはエジソンのような一人の優れた「個人」の業績とされたわけであり，「一将功成って（成りて）万骨枯る」といった面がなかったわけではないであろう。

　ベルの場合は，電話の特許取得にあたって，ベルの周辺の人間によって，どうも不正な行為がなされた可能性が大であったが，先願主義だったため，イライシャ・グレイの先を越して申請し，特許を取得することができた（シュルマン，2010＝2008）。

第8章
ポストモダン期におけるメディアのハイブリッド化

　近年においては，既存マスメディアに対する「コンピュータ」の影響は，「デジタル化」と「ネットワーク化」が前提となっているが，それは単なる省力化を超えた意味をもつに至っている。しかしながら，既存マスメディアがコンピュータやインターネットにすべて置き換わったというようなドラスティックなことは起きていない。ポストモダンの現状では，新旧メディアの「融合」あるいは「折衷」という形が主になっている。例えば，新聞メディア自体が「紙面」と「電子媒体」の両方が"共存"する状況となっている。

1　デジタル化と映画・テレビ・音楽・書籍の変容

　ネットワークと既成のマスメディアとの融合（あるいはメディア同士の接合）によって，マスメディアは変化する。その融合を可能にするのはデジタル化の技術である。コンピュータの誕生・普及は，そもそもデジタル技術が基盤となっていた。現在のメディアは，単にデジタル化しただけでなく，「インターネット」とつながったということが，「データベース」や「クラウド」サービスとも関連しており，絶対的な条件になっている。

◆「デジタル化」とは何か？

　音波や電波あるいはケーブルを通じて音や電気の信号を伝えるとき，アナログとデジタルの二方式がある。アナログ（analog）とは，もとのデータ（音や映像など）の要素をそのままの波形や強度の比率を保ちながら伝えるやり方である。「オシログラフ」に表示される「音波」の形のように，「アナログ」のデータは，オリジナルの形を保ったままでデータとして保存される。写真や映

画は，人間や風景の形をそのまま記録し，保存する。音楽においては，生の音楽による空気振動そのものを蓄音器やレコードあるいはカセット・テープに録音されたものは，アナログ・データである。空気の振動が，何らかの物質の表面上の痕跡として記録される。つまり，ここでは，オリジナルと記号とは"類似"の関係にある。記号の分類で言えば「イコン（写像）」である。

　デジタルは，もとのデータの要素を「数値化」して伝えるやり方である。デジタル（digital）は，本来，手の指（digits）を用いて数えることであり，「数値化」は10進法であれば0から9までの10個の数字を用いてデータを変換するが，コンピュータのように2進法を用いる場合には，0と1の2個の数字を用いてデータを変換するのである。何らかの対象に対して，それらの数値が，シニフィアン（記号形式）となるデータとして対応するわけであるから，オリジナルと記号とは全く形が異なっており，それらは「シンボル（象徴）」の場合と同様に"恣意的な"関係にある。

　コンピュータで信号を伝えるときに，そのような2進法による数値化としてのデジタル化によって，あらゆる情報の利用法を一元化し，情報をコピーしたり加工したりしやすくする。結果的に，情報のやりとり（交換）も容易になり，「ネットワーク」の形成や「インターラクティヴ・コミュニケーション」の生起を容易にする。

　1970年代以降，電子式のデジタル時計をはじめとして，生活のさまざまな領域で「アナログ」から「デジタル」への移行が見られた。そのような動きは，社会全体の「コンピュータ化」と軌を一にしている。例えば，銀行の「オンライン化」などである。

　以下では，「アナログ」から「デジタル」に移行した，さまざまな領域のものを取り上げ，「デジタル化」の意義や問題点を考える。

◆映画のフィルム使用からデジタル化へ

　劇場（映画館）での上映は，長い間，「フィルム」を用いてきた。フィルムは通例とても長く（数千メートル単位），それを何巻かの金属の缶に分けて入れ

である（1巻で7分半程度）。それらを二台の映写機を交代に用いて上映するのである。最近のシネマコンプレックスでは，デジタルな媒体に記録された映像をコンピュータに読み込んで，プロジェクターでスクリーンに投影するデジタル上映が主流になった。特に，「3D（三次元）」映像の映画を上映する場合には，デジタル上映になっている。しかし，収益がそれほど上がらないミニ・シアターや地方の映画館などでは，上映装置をデジタルに更新する費用を工面できない結果，上映できる作品が限定されるようになり，経営面で問題が起きることもある。

　また，劇場での上映のみならず，映画製作の現場でも，ビデオカメラと同様なデジタルカメラを使って撮影することが増えている。つまり，映画の製作から上映まで，すべてデジタル化するようになりつつある。しかし，通例の（2D）映画作品に関しては，ほぼ一世紀以上にわたって，「フィルム」を前提とした撮影がなされてきた。フィルムは，電子的な「ビデオ」と違って，光に対する感度が高いので取り扱いに注意が必要であり，撮影が終わったフィルムは，"現像"（暗室で化学的な処理を施し，映像を定着させる）して，初めて映写機にかけることができる。言い換えれば，実際にどのように映像が撮れたかを現場では確認できない。現場で何回も撮影（テイク）をやり直す場合もあるが，それは勘に頼っているのだ。最近では，デジタルカメラを用いて，現場で撮影した映像を確認することが多くなり，効率（能率）が上がってきている。

　ただ，フィルムよりデジタルの方がすべて優れているわけでは決してない。フィルムは，映像を撮ったときに独特の風合いがあるとされ，北野武のようにフィルムを使い続ける映画監督もいる。もっと重要なことに，デジタル情報は一瞬にして消える可能性があるのに対して，フィルムは長期保存が可能という点で優れている（実際に，映画史の初期に撮られたフィルムは，燃えやすいという欠点はあったが，現在，すでに100年以上経っても見ることができる）。

◆映画のデジタル化と3D化

　映画という古いメディアのデジタル化は，まず最初に，特撮の一種である

「コンピュータ・グラフィックス (CG)」の導入という形で第一歩を示した。それは, 実写でも, セル画を使ったアニメでもない映像制作方法であった。これによって, 以前であれば, 映画製作において, 巨大な実物大のセットを組み立てて撮影することがあたりまえであった (例えば, 1968年公開のスタンレー・キューブリック監督作品『2001年宇宙の旅』における巨大な宇宙船) が, 例えば, 大ヒットした1997年公開のジェームズ・キャメロン監督作品『タイタニック』における沈没する豪華客船や, 実際にはとても演じることができない動きや激しいカーアクションなども, 危険を冒さずに映像として表現できるようになった (ただし, CG製作には今でも膨大な手間と時間がかかる)。

2009～2010 (平成21～22) 年は, キャメロン監督の『アバター (Avater)』や『アリス・イン・ワンダーランド』あるいは『カールじいさんの空飛ぶ家』などの3D映画作品がブームとなり, 『アバター』は, かつての『タイタニック』の記録を破る, 史上最高の興行収入を記録した (なお, これらの作品は同時に, 通常の2D画面でも見ることはできるし, 興行収入は2Dと3Dを併せたものであるが, 収益の大部分は料金の高い3D映像からであった)。

この3D映像の技術は意外に古くから知られているもので, 1853年にロールマン (独) が赤色と青色で片目ずつ染め分けた透明フィルターを通して立体視する「アナグリフ」の原理を考案した。最初に利用されたのは, 「立体 (ステレオ) 写真」というもので, 特殊なメガネで左右の眼に互いに少し異なる映像刺激を与えることで, 被写体が立体的に浮き上がって見えるというものである。同じような原理を用いた「立体映画」もつくられた。1922 (大正11) 年には, アメリカでアナグリフ式の世界最初の長編劇映画『The Power of Love』が製作され, ハモンドがニューヨークで立体映画専門の劇場をつくったという (『朝日新聞』2010年3月20日, b4面)。その後, 今回を含めて3回の「立体映画ブーム」が起きている (同)。すなわち, 1950年代には, 立体カメラ「ナチュラル・ビジョン」で撮影された米映画『ブアナの悪魔』が公開された (1952〔昭和27〕年)。観客はやはり偏光フィルター眼鏡で鑑賞する。1980年代には, 3D版の『13日の金曜日Part 3』や『ジョーズ3』が公開された (1982〔昭和

57〕～1983〔昭和58〕年)。

　3Dを用いた映画は，以前は，作品自体の魅力の問題もあり，広く普及することはなく，テーマパークのアトラクション用などに使われていたにすぎなかった。3Dに適したものと適さないものというコンテンツの問題があるわけだが，SFやファンタジーあるいはアニメーションなどには適していると思われる。

　2010年において真に新しいのは，この3Dが家庭のテレビにも取り入れられ，しかも，特殊なメガネをかけなくても立体視ができるタイプのテレビ受像機も開発され，販売されるようになった，ということであろう。今後の新たなテレビ開発や普及動向が気になるところである。

　映画については，3Dに関することよりも，かなり以前から，その製作過程で「デジタル化」が進んでいることの方が重要かもしれない。これらの技術的な"進歩"が，真の意味で人類の"進歩"とするには，技術に依存しすぎないあり方が，むしろ必要であろう。

◆■映像メディアの「3D元年」

　2009年は，日本では「3D元年」と呼ばれたが，上に述べたように，3D映像は，以前からしばしば話題にはなってきたのである。ただ，以前は単に技術だけが注目され，作品の芸術的あるいは娯楽的な価値そのものは高くなく，ブームも長続きはしなかったのである。しかるに，『アバター』は，内容的にも高い評価を受け，アカデミー作品賞にノミネートもされた。さらに，翌2010（平成22）年には，『アリス・イン・ワンダーランド』など20本以上の3D映画公開がなされ，3度目のブームとなった。また，同年にはパナソニックやソニーから，3Dテレビも発売されるに至ったが，実は，テレビもこれも最初ではなく，1995（平成7）年に三洋電機が2Dから3Dに変換する方式の3Dテレビ「立体ビジョン」を発売したことがあり，また，2007（平成19）年12月には「日本BS放送（BS11＝イレブン）」が開局時から世界初のレギュラー3D番組を放送したという（『朝日新聞』同上）。

以上のことから、「3D映像」技術を単純に"ポストモダン"の新技術と呼ぶことはできない。作品の芸術的あるいは娯楽的な価値が伴って初めて、高度な技術も真の意味で人びとに受容されるからであり、この3D映像のブームが永続化するかどうかわからない。「SFやアクション映画の名作が続々と3D化されれば、3Dテレビの需要はかなり高まるはずである。」(『朝日新聞』同上)という意見はあるが、そもそも現状の3Dテレビ技術は、ネットと結びついておらず、どのような環境でも見ることができるようなものには、まだなっていない。

◆音楽メディアの多様化と音楽の劣化

従来、音楽メディアと言えば、最初に「レコード」「ラジオ」そして「テレビ」というふうに変化してきた。現在では、インターネットの利用が浸透してきたことによって、若者を中心に、音楽はCDやかつてのレコードのように「パッケージ」で聴くものではなく、「音楽配信」されたものをインターネットからダウンロードし、携帯端末を用いて、通学や通勤のような隙間時間に聴くものへと主流が変化している。このことは、音楽の「進化」を意味しない。音質面では、「ライブ」「レコード」「CD」そして「音楽配信」と変化するごとに、むしろ劣化している(楽曲のいろいろな面が犠牲になっている)。

「初音ミク」のような「ボーカロイド(通称:ボカロ)」も、テクノロジーとしては面白いし、多くの人びとがそれを利用して、自分の作った歌をCG上のアイドルに歌わせることができることは楽しいことであろうが、その歌声は画一的な音色のものであり、「音」を楽しむというのとは別次元の楽しさである。これも、これまでの「音楽」を基準に見れば、劣化と言える。

このようなことは、音楽パフォーマーの側についても言えるだろう。日本のポピュラー音楽の歴史を少し振り返ってみても、かつては正規の本格的な音楽教育を受けた作曲家や歌手が主体であったが、時代が下るにつれて、個性はあるが必ずしも音楽的な訓練を経ていない作曲家や歌手が主流になっていった。もちろん、それはそれで、人びとを夢中にするような、思いがこもった作品も

作られてはいるだろう。しかしながら，他方で，容姿やファッションなどのルックスや歌以外のダンスなどの要素が重要になってきており，歌はほどほどに聴ければよいといった扱いになっていることも少なくない。現在の多人数の集団的な「アイドル」ブームの背景にもそういうところがあるだろう。今日のポピュラー音楽は，音楽自体よりも，パフォーマーと観客との一体感などの関係性の方が大事であり，音楽は広い意味でのコミュニケーションの一部となっている。

◆音楽のネット配信化と電子書籍化

　音楽と書籍の未来は似ている。フリージャーナリストの佐々木俊尚が，「いまや音楽CDはあまり売れなくなって，インターネット配信で楽曲を購入して聴くという行為が一般化しています。おそらくは本も音楽と同じ道を歩むことになるでしょう」（佐々木，2010，5頁）と述べているように，音楽も書籍も，ネットとつながることで，メディアとしての形態も鑑賞される状況あるいは受け手も変わると言えよう。

　これは，単にデジタル化するということとは異なる。デジタル化について言えば，「CD」自体がデジタル化の産物であったが，それは，それ以前の「レコード」よりも作りやすく扱いも簡単にしたという意味で「合理化」という現象であった。この「合理化」はモダンな現象である。書籍についても，「CDブック」が存在していたが，以前からあったカセットテープに朗読が吹き込まれた「カセットブック」と技術的には異なる（後者はアナログ技術である）ものの，朗読で書籍を読む（聴く）点で，交通機関で移動中に簡便に読書できることや，視覚障害者などへの読者層の広がりという意味で，「合理化」や「受け手の最大化」というモダンな方向を目指すものであった。しかるに，電子書籍は，ネットとつながることで，それまでにはない読書や読者のあり方が生じると思われる。例えば，一時ブームになった「ケータイ小説」では，それまで本をあまり読まなかった層（女子高生など）を取り込んだり，小説の執筆に読者の意見が反映されるということがあった（伊東，2008，11-12頁）。そのことが

参考になる。

◆電子書籍

　マスメディアのなかで最も古い「書籍」の出版においても，デジタル化やインターネット普及の波を受けて「電子書籍」化が進みつつある。

　少し前に流行した「ケータイ小説」や「電子書籍」は，紙の「出版物」というものを失くしてしまう可能性があるかと言えば，やはり出版物は残るであろう。文学的創作や学術的研究書であっても，「電子的データ」の形で表現されたり保存されるものと，「物理的な出版物」の形で表現されたり保存されるものに分かれて共存する，ということである。

　電子的なデータでよい，ということは，例えばネット上にそれが保存されていて，それが必要になったときだけ，「五感」で捉えられる形式＝「(物理的)シニフィアン」として出現すればよい，ということである。個々のデータが必要な場合がどれだけあるかは，データによって異なる。データが必要になったときは，何らかの機械的または電子的「装置」を用いて，そのデータを「シニフィアン」となるように"再生"すればよいのだ。

　これは，現在すでに，ネット上のデータを購入し，それをダウンロードして再生装置に保存するという「音楽」の場合に実現していることと同じである（佐々木，2010）。ただ，「音楽」の場合は，100年以上前から最近まで，「レコード」あるいは「CD」というパッケージに音楽を吹き込み，それを販売・購入するということが当たり前であり，"再生"には別に何らかの「装置」を用いることが普通であったので，販売・購入するものがネット上の電子データに変わっても，それを別な「装置」に取り込むという形への移行が，わりとスムーズに行ったのかもしれない。

　「出版物」に関しては，個々の出版物が物理的に"個性的"あるいは"美的"な形をとっていて，それ自体を愛でる文化があったし，これまでは，紙の「出版物」という形の書籍や雑誌あるいは新聞などは，全体を見通せる「一覧性」があり，すぐにぱらぱらとめくって読むことができて再生装置を用いる必要は

なかったこともあって，電子化という形に対しては抵抗がありうる。
　しかし，今後は「クラウドコンピューティング」がより大規模に実現し，ほとんどの書籍や雑誌の電子データがネット空間であるクラウド（cloud）のなかに置かれる，という形になるかもしれない。特に，出版物としては読み捨てられる傾向のあったコミック雑誌や週刊誌の類がそうなる可能性が高い。
　「電子書籍」は，「著作権」の面から見れば，それをしっかり保護する方向に進んでいるように思われる。デジタル化が必ずしも「個人」の否定という方向に進むとは限らないということである。「電子書籍」が従来からの概念通りの「出版」である以上は，やはり「個人」の権利が重視される。そうではなくて，グーグルのように，すべての「出版物」の存在を"共同財産"のように考え，「知のネットワーク」として捉えるとすれば，出版業のあり方が根本的に変わってくる。

◆デジタル・データ化と何も指示しない（「実体」のない）言葉

　現代は，マーク・ポスター（2001＝1990）が主張するように，「シニフィアン（記号形式）」が増殖し，その流通が盛んになる。「情報」の流通における個々のシニフィアンに対して，必ずしも「シニフィエ（記号内容）」が対応していない，ということである。これは，例えば，シニフィアン＝言葉の場合を考えると，その言葉の「意味」がないということではなく，ポスターの挙げている例からみると，リアルな世界のなかに，そのシニフィアンに対応する「モノ」あるいは「実体」が必ずしもない，ということであろう。例えば，次第に「データ」そのものになりつつある「お金」は，「クレジット情報」が重要になるが，「現金（現ナマ）」は必ずしも必要ない，というようなことである。ネット上では実質的に電子データだけの仮想通貨「ビットコイン」も普及しつつある。これは，国家権力がお墨付きを与えた「通貨」というものを用いないで，ネット上のユーザー間だけで使える（従って手数料が安い）バーチャルなお金であり，日本人が発明したとも言われる「ビットコイン」である（吉本・西田，2014）。言ってみれば，シニフィアンに対応するシニフィエが抽象的なものと

なり，現実社会において物理的な実体を失うということである。「何も指示しない言葉」というのは，そのような具体的な対応物を指示しないという意味だと言えよう。

　これは，シミュラークル化とも言える。実体［現実］との対応を失った，あるいは中身を欠いたシニフィアン（記号形式），言い換えれば，記号の見た目だけのものの流通だからである。ボードリヤール（1984＝1981）の挙げている例を敷衍(ふえん)するならば，外見は伝統を守っているように見せかけているが，実は中身（本来，対応する生活や文化）を欠いたネイティヴ・アメリカンの民芸品のようなものである。シニフィアンは確かにあるのだが，対応するシニフィエは実は存在しない。「伝統工芸品」でありながら，伝統とは切れており，実質を欠いた「記号（符号）」なのだ。しかし，もちろん，飾りとしてインテリアには使えるし，人によっては「本物」と勘違いするかもしれない。

　さまざまなシニフィエ（オリジナル）に対応するデジタル化は，あらゆる情報形式についての「シニフィアン」が同様に数値化（０と１の数列にコード化）されるという意味の「デジタル化」は「マルチメディア化」の基盤でもあり，個々のシニフィエを指示する個性的なシニフィアンが抽象化し，画一化したというふうに考えることができよう。しかしながら，デジタル化によって生じた，そのようなシニフィアンが適切な「メディア装置」のなかでオリジナル情報に変換される（戻される）とき，「シニフィエ」が"再生"される。ただし，それはもとのシニフィエ（オリジナル）の完全な再現ではない。なぜなら，もともとのシニフィエのデジタル化によってシニフィアンが生じた時点で，すでにある種の歪みがあるからである。例として，音楽における音（シニフィエ）をデジタル化（数値化）したCDは，実はもとの音すべてを数値化してはいない。であるから，再生された音は，オリジナルの音とはズレがあるのだ。

◆**ユビキタス・メディアとユビキタス・コンテンツの時代**

　もはや，個々の「メディア」が互いに独立して役割分担する時代ではなくなった。一つの同じコンテンツが，さまざまなメディア装置（デバイス）を通

じて，切れ目なし（シームレス）に利用される。これは，次世代ウェブ技術と言われる HTML 5 を各メディアが採用することで可能になる（小林，2011）。例えば，同じテレビ番組を家の大型テレビ・スクリーンで見始め，それを通勤中にスマホで見続け，会社のパソコン画面で終わりまで見る，ということも可能である。もはや「テレビ」は，独立のメディアではなく，「テレビ機能」に集約され，さまざまなメディアが連なり偏在する「ユビキタス・メディア」の一部になる。

　コンテンツ作りも，個々のメディアに合わせて，その枠組みのなかで見ることを前提とせず，多様なメディアのなかに遍在し，場所や時間を選ばず，さまざまな機会に利用することが普通になる。前項で見たように，すでにテレビとネットとの関係では，アメリカなどでは，かなり前から相互乗り入れや融合の方向に進んでいた。ただ，日本では，既成のテレビ局の既得権益が大きく，それが阻害要因になっている。また，ラジオは，久しくその生き残り策が模索されてきたが，災害時などでの機動性が見直されており，やはり「ラジオ機能」として，さまざまなデバイスのなかに生き残る。デバイスの形はいろいろと工夫され，柔軟で薄い膜状の携帯型のスマート・メディア（情報端末）で新聞や雑誌が読め，テレビを見る日も近いであろう。

◆ユーザー中心のメディア開発・利用へ

　メディアの開発に関して，従来から，日本では「テクノロジー至上主義」が目立つ。その技術さえ素晴らしければ受け入れてもらえるとする。しかしながら，ケータイが「ガラパゴス化」（吉川，2010, 32-33頁）し，「ガラケー（ガラパゴス・ケータイ）」と呼ばれたように，そのケータイはほとんど日本でしか利用されることはなく，しかも，その日本でも，日々ケータイを利用していても，実際にはメールやゲームの利用の頻度が高く，高度に進化したケータイの諸機能を必ずしも使いこなせてはいなかったと言える。

　実際に何らかのメディアが普及するかどうか，また，普及したメディアがどのように利用されるかに関してはユーザーが主導権を握るが，メディアの開発

では，ユーザーに近い（むしろ，ユーザーより少し先を行く）感覚をもった人が，そのようなメディアを作り出せる。アップル社のスティーブ・ジョブズは，まさにそのような感覚の持ち主ではなかったか？

　スティーブ・ジョブズは，決して"技術的"な意味で斬新なメディアを造り出したのではない。むしろ既成の優れた技術の「寄せ集め」を斬新な「コンセプト（概念枠組み）」という形にまとめ上げた点が新しい。技術だけのレベルを考えれば，日本のガラケーは実はとても高度なレベルに達していた（夏野, 2011）。それに対して，スティーブ・ジョブズが立ち上げた新たな商品は，中身よりはむしろ外見や操作のしやすさ，そして，その使われ方が新しいのである。iPodしかり，iPhoneやiPadも同じである。そして，これらの新たな「情報端末」は，それぞれ単独で機能するというよりは，相互に結びつき，「ネットワーク」のなかでシームレスに活用されることが期待されるのである。

◆生活空間の広がりとコミュニティ

　あらゆるメディアがインターネットを通じて，広く世界とつながる様相を示している（これ自体は「グローバリゼーション」の一環でもある）。「デバイス（装置）」としての「情報端末」も，一面では"多様化"しているが，あらゆるデバイスで"同じ"情報を切れ目なくシームレスに得ることが可能になりつつある。さまざまなメディアのそれぞれの機能が各メディアと一体のものではなくなり，スマホのような情報端末で用いることもできるし，家庭の大型スマートテレビ画面で用いることもできるようになる。

　情報端末の利用によって，いろいろな「コミュニティ」とつながりうる。グローバルなコミュニティともつながることができる。しかしながら，顔を合わせることもないバーチャルなコミュニティだけで「生活」が成り立つわけではない。実際には，リアルな「物流」に依存しているし，生活の拠点は物理的なコミュニティに置かざるを得ない面がある。精神的な面でも，特に東日本大震災後に高まった「絆」への希求が，広い範囲でのコミュニティだけでなく，ローカルな「地域コミュニティ」の重要性を高めている。

かつての「ムラ社会」では，人びとは互いに顔見知りであり相互扶助的な生活をしていたが，今日もリアルな人間関係がなければ，孤立しかねない。そのようなリアルな人間関係の形成や維持にも，多機能で簡便な利用ができるモバイルの情報端末が役立つのか，今後，そのような視点での研究が必要になるであろう。

2 モダン・メディアのハイブリッド的利用〜新聞とテレビ〜

モダン・メディアの代表であった新聞やテレビも，もとの機能を残しつつ新たなポストモダン・メディアに"移行"する。具体的には，ポストモダン・メディアのプロトタイプと言うべきインターネットやその情報端末と"接合"や"融合"という形で「ハイブリッド化」するのである。

◆ジャーナリズムへの不信〜「真実」と「虚偽」のハイブリッド〜

従来は，ジャーナリズムは「真実」を追求するものであり，新聞やテレビなどのマスメディアは「信頼」に値するものとされてきた。ところが，21世紀に入り，インターネット利用が普及し，特に2006（平成18）年頃からのウェブ2.0以降の段階では，ネットが一般の人にも容易に使える「オルターナティヴ（alternative）」なメディアとなり，それまでのマスメディアに対する潜在的な「不信」が噴出するようになった。いわゆる「マスゴミ（塵）」という見方である。

特にアメリカの主要新聞は，既成のエスタブリッシュメント（支配層あるいは既得権層）を代表するものとされてきたのであるが，2016（平成28）年のアメリカ大統領選で共和党候補に選ばれたドナルド・トランプが，そのような新聞ジャーナリズムへの不信感をあらわにし，自らは「ツイッター」を多用して，自分の考えを次々に発信し，既成のジャーナリズムがその言動に対して批判をくりひろげたにもかかわらず（あるいはそれ故に），優勢だと思われた民主党候補ヒラリー・クリントンを下して，大統領に当選してしまった。

この結果，従来からの世論調査は，必ずしも正確に全米の世論を反映してい

なかったのではないかという不信感が改めて喚起されただけでなく，そのような調査をもとにしたジャーナリズムに対しても不信感が高まった。もともと，権力側とマスメディア側は対立する面があったが，トランプ政権ではついに，マスメディアが，従来通りの公正な手続きにもとづいて検証したとする「事実（fact）」に対しても，「もう一つの事実（alternative fact）」があると抗弁することが起きるようになった。

◆「フェイクニュース」や誤情報の氾濫

　もともと，インターネット上の情報は「玉石混交」だとされてきた。つまり，重要で正しい情報ももちろん存在するが，それ以上に些末で価値のない情報あるいは誤った有害な情報が無数に存在している。

　インターネットが情報源として存在感を増し，新聞やテレビあるいは雑誌などのマスメディアの存在感が相対的に薄くなるにつれて，ニュース情報源としてもインターネットの比重が高まった。しかし，従来は，ネットの情報も，結局のところはマスメディアをソース（情報源）とすることが多かったので，最終的にはマスメディアの情報を信じるという結果になっていたと思われる。

　ところが，最近になって欧米では，存在感をさらに増すようになったインターネットのニュースサイトにおいて，"虚偽"の内容を含む「フェイクニュース」が掲載され，ユーザーがそれを信じ込むという現象が現れてきた。これは，すべてが嘘なのではなく，事実に混じって嘘が配置されているだけに，嘘だと見抜くのが難しい面がある。

　特に，2016（平成28）年のアメリカ大統領選挙の結果に，そのような嘘のニュースが影響したのではないかという懸念が生まれた。例えば「ローマ法王がトランプ氏を支持した」などの根拠のないニュースが，フェイスブックやグーグルのサイトを通じて広まったという（『朝日新聞』2017年3月4日，社会欄）。この問題については，マスメディア側もネット側も「ファクトチェック」を行う仕組みをつくるなどの対策に迫られている。

　日本でも，フェイクニュースではないが，DeNAなど大手のIT企業が

「キュレーションサイト」として，ネット上の情報をまとめるサイトを運営していたが，例えば医療・健康情報のまとめ記事に不正確なものが多かったため，サイトそのものを公開中止にするといった事件が起きた（『朝日新聞』2016年12月6日，経済欄）。これは，経済的な収益第一で，記事を専門知識のない筆者に依頼してコストをかけないようにしていたことなどが原因であった。

◆衰退する欧米の新聞

　民主主義の本場であるイギリスやアメリカを含め，欧米において，その民主主義を維持あるいは強化するのに不可欠とされてきた新聞が，次々に倒産し，その数が減少していると言われる。

　アメリカには，全米紙のようなものは少なく（発行部数数百万部の『USAトゥデー』や経済紙の『ウォール・ストリート・ジャーナル』くらいである），基本的に「地方紙（ローカルペーパー）」ばかりである。有名な『ニューヨーク・タイムズ』や『ワシントン・ポスト』もそうである。ただ，これらの有名紙は，地元を超えて購入されるので，発行部数は100万部近いが，たいていの地方紙の発行部数はせいぜい数十万部である。

　地方紙で発行部数はそれほど多くなく，日本と違って宅配の比率は低く，収入は新聞に掲載される「広告」に大きく依存している。その結果，収入額は景気の動向に左右されるなど，経営基盤はもともと弱い。最近では，比較的発行部数の多い地方紙であっても，他業種の企業の傘下に入ることが多く，赤字が嵩めば売りに出される可能性も高い。

　近年は，インターネットの影響だけでなく，2008（平成20）年のリーマンショック後の不景気の影響もあり，地方紙の経営は良くなく，伝統ある新聞でも倒産に至るケースが少なくない。イギリスでは，主要5紙の一つ『インディペンデント』やロンドンで人気の夕刊紙『イブニング・スタンダード』のいずれもが，ロシアの富豪に買収されたという（鈴木，2010，90-91頁）。フランスの『ル・モンド』と『フィガロ』は日本でも知られた伝統ある新聞であるが，いずれも約34万部と，日本の地方紙並みの発行部数でしかなく経営基盤が弱い

ため，いずれも軍需産業あるいはその系列の資本下におかれたという（同書，94-95頁）。

◆民主主義の基盤としての新聞ジャーナリズム

　衰退しつつある欧米の新聞ではあるが，特にイギリスやアメリカでは，伝統的に「新聞」は「民主主義」の要として，その存在の重要性は広く認識されてきた。民主主義を担うのは，世の中や政治について幅広い知識や見識をもつ「市民」であるが，そのような市民を啓蒙してくれるのが「新聞」なのである。特にアメリカでは，新聞の重要性が謳われてきた。有名なのは，後に第三代大統領になるトーマス・ジェファーソンが，「新聞のない政府」と「政府のない新聞」のどちらを取るかと言われれば，断じて後者の「政府のない新聞」を取ると述べたという逸話である（同書，84頁）。ただし，ジェファーソンは自分が実際に大統領になってからは，新聞の存在に悩まされたらしい。それだけ，アメリカにおいては，新聞が使命感をもって権力の監視と批判を行ってきたと言える。また，アメリカにおける「言論の自由」を保障しているというアメリカ合衆国憲法修正第一条は，ジェファーソンが成立させたものだという（同）。

◆まだ危機的水準にはない日本の新聞

　日本の新聞の経営基盤は，イギリスやアメリカのそれとはかなり異なっており，次第にその基盤は弱くなりつつあるとしても，現状ではまだまだ危機的な水準には至っていないと思われる。

　日本の大手全国紙（『読売新聞』や『朝日新聞』『日本経済新聞』など）の経営基盤は，新聞に掲載されている広告収入と高い比率の「宅配」による新聞自体の販売収入，および，宅配の新聞に挟み込まれる地域の「折り込み広告（チラシ）」収入の3本柱である。日本の新聞は株式の公開をせず，経営状態について外部から知ることが困難と言われる。若者の新聞離れが言われる近年，宅配される部数が減少しているとも推測されるが，中高年層の世帯では相変わらず宅配率は高いと思われる。河内孝によれば「広告収入と販売収入のバランス」

は，1990年以降，おおむね3対7だという（河内，2007年，18頁）。この数字は，日本の新聞がいかに宅配に依存しているかを示唆しているが，他方で広告の比重が低いので，欧米ほど景気の動向に敏感に左右されないことも推察できる。それ故に，メディアとしての新聞の将来についての危機意識も，まだそれほど強くないと言えよう。

◆新聞の電子版とその有料化〜紙とネットのハイブリッド〜

アメリカでは，メディア王ルパート・マードックが，2007年にアメリカの有力紙『ウォール・ストリート・ジャーナル』を手中に収めたあと，『USAトゥデー』を抜いて発行部数で首位に立った（鈴木，前掲書，124頁）。「NYタイムズとは異なり，オンラインですべての記事を閲覧できる会員購読を，1996年のサービス開始当初から有料としてきた」（同）。結果として経営状況は良く，「200万部を超える発行部数のうち，インターネット版の有料会員数は実に120万部を占めている」（同）という。ただ，その他の大手の新聞が必ずしも電子版の有料化には踏み切っていないので，アメリカの新聞業界が今後どのような状況になるかはわからない。

日本でも，すでに1990年代の後半から「国内の全新聞がネット版を持つに至ったが，それらはすべて無料で閲覧できた」（武田，2017年，132頁）という。日本における新聞の電子版の有料化は，日本経済新聞が最初である。スクープ合戦ではテレビに負けていた新聞であったが，ウェブ版をもつことでスクープを出すことも可能になったり，記事の内容や出すタイミングを「紙と電子版で臨機応変に使い分け」（同書，134頁）たりして，ニュース報道に厚みをもたせるという利点があるようだ。まだ日経電子版の購読者は43万人（2015年7月現在）だというが，国内最大規模であり，国際的にみても多いようだ（同）。つまり，「紙」と「ネット」のハイブリッド利用で効果があるということである。

◆「マスメディア集中排除原則」に反する日本の新聞

言論の多様性を確保し「言論の自由」を保障するには，メディアがそれぞれ

独立している必要がある。そのためには，一つのメディアが他のメディアを所有し，支配するようなことがあってはならない。例えば，新聞社がテレビ局を所有するようなことはダメである。これが「マスメディア集中排除原則」である。欧米では，これが貫かれている。

　日本でも，1959（昭和34）年の郵政省令によって，この「原則」が示されている（河内，前掲書，106-107頁）。しかしながら，事実は逆で，日本の全国紙は，それぞれ民放テレビ局と資本面で「系列化」している。具体的には，つぎのような繋がりである（同書，113頁）。

　　読売新聞―日本テレビ，朝日新聞―テレビ朝日，毎日新聞― TBS，
　　産経新聞―フジテレビ，日本経済新聞―テレビ東京

　データは古い（2004年）が，「地上波127局のうち約30％の局の筆頭株主が新聞社，27％がテレビ局［以下省略］」（同書，114頁）であり，そのことが「大手紙の社長達が，『新聞は衰退するかもしれないが、当分はテレビで食える』と余裕をみせる裏付けが、この持株比率に表れてい」る（同）という。

　しかしながら，より大きな本質的な問題は，河内孝も述べているように「『特定の事業者（新聞や放送局）が複数の放送局を支配することを許さない』方針そのものが、空洞化している」（同）ということである。

◆ソーシャル・メディアによるテレビ視聴形態の変化

　かつてテレビは，"家庭"のメディアであり，"日常"の生活のなかで何か別なことをやりながら並行して見る「ながら視聴」がその"本質"であると考えられてきた（小林，2005，137頁）。つまり，テレビ・スクリーンの前に座って注意を集中して番組だけをじっくり見るというよりは，ちょっとした家事（炊事や洗濯など）をやりながら，あるいは新聞・雑誌を読んだり，勉強をしながら見るというようなことがとても多いメディアであった。

　しかしながら，それはテレビの姿のすべてではないことも明らかである。テレビ史上で高い視聴率を得た番組としては，オリンピックやサッカーのワールドカップなどの特別なスポーツ中継番組や大きな事件（例えば，1972［昭和47

年の浅間山荘事件の現場からの生中継）を挙げることができるが，その場合には，多くの人びとがテレビの前に陣取り，固唾をのんで見守るということが起きた。場合によっては，家庭のテレビの前に家族（あるいは友人も）が集まって，何か感想を述べたり，コメントをしながら見ることもある。

　後者のようなテレビの見方を，家庭内にとどまらず，それ以外の人びとと共有しながらできるようにしたのが，ソーシャル・メディアの存在である。例えば，ツイッターを用いて，あるドラマを見ながら，その感想をつぶやくことで，まだそのドラマを見ていない人びとに興味を抱かせ，結果として視聴率を相当に高めるという現象が最近は起きていると言われる。

◆日本のテレビの現在：(1)報道
〜テレビとインターネットのハイブリッド化 ①〜

　日本のテレビは，1950年代の草創期から，報道の面では新聞に大きく依存してきた（一般の人びととの間でも，新聞に対する信頼度は高かった）。テレビは当初，速報的なニュース取材の力は貧弱であった。草創期には，新聞社が取材した内容をテレビで「ニュース」として読み上げるというようなことがなされていた（まだビデオは使われておらず，映像は数日遅れで紹介されるフィルムに記録されたものであった）。その分，よりじっくり時間をかけてフィルム撮影やインタビューを行い，対象に迫る「ドキュメンタリー」に，テレビ史の初めには見るべきものがあった。例えば，1960年代にNHKで放送されていた『日本の素顔』『新日本紀行』などは，評判が高かった。

　現在は，一般に多くの人びとが，新聞に代わって，ニュース源として「インターネット」を利用することが増えたが，最近の日本のテレビでも，情報源としてインターネットを用いることが目立つようになった。例えば，毎日のニュースショー番組において，インターネットで話題になったニュース項目をランキングで紹介し，それに関連した映像を流したり解説を加えるというようなコーナーがある。また，同じくニュースショー番組において，番組に関してツイッターでつぶやかれた内容をテレビ画面の下側に表示するなどの利用法が

目立つ。もちろん，インターネットの側でも，テレビで放送された内容（多くは部分的だ）が，そのままYouTubeにアップ（＝アップロード）されたり，ツイッターなどでも，いろいろな形で取り上げられて話題になるということはある。現在は，テレビとインターネットが互いに利用しあう形で相互依存しており，視聴者（ユーザー）側から言えば，2つのメディアをハイブリッド的に（組み合わせて）利用しているとも言える。

◆日本のテレビの現在：⑵ドラマ番組 〜テレビとインターネットのハイブリッド化②〜

　日本のテレビ番組のうち，かつては，最高で30％以上もの視聴率を記録していたのが，多くのドラマ番組であった。テレビの最盛期とも言うべき1980年代（その後半はバブル経済の時期）から1990年代には，「トレンディドラマ」と言われるような，おしゃれな都会的生活者たちの恋愛や不倫の物語が繰り広げられた。特に，1990年代には主題歌とのタイアップが盛んで，ドラマの視聴率が上がるとともに，主題歌のCD売り上げが最大でミリオン（100万枚）やダブルミリオン（200万枚）を記録し，主題歌の魅力がドラマへの関心を喚起するというような相乗効果がみられることが多かった。

　しかるに，1990年代におけるインターネットの普及以降，しだいに「テレビ離れ」が進んだが，特に10代から30代前半までの若者に波及し始め，とりわけドラマの視聴率の低下につながっている。近年（2010年代）は，ドラマ番組の視聴率は，最も高いものでも通常はやっと20％を超える程度になっている。

　ただ，時折，毎週の連続ドラマ（3か月＝ワンクールで10〜13回の放映）が，最終回が近づくにつれて，急激に視聴率が上がるという現象もみられるようになっている。これは，SNSの普及に伴うもので，一部のドラマに対する好意的な評価が，ツイッターという口コミで拡散されて徐々に視聴率が上がったり，番組の放映中にその内容や感想を実況中継のようにつぶやくことで，関心をもった他の人びとがそのドラマを視聴するようになる，ということがある。

　21世紀に入ってからの日本のドラマとして最高の視聴率を記録したのは，

2013（平成25）年9月にTBSで放送された『半沢直樹』最終回の42.2%（関東地方）であり，同じ年の上半期にNHKで放送された朝の連続テレビ小説（「朝ドラ」あるいは「連ドラ」）『あまちゃん』も大きな反響を呼んだが，いずれもツイッターが視聴率の底上げに寄与したと思われる（『朝日新聞』朝刊，2013年9月29日及び5月8日）。

ネット上のコミュニケーションにおいては，そもそもテレビ情報や番組を「ネタ」とされることが多いことが言われており（中川，2009），ツイッターによるテレビ関連メッセージの「拡散」が今後も行われ，テレビの社会的位置づけを強化する機能を果たすことが予想される。

◆日本のテレビの現在：(3) バラエティ番組
〜テレビとインターネットのハイブリッド化 ③〜

日本のテレビでは，最近，お笑い芸人の登場する所謂「バラエティ番組」が花盛りである。この「バラエティ」という言葉は「多種・多様」という意味であるが，本来は，かつてアメリカで絶大な人気を誇った『エド・サリヴァン・ショー』（1948-1971年CBSで放送）のように，歌ありダンスあり曲芸や漫談・コントありといった，多種多様な演芸を見せる番組である。日本では，本来のバラエティ番組から歌やダンスが消えていったというか，音楽番組が別個，独立していったと言えよう。

日本のテレビでは，特に1980年代に，ツービート（ビートたけしとビートきよし）やB＆B（島田洋七・洋八）らの大活躍で「漫才ブーム」が起きた。そのブームが沈静し始めた後，昼の帯番組（月-金）として『笑っていいとも』（1982-2014年フジテレビで放送）が始まり，タモリらのお笑い芸人がテレビの顔として定着する。

1990年代には特筆すべきものはないが，2000年代以降は，お笑いが再びブームとなり，漫才やコントの日本一を競うような特別番組も現れる。『M-1グランプリ』（テレビ朝日系列）や『キングオブコント』（TBS）である。現在は，お笑い芸人がもてはやされ，いろいろな番組のMC（司会）をやったり，ドラ

マに出演したり，活動の幅も広がっている。

　お笑い芸人たちは，テレビで人気を博すと同時に，ネット上でもブログやツイッターあるいは写真の投稿をメインとする「インスタグラム」などでも人気を得，そのフォロワー数が100万人を超える場合もある。例えば，「インスタグラムの女王」は，有名歌手ビヨンセのものまね芸人である渡辺直美であり，フォロワー数は140万人に達している。

◆インターネット配信テレビ 〜テレビとインターネットのハイブリッド化④〜

　最近，テレビの視聴率が全体的に低下しているが，これは，「テレビ」というメディアを見ることが，（若者だけでなく）全体的に減っているというよりは，地上波・BS・CS・ケーブルといった，もともとテレビ向けの「伝送路（チャネル）」で番組を見ることが増えるとともに，インターネットという伝送路を使ったさまざまな「テレビ放送」も存在するようになり，携帯端末での視聴が増えてきたということが大きいであろう。そもそも，「視聴率」というのは，視聴者が，地上波のテレビ番組をリアルタイムにどれくらい（何パーセント）の世帯で見ているか，ということを測るためのものであった。その場合，民放にとっては，番組とともにCMが見られていることが重要な前提であったし，NHKにとっても，受信料をとっているだけに，番組が多くの人びとに見られている（支持されている）ことを証明する必要があったのだ。CM以外の有料テレビ放送（あるいは，地上波であっても，個人的にテレビ番組を録画して見る行為）は，視聴率の対象外なのだ。

　インターネットを用いてテレビ番組として配信されるものとしては，①国内の地上波等で放送されたが見逃してしまった最近の番組や，過去に放送された番組を見るものと，②海外のテレビ番組や過去の劇場映画をみるもの，さらには③インターネットの配信用につくられたオリジナルのテレビ番組，といった種類のものがある。同じサービスで，①〜③のうちいずれか，あるいは複数のものを見ることが可能である。現在，さまざまなサービスが存在してい

る。例えば、NHK オンデマンド（有料）、民放の TVer（ティーバ、無料）、NETFLIX（ネットフリックス、有料）、Hulu（フールー、有料）、U-NEXT（有料）、DMM（無料）、AbemaTV（無料）などがある。

◆インターネットで見るテレビ

　海外ではすでに、インターネットでテレビを見ることが可能な「ネット同時配信」は実施されている。イギリスとドイツでは、「公共放送の全番組が同時にネットでも流れる」（『朝日新聞』2016年11月12日）。この場合、ネット視聴は無料であり、過去の番組も見られるという。ただし、地方局は経営難に陥る可能性を懸念している。また、結構高額な負担金や受信許可料を支払う義務がある。

　日本ではようやく、この「ネット同時配信」に大手民放テレビ局が前向きになり、2020年までに実現しそうだという（『朝日新聞』2017年4月4日、社会欄）。ただし、地方局は経営難に陥る可能性を懸念している。また、NHK が同時配信可能になるためには、放送法の改正が必要だという。

　もっとも NHK は、インターネットでテレビを見る時代に備えて、着々と手を打っている。民放より早く「見逃し放送」や「オンデマンド放送」を実現している。ただし、英独と異なり、有料である。また、視聴者が、リモコンのdボタンを押してクイズなどに回答することで、番組に参加することを奨励している。ただし、これは、テレビ受像機が、何らかのプロバイダーと契約して、インターネットと接続していることが前提である。

　既存の地上波局とは別に、インターネットで有料のテレビ番組をみることは、日本でも実施されている。例えば、Abema TV は、テレビ朝日と IT 企業のサイバーエージェントが資本を出して設立したインターネットテレビ局であり、「スマホテレビ局」をうたっている（『朝日新聞』2016年4月12日、経済欄）。

◆スマートテレビ〜テレビとインターネットの融合〜

　「スマートテレビ」は、単に、いろいろな伝送路でテレビが見られるように

なるだけでなく，テレビ受像機と同じ画面上で，テレビを見ながら，リモコン操作でアイコンをクリックして，例えばツイッターでつぶやいたり，友人を呼び出し，友人とテレビ電話しながら，スポーツ競技の楽しみを共有する，などといったことができる。つまり，同じ機械のなかに，テレビ機能とインターネットの機能が完全に不可分に入っている（切り替えなくても同時に機能しうる）のが，「スマートテレビ」である。欧米や中国などでは，ある程度の普及がみられているようだが，日本ではほとんど普及していない（西田，2012）。日本では，相変わらず技術至上主義で，メーカーはテレビ画面の高画質にこだわっており，ハイビジョンの数倍の解像度を誇る4Kや8Kといったテレビの開発と実用化を目指しているが，家庭用としてはほとんど不要と思われる（医療や芸術の方面では意義はある）。

3　メディアのハイブリッド化の先にあるもの

今後，すべてのメディアは，相互に関連しあい相乗的な効果を発揮することになるであろう。そのような状況下で，従来の新聞やテレビ等は生き残っていけるのか？　それとも，今とは別な形で生き残っていくのであろうか？

◆マスメディアとマス文化の消滅

モダン期には，多人数で同質的な「中間層」を中心とした「大衆（マス）」が存在すると仮定され，それらの大衆（マス）の支持する画一的な文化である「大衆文化（マスカルチャー）」があり，実際，売り上げが数百万部に達する書籍やマンガ単行本のベストセラーやミリオンセラーのレコードなどの大衆現象が頻繁に出現した。そのようなマスカルチャーは「マスメディア」の存在が基盤になっていた。しかしながら，もはや同質的な「大衆（マス）」は存在しない（経済的な階層格差が大きくなり，中間層が減っている）し，その結果として既成の「マスメディア」も次第に消える運命にあるのかもしれない。

映画界は，ハリウッド映画も邦画も，かつては「垂直統合スタジオ・システム」によって，映画製作の最初（上流）から最後（下流）まで，限られた数の

映画会社（スタジオ）によって"寡占"されていた（第3章参照のこと）。しかしながら，現在は，そのような寡占システムは崩壊し，多様な場所や人びとや資本によって製作されるようになっている。特に日本では，個々の作品毎の「製作委員会」方式の映画製作が定着した。邦画の大手映画会社は，かつては個々に広い「撮影所」を抱えていたが，それも現在ではほとんど失われてしまった。

ポストモダン期には，中央集権的に統一されたものや「マス（大衆・大量・塊）」は，以前のようには存在しなくなる。ふりかえれば，1980年代後半に，マスメディアの受け手や流行現象の担い手としての大衆（マス）が"分化"するという「少衆化」（藤岡，1984）や「分衆」（博報堂生活総合研究所，1985）現象が議論された。その後も大衆現象が起きたことはあったが，大きな潮流としてのマスメディアの受け手の「細分化（セグメンテーション）」は，その頃から始まっていたのであろう。そこに，突出した強い「個性」も生まれにくい。しかしながら，逆に，新たな「つながり」にもとづく"共同"あるいは"協力"（コラボレーション）が生じる可能性はあるのであろう。

◆新聞離れ

一般にインターネットでニュースを知ることが増えていけば，必然的に，新聞をとる人は減ってくる。将来，今のような「宅配」制度が崩壊すれば，新聞の発行部数は激減するであろう。その減少分を新聞の「デジタル化」による「インターネット配信」によって補えるのかどうか？

そもそも，若者は，実家に居る間は，宅配される新聞を読んでいる可能性はあるが，一人暮らしになると，新聞を取らなくなることが多いと思われる。その分を有料のネット配信で読み続けるかは相当に疑わしい。

◆知識の必要性と新聞の役割

もはや，記憶している「知識の量」を誇るべき時代ではない，という声が聞こえてきそうだが，「啓蒙」や「教養」は必ずしも"量的"な次元のものでは

ない。それに,「知識の量」だけが称賛された時代など実際にはない。今後も,新たな知識の正否を判断したり,行動の指針をもつために,単なる経験・体験・データの収集だけでなく,それらと照合できる質的に優れた(体系的とか論理的あるいは,場合によっては,詩的・文学的などの)知識の蓄えが必要であろう。一見,"無駄"と思える知識が,新たな状況を理解したり,新たな問題を解決するのに役立つ,あるいは悪い状況を改善する方向を示唆してくれる。"新しい"知識の形成も,古い知識が基盤になって生まれることがあり,全く関連のなさそうな知識がヒントになる場合もある。

◆テレビ離れは「テレビ受像機」離れにすぎない？

　テレビ離れは,20代の男子については1980年代の後半から,その兆候はあった。ただ,そもそも若い頃は,家にこもってテレビを見るという行動パターンは,それほどとらないものである。現在は,より高い年齢層あるいは女子の間でも,「テレビ離れ」は起きているのだろうか？

　2011(平成23)年7月に地上波がデジタル化(「地デジ化」)されたが,それを機会にテレビを見るのをやめた(あるいは,やめざるをえなかった)人も多いと思われる。特に,高齢者層で,新たにデジタルテレビ受像機を買う余裕のない人びとも少なくない。しかし,基本的には,中高年層では,今でも「テレビ視聴」が一番の娯楽手段になっているので,全般的には「テレビ離れ」は起きてはいないと言えよう。

　問題は,やはり若年層である。例えば,最近の大学生は,入学に際して一人暮らしを始めるような場合でも,以前と違って,必ずしもテレビ(受像機)を買わないと言われる。スマートフォン(スマホ)やタブレットあるいはPCがあれば,テレビ番組を見ることが可能ということもあるし,在宅でテレビを見る時間があまりないという事情もあるだろう。スマホでテレビを見られると言っても,テレビを見るという行為を外でも必ずしもするわけではないであろう。また,ニュース等の情報源として,スマホの「ニュースアプリ」を利用することも多いので,いずれにしても,以前と比べて,特に若年層で,テレビの

情報源としての価値が低下していることは明らかである。

今後も，ニュースなどを知る，あるいはドラマ番組を見るなどの「テレビ機能」は求められるであろうが，それが「テレビ受像機」によって満たされる必要はない。モバイル機器は今後も使われるであろうから，テレビ機能がそれによって満たされる可能性は高まり，家でテレビを見ないという形の「テレビ離れ」は増加するかもしれないが，家族を持てば「一家団欒(らん)」の手段としてのテレビ視聴が復活することもありうるであろう。

◆皆が同じような社会的情報をもつ必要性とテレビの有効性

ニコニコ動画のような映像の「参加」的な見方は，一見，"集団的"な見方そのもののようである。しかし，それは，例えば，かつてあったと思われるリアルな「家庭の団欒」のようなものではなく，むしろ「"不特定多数"のみんなとの情報共有にもとづく共感」であり，情報の「共有」や「共感」が即時的であり，「臨場感」もあるが，実はバーチャルである。ネットを介した臨場感であり，何らかの「一体感」は得られる。しかし，その「臨場感」は，クイズ番組ならば，自分と同じ正解（あるいは不正解）をした単なる「人数」という形あるいはその象徴的な表現と同じかもしれない。

もしインターネットが，完全にマスメディアに取って代わるとすれば（そんなことは当面ありえないが），個々人（大人たち）が自らの興味・関心に従って社会的情報をもつようになり，社会的情報の共有ということがなく，結果的に，共通の"擬似環境"をもつことがなくなってしまうであろう。そうなれば，「社会的問題の共通認識」がなくなり，「社会的意思の疎通」というようなものもなく，現実社会は事実上，バラバラになるかもしれない。もちろん，法制度や経済制度などの統一は維持されるであろうから，"崩壊"にまでは至らないであろうが，「一体感」や「連帯感」などの"共感"レベルでのつながりの薄い社会となろう。

これまでマスメディア（特にテレビ）が果たしてきた「注目の焦点」としての役割を演じる存在がやはり必要なのではないだろうか？　もちろん，時々

刻々とそのような焦点は移動するのであり，それが多様であることはもはや不可避であり，かつて「国民統合メディア」であったテレビの復活のようなことはないであろうが，新聞やテレビあるいはさまざまなインターネットサイトも含めた諸メディアのなかに，ある程度の「まとまり」や「統合」を生み出す「代表サイト」的なメディアが必要になる時代が来ると同時に，必要に応じて，そのサイトに権力が付与されることがあるかもしれない（テレビも一つの「候補」としては考えられる）。

また，一家団欒的なテレビの見方は，「スマートテレビ」では可能なようにも思われる。これは，家庭に設置された"大画面"のテレビを家族そろって見ることが可能であると同時に，そのテレビに組み込まれたネットのSNS機能を利用して，例えば友人家族とともに"同じ"番組を同じ場に居て"交流"しながら見るというようなことができるとされる。ただし，これはテクノロジー的に可能だということであって，実際にそのように使われるかどうかは，「家庭の団欒」や「友人との交流」といった欲求やその価値についての考え方が，今後存在（あるいは復活？）するかどうかといったことによるであろう。テクノロジーだけですべてが決まるわけではないことははっきりしている。

◆広告の変化

「広告」は，長い間，「マスメディア」に伴うものであった。かつて福澤諭吉は1883（明治16）年に自ら発行していた新聞『時事新報』の社説で「新聞広告」のすすめを書いた（HP「新聞広告の歴史」）。テレビ時代になって，「CM」が広告の王様になった。インターネットが普及し始めてもすぐにはインターネット上の広告が大きな力をもったのではなかった。その初期の頃には，ホームページの「バナー広告」が主なものであり，インターネット・ユーザーによってクリックされるのをただじっと待っていたのである。ネット上の広告にそれほどの効果があるとも見えず，インターネットにおけるビジネスは，どのように「課金」すべきか悩んだ時期があった。梅田望夫は，ネットの発展により，「『不特定多数無限大の人々から一円貰って一億円稼ぐ』ネットビジネスは現実

味を帯びてくる」(梅田, 2006, 19頁) と述べていたが, 振込コストのことなどを考慮すると, このような想定はいまでも"非現実的"である。なかなか, 情報の適切な対価をもらって儲けるのは難しいであろう。

しかし, インターネット広告は, 次第に伸び率が高まり, 「2005 (平成17) 年は, グーグルとヤフーの広告収入が, 米テレビ三大ネットワーク (ABC, CBS, NBC) のプライムタイム広告収入とほぼ拮抗するだろう」という英『エコノミスト』(同年4月30日号) の予測があり (同書, 17頁), 日本では「2004年にインターネット広告がラジオ広告を超え, 2008年には雑誌広告を超えると予想されている」(同)。だが, まだ「世界中のメジャーメディア (新聞, 雑誌, テレビ, ラジオ, 映画, 屋外, インターネット) の広告総額は約37兆円だが, そのうちインターネット広告は, 2007年にようやく2兆円に到着する程度」(同書, 17-18頁) にすぎなかった。

しかるに, ほとんどすべての収入をネット上の広告に頼るという方針を打ち出した検索ポータルサイトの「グーグル」が普及し, 検索結果とともにそれに関連した広告を表示できるというテクノロジーが力を発揮し始めた。グーグルは, ウェブ上のすべての情報を集めて整理し, 即座に検索ができるようにしたことで, とにかくより多くのユーザーを自己のサイトに集めることによって, 広告が効果をもつことがわかるようになったのである (NHKスペシャル取材班, 2009)。

ただ, そのグーグルでさえも, ソーシャル・メディアの誕生・普及には当初ついて行けなかったという。ソーシャル・メディアの情報がウェブ上にないことによって, ネット上の情報の多くを把握できず, 広告に関連させることができなくなったのである。今や, むしろ「ソーシャル・メディア」自体が「広告メディア」化しているとも言える。

◆デジタルネイティブの時代

今後, メディアの利用という点では, 既存のマスメディアだけでなく, インターネットを経由しクラウドを利用する, さまざまな情報端末を活用できるリ

テラシーをもった世代が中心になっていく。それらの世代は「デジタル・ネイティブ」（タプスコット，2009）とも呼ばれる。橋元良明は，この語がアメリカのジャーナリストであるマーク・ブレンスキーが2001年にある雑誌のエッセーで使ったことを初出とし，彼が最近の学生について，コンピュータ，テレビゲーム，インターネットの「デジタル言語」の「ネイティブスピーカー」であり，「デジタルネイティブ」と呼ぶのがふさわしいと述べたことを紹介している（橋元，2011，149頁）。

　橋元によれば，日本では1976年生まれ以降がデジタルネイティブに相当するとし，デジタルネイティブを西暦での誕生年から「76世代」「86世代」「96世代」の「世代コーホート」に分けてその特徴をまとめている（同書，146頁）。76世代は，「大学生時にインターネットの商用サービスがスタートした，ネット世代のはしり」（同書，149頁）であり，IT起業家が多く誕生したが，四六時中，心の回路がつながっていることを確認することで安らぎを覚える親密な友人，すなわち「ケータイフレンド」的なつきあいは好まない傾向にあるとする（同書，148頁）。86世代は「10代で携帯ネットを駆使し始めた最初の世代」（同書，150頁）である。96世代はパソコンによるインターネット利用時間のうち27.5％が「ネット経由の動画を見る」（同）が，この比率は他の年齢層に比べ際だって高いなどの特徴があり，「ネオ・デジタルネイティブ」と呼び分けることができるとする（同）。

　このような"新しい"世代の説明を読むと，いかにも，これまでとは"異質"で"新しい"人間が生まれているかのようであるが，それは，異質な要素が強調されているからでもある。例えば，96世代は「ネット経由の動画を見る」ことが多いとは言っても27.5％にすぎない。とても多く見ているわけでもない，テレビを見るなど，他の世代と同様な行動の部分の方がずっと多いのである。本来，世代交代は徐々に進むものであるし，平和な時代においては，環境の変化に応じて人間のあり方は徐々に移り変わるのが通例である。メディア環境の変化の場合も同じである。言い換えれば，ここで言う「デジタルネイティブ」の場合も，情報行動の面でむしろ旧世代と同じ傾向が依然として強い

と考えられるのである。

◆リキッド・モダンの監視社会化

　日本では，2013（平成25）年12月に「特定秘密保護法」が成立した（一年以内に施行）が，これは戦前の機密保護法や治安維持法と同様な危険性があるとも言われる。政府が恣意的に「秘密」を特定し，原則として最大60年間は公開されないという。政府という権力が大きなフリーハンドを得たということである。公安警察は，「テロ」に関連すると思われる情報を得るために，国民を監視し調査する活動を活発化させると思われる。また，安倍政権は2017年春には「テロ等準備罪」法案を国会に提出した。これは犯罪を犯してもいない人びとを取締まる「共謀罪」の側面をもち，市民運動や労働運動を弾圧できる可能性をはらむ。これらはいずれも，「戦前に戻る」側面と言えよう。

　もう一つは，日本国内全体で，インターネットを利用した監視や「防犯カメラ」を利用した監視が広まっている，ということがある。このような面は世界的な潮流であり，現代を「リキッド・モダン（液状化する社会）」ととらえるジグムント・バウマンも，人びとが自ら進んで監視される傾向に警鐘を鳴らしている（バウマン＆ライアン，2013＝2012）。

◆ポストモダンのハイブリッド文化と親和的な日本文化

　ポストモダンの文化は，新旧のさまざまな要素をおりまぜたハイブリッド（折衷）文化と言えるし，古いメディアでも「レコード」（およびそれを用いたディスク・ジョッキー）や「カセットテープ」のように，その音質の良さや音の加工のしやすさなどの特性から，現実に（ある程度の）復権をしていることが見られる。高度なものとシンプルなものも共存しうる。単線的に，"より新しい"ものや"より高度なテクノロジー"への方向に進むとは限らないのである。

　考えてみれば，そもそも，このようなハイブリッド性は日本文化の特徴でもある。日本文化は，古代以降でも，もともと「良いとこ取り」の面が強く，中

国など外国の文化を取捨選択して取り入れてきたし，明治以降のモダン期後期においても「和魂洋才」が謳われ，「和洋折衷」の文化が発展してきた。また，西洋によってその意義が再発見された「浮世絵」のような「和の文化」を鑑賞する場合には，現実的には「日本の木版画」と「西洋式印刷術」の融合が前提になっていたとも言えよう。

　ポストモダン文化においては，一言で言えば「何でもあり」の文化でもある。先にポストモダンにおける「多元化する未完成文化」について述べたが，世界に冠たる日本の「おたく文化」や「かわいい文化」はそもそも"未成熟"な文化である。瓜生吉則は，コミック週刊誌の『少年ジャンプ』に掲載されてきた作品が"常時未完成"であり，それ故，「二次創作」が隆盛になったと論じている（浪田・福間，2012，19頁）が，それはおたく文化全体について言えることであろう。そのような未成熟なおたく文化やかわいい文化が，1990年代後半くらいから明確に，日本のみならず，海外でももてはやされるようになったのは，それが，まさに何でもありの「ポストモダン」的な状況に適合的であることを示していよう。例えば，2005年に，伝統的なブランドである「ルイ・ヴィトン」のバッグとして，現代アートの村上隆が描く漫画的なキャラクターがちりばめられた商品が登場したことが良い例であろう。

　古いものと新しいもの，西洋と日本（東洋），未成熟なものと成熟したもの，高級なものと庶民的なものなど，あらゆる要素が"融合"し，これまでにない新たな文化的様相を呈するのが，ポストモダン期の文化の特徴である。

第9章
ポストモダン期の産業・ライフスタイル・文化のハイブリッド化

　ポストモダン状況下では，要素としてはもはや新しいものがない場合でも，既成の諸要素の組み合わせ，つまり「ハイブリッド化」によって，商品やモノとしては新しいものが生み出される。また，新たな資本主義下の生活のあり方として，従来のような「経済成長」第一主義であったり，物質的な豊かさを第一義に掲げる生き方ではなく，新たな「価値観」が生まれてくる。新たな資本主義的な生産のあり方としては，IoTやロボットの普及あるいは第4次産業革命に期待が集まる。産業間の区分もなくなる傾向があり，商品とサービスとのハイブリッド化も多く起きる。ハイブリッド化は，文化のあらゆる分野で起きうるが，特に料理や音楽といった領域で顕著である。ライフスタイルでも，ハイブリッド化は起きる。

1　産業とライフスタイルのハイブリッド化
　　〜第4次産業革命とIoTへ〜

　モダン期と違って，もはや各産業あるいは各企業は，孤立した存在ではなくなりつつある。すべてが繋がりのなかで存在するようになる。その背景としては，インターネットの存在があり，また，かつてのように，モノを作ればどんどん売れるという経済状況にはもはやなく，資本主義下でも，省エネや省資源という"新たな"「価値観」を重視せざるをえないということがある。

　その際，重要なのは，「シェア」と「ハイブリッド」である。つまり，もとの要素（既成あるいは既存のもの）を共有（シェア）したり，つながる，コラボ（コラボレーション，協同）することで，最後には，組み合わさる（ハイブリッド化する）ということである。その究極の姿は，もとの要素もわからない形で

「融合」するということであろう。

◆コンピュータとアナログのハイブリッド：機械と人間のマン・マシーンシステム

最近，AI（Artificial Intelligence：人工知能）の能力が一段と上がったと言われ，将来は人間の労働力に代わってAIが広く使われ，多くの人間が職を奪われるというような予測も出ている。それは，ロボットや自動操縦のような「自動化（オートメーション化）」が社会の隅々に行きわたるということである。しかしながら，それは，機械が故障もなく，安定的に動いている場合の話である。いざ故障が発生し，想定外の事態が生じたときに，少なくとも今の段階では人間の能力（ヒューマンパワー）がまさっている（機械をあらゆる状況に対応できるようにするのは困難である）。例えば，宇宙船アポロ13号（1970年）のような極限での危機を回避したり，あるいは小惑星探査機の「はやぶさ」を打ち上げ，遠い宇宙から地球に帰還させる（2003‐2010年）というような曲芸的な操縦ができる点で，今のところ人知にまさるものはない。

最近，盛んに開発が進んでいるという自動車の「自動運転」は，自動車産業とIT産業（例えば，グーグル）のハイブリッドでもあるが，この場合も，万一の事態（例えば大地震が起きた状況など）に備える意味でも，人間がいつでも運転を代われるようなあり方が必要であろうし，そもそも行き先やルート・スピードの指定などは当面，人間が指示する必要があるであろう。

コンピュータは便利であるが，これも故障や不測の事態には，今の段階では，人間の力がまさっている。例えば，京品急行電鉄は，遅延の際に人間が対応することで，遅延を最小限にできている（TBSテレビ番組『がっちりマンデー』2016年放映）。他の鉄道会社では，コンピュータのプログラムの書き換えや代置で対応しようとしているが，むしろ時間はかかるようだ（同）。

AIも大量データの「統計」に依存している限りは，不測の事態への対応には限界があるだろう。

◆シェアリングエコノミーとサービスエコノミー化

　「ハイブリッド化」の前提となる「シェア」は，世界の先進国において大きな潮流になっている。ボッツマン＆ロジャース（2010）によれば，モノを購入するのではなく，シェア（借りて利用する）サービスとして，以下のような三つの主なタイプがあるという。

　① 企業が所有するさまざまな製品をシェアするサービス：カーシェアで有名な「ウーバー」が代表的な例である。人びとは，互いに車を貸し借りする。タクシーよりも気軽に車に乗れる。また，もはや人びとは車を所有するのではなく，企業が提供する多様な車を借りて乗る。車好きの人も，いろいろな車に乗るという楽しみを見出せる。

　② 個人が所有するものをシェアしたり，P2P（ピア to ピア：個人間）で貸し出すサービス：このサービスをやっているのは，P2Pレンタル最大手の「ジロック」，おもちゃの「レントイド」，車の「リレーライズ」などである。これは，使う頻度が低いモノや，もう使わなくなって死蔵してしまっているモノを掘り起こして活用しようとするものである。

　③「寿命延長型」PSS：「世界最大手のカーペット会社インターフェイス」は「修理やメンテナンス，また製品のアップグレードなどをとおして付帯的なサービスから収益を上げ，顧客とより緊密な関係を保つ」（同書，157頁）。この会社は，カーペットの製造が環境に大きな負荷をかけていることを反省し，製品の寿命を長くするためのメンテナンスや修理に，重点を移したという。

◆「補完財」という「ハイブリッド」

　Aという商品が売れるときに，同時にBという商品も売れる場合，商品Bは商品Aの「補完財」である。これらAとBは，異種の店舗で売られていることが多い。例えば，Aが「パン」であれば，Bは「バター」であったり「ジャム」であるかもしれない。いずれにしても，Bは必ずしもパン屋で売っているとは限らない。別な店舗に行って買わないと手に入らないかもしれない。しか

し，もし，パン屋でパンのすぐそばにバターあるいはジャムが置いてあれば，パンとそれらの補完財をその場で購入することが増えるであろう。このように，モノを単体で売るのではなく，いろいろとモノを互いに「組み合わせ」て（「セット」にして）売ることで，販売量は増加する。それも，このようなセットをできれば「新商品」の装いで売りに出せば，販売量はさらに増えるだろう。このような補完財の組み合わせで消費を増やす試みを「ハイブリッド消費」と言うことができる。ただし，この場合には，従来の枠組み（ジャンル）に囚われない，それを超える発想や工夫が必要になる。

◆第4次産業革命（インダストリー4.0）

最近では，「第4の産業革命」が謳われる。その中核はシェアリングであり IoT であるようだ。第一次産業革命は「機械による生産の到来」を告げ，第二次は「電気と流れ作業の登場」（「電気革命」と大量生産と言えよう）により大量生産が可能になった。第三次は「コンピュータ革命あるいはデジタル革命」であった（シュワブ，2016，17-18頁）。ドイツで議論されている「インダストリー4.0」は，「スマートファクトリー〔工場〕」によって，「製品の完全なカスタマイズ化と新たな経営モデルの創出が可能になる（端的に言えば「スマート革命」であろう）」（同書，19頁）。さまざまな人がそのようなことを言っているが，多くは必ずしも明確なイメージをもっていないように思える（例えば竹中，2017）。

おそらく，産業の新たな変革に至るまでは，従来の各産業の枠を超えて，さまざまな産業がハイブリッド化する段階があると考えてよいだろう。その際，キーになるのは，「サービス経済化」ということだ。単なる農業や，単なるモノづくりが，特にインターネットを利用した流通や販売といった「サービス」と密接に結びつくことで，以前よりも無駄のない（つくりっぱなしではない）合理的な産業となるのだ。それは，省エネや省資源になるので，「スマート（賢明）化」でもある。

第4次産業革命について，より明確なビジョンを示している小笠原治によれ

ば,「製造業の一連のプロセスに関するデータをネットワーク化し,自律的に動く」「スマート工場」を目指す取り組みだという（小笠原,2015,168頁）。そのような工場を実現するための前提条件があり,「生産を自動化するならば,組み換えが可能なようにモジュール化」（同）している必要があるとする。そして,「モノを作る工場自体が,モジュールの組み合わせで作られる一つの統合システムとして機能しなければならない」（同,168-169頁）という。ここで言う「モジュール」は,第一次産業で重要なものとされた,規格化された個々の「部品」ではなくて,それらの部品がいくつか集まった塊としての「モジュール」である。「モジュール」によって,「ハイブリット」化も容易になるだろう。

◆モノの生産本位からハイブリッド化によるサービス本位へ

かつての産業社会では,車生産における「フォーディズム」のように,画一的な製品の大量生産をすることで,なるべく多くの人びとの「所有欲」に応える仕方に力点があった。その際には,「広告・宣伝」という要素が大きな影響力をもっていて,人びとの所有欲に刺激を与え,購入させようとする。大衆社会において,大量生産は結果的に「大量消費」につながり,「作れば売れる」状態が続く。もちろん,在庫は,常にある程度,確保される。それ故,「生産」の現場は,「販売」の現場とは,基本的には分離しており,それぞれが独立して,それぞれの役割を極大化しようとしていた。

ついでに言えば,旧ソビエト連邦共和国（ソ連）のような社会主義国では,「計画生産」と言って,国家が,モノの生産量（例えば,鉄鋼生産や小麦の生産など）について5年,10年という計画を立てるということを行っていたが,基本的に商品の「広告・宣伝」はなく,生産されたモノがスムーズに流通・消費されることは難しかった。その結果,消費者のもとで恒常的な「モノ不足」状態が生じた。たまに商品が入るたびに商店の前には「行列」ができるといったことが繰り返され,経済の停滞を招き,社会主義体制の崩壊につながった。

現在のポストモダン状況では,家庭にはすでに多くのモノがあふれ,消費は

飽和状態に近づいており、経済成長期ほどにはモノが買われない。モノを売るためには、何か「付加価値」を付けて高値で売るか、コストを下げて安価で売るしかないであろう。日本やアメリカの場合、コストを下げるには、労働力の経費がかさむ国内生産をやめて、海外に工場を移転してモノの生産を続けるか、海外から安価なモノを輸入するかであった。

しかし、今後は、先にシェアリングエコノミーについて見たように、モノづくりよりも何らかのサービスに力点を置く方向に切り替わると考えられているようだ。ただし、そのためには「価値観」そのものが変わる必要があるだろう。そこまでいかなくても、さまざまな産業において「サービス」を視野に入れたモノづくりが考えられてよい。例えば、最近では「農業の6次産業化」が言われるが、これは、作物を作りっぱなしにするのではなく、製造や販売までを考えた農業が望ましいということである。第1次産業×第2次産業×第3次産業のハイブリッド化（1×2×3）で「6次産業化」だという（水野, 2015）。

2 文化のハイブリッド化
〜もはや"新しい"要素のない時代〜

モダン期においては、"新しい"ものが常に"古い"ものより"すぐれている"と信じることができた。時代が進むにつれて、人間や社会は一方向的に「進化」あるいは「進歩」するのだと多くの人びとが信じていた。それが、リオタール（原著：1979年）の言う「大きな物語」の本質あるいは基盤と言ってもよいだろう。ポストモダンにおいては、そのような進化や進歩が信じられなくなる。実際に、現在の日本では、そのような見方が通用しなくなっている。今日より明日の方が良いという楽観的な見方に対して、多くの人が疑問をもつようになっているのである。これはまさに「ポストモダン」期の社会や文化における特徴そのものでもある。それだけでなく、ポストモダン期には、以前から存在していたリアル空間と新たなバーチャル空間とが相互に干渉し合うし、文化的にも、既成のものと新たなものが混じり合い接合・融合されて「ハイブリッド文化」が生じる。

第9章 ポストモダン期の産業・ライフスタイル・文化のハイブリッド化　257

◆多元化する未完成な文化

　「大きな物語」がなくなると同時に，「大きな物語」のように，本来，画一的で一元的なものも"細分化"あるいは"分裂"し，"多元化"する。"分散化"し"崩壊"し，"断片化"したものもある。常に"変化"が生じる。あるいは"完成"というものがなくなる。そうなると，結果的には，「β（ベータ）版」と呼ばれる試作品が市場に投じられ，ユーザーに使ってもらいながら，より良い商品や作品にしていくとか，さまざまに改良された途上の「版（バージョン）」が同時並行的に存在したりする。が，常に改良や要素追加の余地があれば，ゴールとしての最終的な「完成品」を示すことは難しくなる。これは，コンピュータのソフトウェアに典型的な現象であったが，ポストモダン期には，いろいろな分野において，これが常態となろう。

　これは，モダン期の出版物や映画の文化とは対照的である。出版物や映画作品は，基本的には「完成品」であり，"完成"に向けて何度も"校正"や"編集"という過程を経るのである。もちろん，そのように完璧を期しても，人間のなせる業であり，実際には「ミス」が残ることもあるし，「改訂版」が作られたりもする。しかしながら，最終的には「完成品」があるというふうに考えられたのである。

　言い換えれば，モダン期には，創作者のイメージとして「グランドデザイン（"大きな"見取り図）」あるいは，「"理想的"な完成図」があった。唯一のそれを目指して，創作者はひたすら努力したと言える。しかしながら，ポストモダン期においては，そのような大きな見取り図がなくとも，コンピュータやデータベースの存在を前提にして，とにかく何らかの商品や作品を生み出すことは可能なのである。特に才能がなくとも，技術やテクニック（技能）がありさえすれば，一応のものは生み出せるのである。もっとも，ずっと以前から，このような状況はあったであろう（例えば，無数のポピュラー音楽家により，無数の作品が生み出されてきた）。しかし，モダン期には発表のチャンスは，一応，プロに限られていた。それが，現在では，いわゆる素人にも，ほとんど全ての

人びとに対して，ネットという門戸が開かれているところが新しいのである。

◆フローとストックの融合

　かつてのメディアは，一方に，学術的な書籍出版のように，いつでも参照できるよう知識をストックすることに重点があり，図書館に保存され借り出しを待つ本であるような場合と，他方に，新聞やテレビのように，新鮮な情報が命であり，フロー情報が主のメディアがあって，何か大きな事件が起きたときに過去の関連した出来事が参照されることもあったが，あわただしく進行する事態を追いかけることで精一杯ということが多かった。

　しかるに，インターネットによって，情報の即時的なフローと，同時にそれらがデータとしてストックされ，関連情報や知識が参照されることが相当に自由になっている。つまり，従来のように，フロー情報がただ瞬時に消費され，消えていくのではなく，そのようなフロー情報も刻々と「記録」され「データベース」化され，「アーカイブス」化され，「検索」によって即座に他のメディアやテキストに引用されることが可能になってきたのである。これと関連するが，津田大介は，ネットを前提とした「新聞」の新たな形として，たくさんの注釈を伴った記事のあり方を提案している（池上・津田，2016, 55頁）。

　ただ，情報の蓄積が幾何級数的に増大し，それに対応して「検索」技術が進歩するにつれて，むしろストック面である「啓蒙」や「教養」の価値は低下していく。フロー情報を提供する「メディア」も多様化し，個々の権威は低下する。当面，普通教育は残るであろうから，最も基盤的な知識は共有されるであろうが，やや高度な知識になれば，調べれば分かるから別に教えなくてもよいとか，そもそも日常生活には必要ないし，必要になったときに引き出せばよい（普通，そんな機会は訪れない），という形で「知識の所有」は否定されがちになる（これは，「ゆとり教育」の発想に似る）。しかしながら，「知識」や「教養」はものごとの評価や判断あるいは意思決定の基準を形成するものであり，軽視されてはならないだろう。今後もフロー情報だけでなく，多くのストック情報が「知識」や「教養」として重要になろう。

第9章　ポストモダン期の産業・ライフスタイル・文化のハイブリッド化　259

◆子どもには，メディアの発展の歴史を辿らせるべきだ

　胎児が「進化」の歴史を追体験するように，子どもには，これまでのメディアの「歴史」を辿らせるべきだ。いきなりコンピュータを教えるのではなく，やはり最初は紙（理論上は，粘土板でもよい）から初めて，自らの手を使って「書く」「描く」ことから始める方がよいのではないか？　その方が，おそらく進化の結果である現在の「脳」にとっても良いのではないか？　このようなことは，技術の「結果」だけを教えるのではなく，そのような技術の生まれた「プロセス」を教えることでもあり，結果的に，真により優れた技術の開発にもつながるであろう。

　この点で，子ども時代に最初からコンピュータを教え，教科書やノートなども電子化しようとする韓国のやり方は，一見，"進歩的"ではあるが，きわめて"皮相的"なやり方であり，土台を造らず図面の上に家を建てるようなものである。

　これまでの人類の歴史のなかで無数のメディアが誕生してきた。消えてしまったメディアもあるが，多くのメディアは何らかの形でニッチ（それにふさわしい場所）で生き残っている。あるいは"見直されている"場合もある。そのようなメディアを実際に使える場があればよいと思う。例えば，音楽の領域では，「レコード」に対する根強い人気があるという。「レコード」は，技術的に「CD」よりも情報量があり，CDよりも"豊か"な響きがあるとされる。また，「カセットテープ」も依然としてニーズがあり生産が続いているとされ，かつて若者だったときによく使った年配者だけでなく，今の若者にも使っている者がいるという。手のひらに乗る扱いやすさと，再生速度を変えて面白い音を生み出せる特徴などが愛される理由であろう。

◆今と昔の混在〜データベースやアーカイブスの充実〜

　「データベース」化あるいは「アーカイブス」化が進展すると，"古い"とか"新しい"というような区別もなく（時代を特に意識せず），良いもの，何らか

の意味で価値のあるもの，を同等に用いたり，鑑賞したりする，ということが増えると考えられる。佐々木俊尚が挙げている例であるが，今日，若い娘であっても，既存の膨大なポピュラー音楽のコレクション（データベース）を使うことができ，そこから感性に合ったものを自由に選べる時代である（佐々木，2010, 50-51頁）。これは，要するに「データベース」の活用と言ってよいだろう。後述するように，東浩紀が「二次創作」について言っていたことでもある（東，2001）。

　そのようなことが起きる背景には，文化面では，真に"新しい"ものがもはや登場しにくい，言ってみれば真の創造の余地がそれほどないということがあるのかもしれない。その結果，"古い"が"良い"もの，それ自体を復活させたり（リバイバル），それをアレンジして，少し変えたりするとか，古くてよいものの「部分」や「断片」を組み合わせる（すでに音楽では「サンプリング」や「リミックス」の手法が多用されている）。わかりやすい卑近な例でたとえると，過去の試験問題（過去問）のうちの「良問」をストックしておいて，それを少し変えて新たな試験に使うという最近の入試事情も同様な背景があろう。

　このような大きな動向と関連していると思われるのは，2012（平成24）年のアカデミー賞の作品賞にフランス映画の『アーティスト』が選ばれたことである。これはモノクロ（白黒）のサイレント映画（ただし，最後の方では少し英語のせりふもある）であった。昔の映画に特徴的な優れた面を生かした作品であった（蛇足ながら，同じ作品賞のノミネートに『ヒューゴの不思議な発明』という，やはり映画初期の時代に着想を得たハリウッド映画作品があった）。

◆ネットを媒介としたコラボ作業や二次創作

　今はもはや下火になってしまったが，一時期「ケータイ小説」が流行した。これなどは，読者からの反応を取り入れながら，ストーリーを修正するという意味で，ネットを媒介とした「作者」と「読者」の交流を反映した作品群になっていた。今後も，何らかのジャンル（例えば漫画その他）において，このような作り手（作者など）と受け手（読者など）との交流をもとに，新たな作

品創造がなされる可能性がある。

　また，ネットを媒介に盛んに行われている創作の仕方として「二次創作」がある。評論家の東浩紀は，その著書の『動物化するポストモダン』において，オタクの作品創作に必要な部品や要素がすべて「データベース」に入っていてストックされており，その組合せによる「二次創作」を「シミュラークル」の典型的な例とした（東，同書）。この場合には，「データベース」が鍵であり，その存在によって，無限の「二次創作」が保証される。「個人」のもつオリジナリティにはさほど重きは置かれないということになる。

　近年，実際に盛んに二次創作が行われている例としては，ボーカロイド（音声合成エンジンの一つ）の「初音ミク」が挙げられる（秋葉原ボーカロイド研究会，2011）。これは，創作に必要な要素はすべてネット上にあり，ネットユーザーは，自分の好みと裁量によって，バーチャルアイドルである初音ミクに自由にいろいろな歌を歌わせ，かつそれをネットに投稿して，多くの人びとの反応を見ることが可能になっている。そのなかから，『千本桜』のように，ジャンルを超えて歌われるようになった優れたオリジナル曲も誕生している。

◆要素のハイブリッドとしての「二次創作」から「PPAP」へ

　漫画のコミックマーケットに目を転じると，そこには既成作品の「二次創作」があふれている。かつて東浩紀が分析したように，ポストモダンのこの時代には，オリジナル作品の諸要素を分解し，それらの要素を新たに再構成する形の「二次創作」が頻繁に行われる。なかには，オリジナル作品の作者自身の手になる二次創作もあるという。このような形は，まさに創造を目的とした「ハイブリッド」方式である。

　「創作」にいろいろな「素材」を用いて，新たな「ハイブリッド（雑種）」をつくり上げるという手法は，さまざまな分野に応用できる。YouTubeにわずか45秒の動画を投稿したことで，2016年から17年にかけて世界でも人気となった芸人ピコ太郎のパフォーマンス『PPAP（Pen-Pineapple-Apple-Pen）』は，まさにその例になる。単なる言葉としぐさの上でしかないが，ペンとアッポー

（りんご）やパイナッポー（パイナップル）を「うんっ」と言って，リズム音楽に合わせてくっつけるパフォーマンスだ。誰もが知る素材を想像上でハイブリッドにするのだ。

このピコ太郎の動画については，さらに他の多くの人びとの創作欲（模倣欲？）を刺激し，さまざまな類似の動画の投稿がみられたという。

3　音楽におけるハイブリッド化

日本の音楽業界では，もはやCDがあまり売れない時代だと認識されている。だからと言って，ネットの音楽配信がCDの減少分を補っているかと言えば，そうでもないのが現状という。このような状況下で，人びとが音楽を聴かなくなったかと言えば，そういう証拠もない。むしろ，さまざまなミュージシャンたちのライブコンサートや「フェス（フェスティバル）」は盛況である。音楽の聴き方が変わってきたのである。

◆音楽と映像作品との「タイアップ」というハイブリッド

「Jポップ」は，CDが登場した数年後の1980年代末頃にはじめて現れた言葉であったが，1990年代にはJポップのCDがたくさん売れた。1998年には約6,075億円という史上最高のオーディオレコード生産金額を記録した（烏賀陽，2005，194頁）（その後，CD売り上げは減少する一途である）。

そのCD売り上げに貢献したのが，1990年代において次々に高視聴率をあげていったテレビにおける「トレンディドラマ」の興隆であった。各ドラマの主題歌として，Jポップの新曲が「タイアップ」され，ドラマが30％を超えるような高視聴率をたたき出すにつれて，主題歌もミリオン（100万枚），ダブルミリオン（200万枚）というふうに売れていったのである。例えば，最高視聴率36.7％を記録した1991年の日本テレビのドラマ『101回目のプロポーズ』とCHAGE & ASKAの名曲『SAY YES』とのタイアップなどである。

今日，テレビドラマは，もはや高視聴率を期待できない状況になってきたが，それでも2016年には，ドラマ『逃げるは恥だが役に立つ（略称：逃げ恥）』

は最近では高い20％近い視聴率を出すと同時に，主演の星野源が歌った主題歌『恋』が大ヒットし，ドラマの各回の最後に星野源と共演の新垣結衣らが一緒に踊る「恋ダンス」がネット上で話題となった。

　映画においても，2016年から翌年にかけて超ロングランを記録した劇場アニメ作品の『君の名は。』（新海誠監督，「君の名は。」製作委員会）がある。

　この作品では，製作の段階で楽曲作りがなされ，RADWIMPSの楽曲と映像とがまさに密接に関連した作品が生み出された。ハイブリッドのなかでも，「融合」の段階にある作品である。また，この映画を一度見たあとに，やはり新海監督が映画製作と並行して書いたというノベライズの『君の名は。』(2016)を読み，またその後，映画を見るというリピーターが続出したというから，「映画」と「小説」とのハイブリッドという現象も起きたのである。

◆「AKB商法」という「ハイブリッド」

　CDが売れなくなっている音楽業界であるが，そのなかでは，ほとんどアイドルのCDだけがコンスタントに数十万枚の売り上げを記録しているし，実際に，最近のCD売り上げランキングでは，ジャニーズ系の男性アイドル（「嵐」「関ジャニ」「キスマイ」など）や女性のグループ・アイドルが上位を独占している。

　そのような状況で，AKB48に代表されるアイドルの商法が注目される。それは，購入されたCDのパッケージのなかに「握手券」を入れておくというやり方である。ときどき開催される「握手会」というイベントで，握手券があれば，目当てのアイドルと何秒か握手を交わすことができる権利があるというものである。高嶺の花だった昔のアイドルと違って，今のアイドルは「会いに行ける」どころか「触れる」こともできる（もちろん，短い時間だが，会話を交わすこともできる）ようになったのである。この場合には，CDは音楽を聴くための音源というよりは，アイドルと交流するための手段・道具なのである。

　CDの売り上げを高め，ランキングを上げるために行う，なりふりかまわないこのやり方は，「AKB商法」として批判されるが，ライブコンサートを開く

と同時に，CDやグッズを売ること（物販）で収益を確保し，音楽活動を続けることが出来る（さやわか，2013）。他のアイドルグループやミュージシャンなども同じようなハイブリットな活動を取り入れているのが現状である。

◆ポピュラー音楽の変容～音楽の「原点」回帰～

そもそも，音楽は有限の音を用いてメロディーを奏でるので，似たフレーズが用いられることが多い。それは，意識的に「引用」という形で用いられることもあれば，他の既成の楽曲にそれが使われていることを知らずに用いることもあるであろう。いずれにしても，完全に新しいメロディーを創り出すのはもはや不可能であろう。クラシック音楽の分野であれば，既成の楽曲を演奏することが普通であり，この問題は生じない。

流行歌を旨とするポピュラー音楽の場合には，ときに，他の既成の楽曲に似ているとして，新曲の「盗作」疑惑が問題になることもあるが，一つの楽曲全体として，他の楽曲と同じでなければ問題にならないであろう。そのためには，編曲によって，あるいは電子的なものを含めた楽器の使い方によって，音の新しい組み合わせを生み出せばよいのであろう。

しかし，今や新曲のCDを出しても売れないと言われる時代である。ネット配信もCD販売の落ち込みを埋めるほどは売れていないという。もはや，新しいオリジナルの楽曲をつくり，売るということにこだわる時代ではないのかもしれない。

そこで，この20年ほどの間で主流になりつつあるのは，ライブコンサートという，直接聴き手の耳に届けるやり方である。かつてのモダンの時代には，音楽は機械的な増幅や再生が可能になり，レコードやCDなどの「パッケージ」が大量につくられ買われ，多くは室内や車のような場所で閉じこもって聴くという時代に変わった（その後，音楽を持ち運ぶ装置が発明された）。そのような，音楽にとっては本来のあり方とはかけ離れた音楽の楽しみ方がこの数十年主流になっていたと言える。しかし，ポストモダンの今は，生身のアーティスト自身が演奏あるいは操作する生の音楽（と言っても，ライブコンサート会場の音は

第9章　ポストモダン期の産業・ライフスタイル・文化のハイブリッド化　265

増幅されたり変形されたりしたものではあるが）を，それ以外のパフォーマンスを加えて，聴覚的な楽しみと視覚的な楽しみとのハイブリッドを体験することが，次第に主流となりつつある。

◆ライブコンサートでの工夫

　ライブコンサートでなされている，さまざまな工夫として，以下のようなことがある。ひとつは，単に，歌を歌うとか演奏するという聴覚的な楽しみがあくまでもメインであるが，それだけでなく，衣装に凝ったり，ダンスなどのパフォーマンスをしたり，視覚に訴える要素を加えて，聴衆の楽しみを増幅させるということである。場合によっては，トークの比重が高いライブコンサートもある。視覚的な要素の大きなライブコンサートについては，日本では，1970年代末頃より，当時のニューミュージックの勃興を担ったユーミン（荒井由実，結婚後は松任谷由実）らが大々的に行ってきた。最近では，ももいろクローバーZ（略称：ももクロ）の大規模なライブコンサートが有名である。

　もうひとつは，テクノロジーの進化によって，もはや「音楽」という領域を超えたような「パフォーマンス」である。例えば，Perfume（パフューム）という3人組の女性アーティストグループは，歌やダンスを披露するが，その歌声はコンピュータでつくられた音声であり，したがって，楽曲と口の動きをシンクロさせる，いわゆる「口パク」を行っている。これは，もはや「音楽のライブコンサート」とは言えない。それだけでなく，動き回るアーティストの衣装にコンピュータで「プロジェクション・マッピング」を行ったり，ステージにいくつものドローン（無人の飛行体）を飛ばして，そこから撮影された景色をスクリーンに投影するなどの「パフォーマンス」を行う。これは，アーティストとエンジニア（真鍋大度という技術者）とのコラボレーションであり，音楽と工学の「ハイブリッド」パフォーマンスなのである。

◆ボーカロイド（VOCALOID）の「初音ミク」

　「『VOCALOID』（ボーカロイド，略称：ボカロ）とは，ヤマハ株式会社が開発

した音声合成エンジン〔ソフトウェア〕，そしてこの技術を応用して生み出された音声データたちのことを指す」（秋葉原ボーカロイド研究会，前掲書）。ある一人の人間の声が基本になってはいるものの，その声を自由に操作して，ユーザーが自分の好きな楽曲を思いのままに歌わせることができるというものである。代表的なのは，「初音ミク」（開発元：クリプトン社）である。

初音ミクの，公式プロフィールは非常にシンプルな内容である。それは，「キャラクターの設定にユーザーがコミュニティ上で自由に設定を考えることのできる余地を残すことで，ユーザー自身の手でそれぞれの『初音ミク』を作り上げてほしかったのだ」（同書，45頁）という。結果的に，初音ミクは「『バーチャル世界に生きるアイドル』という立ち位置」（同書，172頁）を得て，ユーザーたちの人気を博した。

この初音ミクは，ポップスの分野だけでなく，さまざまなジャンルの音楽にも使われている。

◆クラシック音楽と「初音ミク」のハイブリッド

クラシック音楽の分野では，オーケストラと映画とを組み合わせた公演は以前から存在していた。例えば，アベル・ガンスのサイレント映画の大作『ナポレオン』（1927）をオーケストラの伴奏で上映するなどの試みがあった。

近年，テクノロジーの進化により，以前よりもさらに，音楽と何らかの映像との組み合わせのパフォーマンス上演が容易になってきたと言えよう。その映像は，さまざまであるが，例えば，日本人の発想になるボーカロイド（音声合成技術）の代表とも言うべき「初音ミク」は，さまざまなアーティストと共演している。

有名なところでは，世界に誇るシンセサイザー奏者でもあった作曲家の冨田勲との共演がある。冨田は，長年の念願であった宮沢賢治の作品の音楽化を晩年に成し遂げたのであるが，その際のメインボーカルとして，初音ミクを指名したのだ。電子的に音を生み出すシンセサイザーに携わった冨田らしい選択であった。冨田が80歳のときに完成したその作品は，『イーハトーヴ交響曲』で

あり，ステージ上のフルオーケストラに大合唱団を伴って，初音ミクが歌うという大掛かりな公演は大成功であった。

また，クラシック作曲家の渋谷慶一郎は，初音ミクが主演して歌う『The End』というオペラ曲をつくり，フランスはパリのシャトレ座というオペラ劇場で公演を行い，好評を博した（『ハフィントンポスト』2013.11.17）。このオペラは，2016年夏にはドイツのハンブルクの音楽祭でも上演された。ほかに，日本の大太鼓を演奏する「鼓動」とも，初音ミクは公演を行っている。

◆音楽における「和」と「洋」の要素のハイブリッド

日本における明治期以降のポピュラー音楽導入の歴史を振り返ると，最初はともかくも西洋的な音楽を日本人も創り出すことにエネルギーが注がれ，その際，少なくとも意識的には，日本的な伝統的な要素は顧みられていなかった。これは，音楽以外の領域にも言えることであったろう。

しかるに，日本人全体がようやく西洋的な音楽のスタイルに十分馴染んだ平成の時代（ちょうど「Jポップ」というジャンルが出現した時代）に，特に21世紀に入って，今度は，自らの伝統や日本的要素に目覚め，それを誇りとし，海外にも打って出始めたと言える。例えば，三味線・琴・篠笛・太鼓といった和楽器を用いて，さまざまな楽曲を演奏し歌う「和楽器バンド」や，まだ10代の若い3人の女性（ボーカルと踊り）が和風な衣装とお面などの小道具を身にまとい，パンクロックを歌う「ベビーメタル（Baby Metal）」などはその代表であろうが，いずれも海外で高い評価を得ており，特にベビーメタルはイギリスで勲章を受けるほどの人気である。

このように，外国のものを取り入れ，当初はあまり和風の要素がなかったものが，長い期間を経て，次第に和風なものになり，「和」と「洋」のハイブリッド文化が生み出されるというのは，これまでの日本の歴史のなかでも何度か繰り返されてきたことではある（例えば，中世に輸入された唐風の文化から国風文化が生まれたなど）。

■ おわりに

　本書は,「モダン」から「ポストモダン」へのプロセスをより明確に示すよう構成を改め,前著にあった基礎概念の部分は割愛した(一部の内容は別な章に移行させた)。主な改訂部分としては,まず第1章で「メディア」についての原理的な考察を行い,そのなかで,本書でのキー概念になっている「ハイブリッド」について考察した。第5章の3節に「デジタル化」のプロセスについての説明を置き,第6章では「ソーシャルメディア」がかつての「口コミ」の範囲を超えて「マスメディア」的な影響力をもつに至っている状況を描こうとした。第7章から第9章までは,ポストモダンにおける人間像や社会像,さらにはハイブリッドをキー概念としてメディア・産業・文化の変化を扱った。

　前著の末尾にも書いたが,一人の人間がこのように広範囲の内容をカバーする(網羅する)のはかなり難しい面もあるが,多くの編著に見られる章毎の記述における強調点の違い(ズレ)や一貫性のなさなどは回避できているのではないかと思う。もちろん,本書の不十分さも認識しており,可能であればさらなる改訂版3.0以降も試みたいと思っている(ポストモダンの時代に「完成」という言葉はありません)。

　本書の出版については,学文社の田中千津子社長に無理を言って承諾していただいた。改めて心からの感謝を述べる次第です。なお,埼玉大学教養学部の内木哲也教授ならびに内木ゼミの学生さんたちには,本書の構想について話をする機会を与えていただいた。感謝する次第です。

2017年4月6日　　　　　　　　　　　　　　　　　　　　　水野　博介

■**参照文献**■（掲載順）

序

池田純一『〈ポスト・トゥルース〉アメリカの誕生 ウェブにハックされた大統領選』青土社，2017年
ジョージ・オーウェル『1984年』新庄哲夫訳，早川書房，1972年［原著：1949年］
ジャン・ボードリヤール『シミュラークルとシミュレーション』竹原あき子訳，法政大学出版局，1984年［原著：1981年］
ジャン＝フランソワ・リオタール『ポストモダンの条件 知・社会・言語ゲーム』小林康夫訳，水声社，1986年［原著：1979年］
NHK「無縁社会プロジェクト」取材班編著『無縁社会 "無縁死" 三万二千人の衝撃』文藝春秋，2010年
本上まもる『〈ポストモダン〉とは何だったのか 1983-2007』PHP叢書，2007年
レイチェル・ボッツマン＆ルー・ロジャース『シェア〈共有〉からビジネスを生みだす新戦略』小林弘人監修・解説，関美和訳，NHK出版，2010年［原著：2010年］
トマ・ピケティ『21世紀の資本』みすず書房，2014年［原著：2013年］
姜 尚中『マックス・ウェーバーと近代』岩波現代文庫，2003年
ジャン＝フランソワ・リオタール『こどもたちに語るポストモダン』管啓次郎訳，ちくま学芸文庫，1998年［原著：1986年］
W・リップマン『世論（上・下）』掛川トミ子訳，岩波文庫，1987年［原著：1922］
麻生享志『ポストモダンとアメリカ文化 文化の翻訳に向けて』彩流社，2011年
夏目漱石『私の個人主義』講談社学術文庫，1978年

第1章

水野博介『メディア・コミュニケーションの理論』学文社，1998年
アドルフ・ヒトラー『我が闘争』（上）民族主義的世界観，（下）国家社会主義運動，平野一郎・将積茂訳，角川文庫，1973年
James R. Beniger, *The Control Revolution*, The Harvard University Press, 1986.
北村充史『テレビは日本人を「バカ」にしたか？ 大宅壮一と「一億総白痴化」の時代』平凡社新書，2007年
佐藤卓巳『テレビ的教養 一億総博知化への系譜』NTT出版，2008年
日本記号学会編『ハイブリッド・リーディング 新しい読書と文字学』新曜社，2016年
梅田望夫『ウェブ進化論 —— 本当の大変化はこれから始まる』ちくま新書，2006年
アンドリュー・リー『世界最大の百科事典はいかにして生まれたか ウィキペディア・レボリューション』千葉敏生訳，早川書房，2009年
中川淳一郎『ウェブを炎上させるイタい人たち』宝島新書，2010年

水野博介「メディア文化論⑩「集合知」と「集合痴」」『埼玉大学紀要　教養学部』第49巻第1号，2013年，239-245頁

第2章

James R. Beniger, *The Control Revolution*, The Harvard University Press, 1986.
鈴木直次『アメリカ産業社会の盛衰』岩波新書，1995年
ニール・ボールドウィン『エジソン　20世紀を発明した男』椿正晴訳，三田出版会，1997年［原著：1995］
浜田和幸『快人エジソン　奇才は21世紀に甦る』日経ビジネス人文庫，2000年
名和小太郎『起業家エジソン　知的財産・システム・市場開発』朝日新聞社，2001年
折口　透『自動車の世紀』岩波新書，1997年
古矢　旬「アメリカニズム：その歴史的起源と展開」東京大学社会科学研究所編『20世紀システム1　構想と形成』2章，東京大学出版会，1998年
常松洋・松本悠子『消費とアメリカ社会　消費大国の社会史』山川出版社，2005年
セス・シュルマン『グラハム・ベル空白の12日間の謎　今明かされる電話誕生の秘話』吉田三知世訳，日経BP社，2010年［原著：2008年］
G. マクラッケン『文化と消費とシンボルと』小池和子訳，勁草書房，1990年［原著：1988］
鹿島　茂『デパートを発明した夫婦』講談社現代新書，1991年
藤森照信『明治の東京計画』岩波現代文庫，2004年
小島直記『福沢人脈（下）』日経ビジネス人文庫，2011年
井上一馬『ブロードウェイ・ミュージカル』文藝春秋，2000年
岡本　勝『禁酒法＝「酒のない社会」の実験』講談社現代新書，1996年
倉田喜弘『「はやり歌」の考古学　開国から戦後復興まで』文春新書，2001年
菊池清麿『日本流行歌変遷史　歌謡曲の誕生からJ・ポップの時代へ』論創社，2008年
四方田犬彦『映画史への招待』岩波書店，1998年
川崎賢子『宝塚というユートピア』岩波新書，2005年
中野晴行『手塚治虫のタカラヅカ』筑摩書房，1994年

第3章

マーシャル・マクルーハン『人間拡張の原理　メディアの理解』後藤和彦・高儀進訳，竹内書店，1967年［原著：1964年］
アン・フリードバーグ『ウィンドウ・ショッピング　映画とポストモダン』井原慶一郎・宗洋・小林朋子訳，松柏社，2008年
名和小太郎『エジソン　理系の想像力』みすず書房，2006年
ロバート・スクラー『アメリカ映画の文化史　映画がつくったアメリカ（上・下）』鈴木主税訳，講談社学術文庫，(上) 1995年a，(下) 1995年b［原著：1975年］

浜田和幸『快人エジソン 奇才は21世紀に甦る』日経ビジネス人文庫，2000年
Emmanuelle Toulet, "*Birth of the Motion Picture*," Harry N. Abrams, Inc., 1995［原著（仏語）：1988年］
四方田犬彦『映画史への招待』岩波書店，1998年
ジョルジュ・サドゥール『世界映画史1』丸尾 定訳，みすず書房，1980年［原著第9版，1972年］
佐藤忠男「トーキー時代」講座日本映画3『トーキーの時代』2-63頁，岩波書店，1986年
四方田犬彦『日本映画100年史』集英社新書，2000年
井上一馬『アメリカ映画の大教科書（上・下）』新潮社，1998年
赤木昭夫『ハリウッドはなぜ強いか』ちくま新書，2003年
セバスチャン・ロファ『アニメとプロパガンダ 第二次大戦期の映画と政治』古永真一・中島万紀子・原正人訳，法政大学出版局，2011年［原著：2005年］
秋田孝宏『「コマ」から「フィルム」へ マンガとマンガ映画』NTT出版，2005年
太今村平『漫画映画論』同時代ライブラリー，岩波書店，1992年［原著：1941年］
五味文彦『絵巻で読む中世』ちくま新書，1994年
武者小路穣『絵巻の歴史』吉川弘文館，1990年
高橋光輝・津堅信之編著『アニメ学』NTT出版，2011年
デボラ・R・ポスカンザー「無線マニアからオーディエンスへ ── 日本のラジオ黎明期におけるアマチュア文化の衰退と放送文化の台頭」古賀林 幸訳，水越伸編『20世紀のメディア ①エレクトリック・メディアの近代』ジャスト・システム，1996年，93-115頁
石井寛治『情報・通信の社会史 近代日本の情報化・市場化』有斐閣，1994年
竹山昭子『ラジオの時代 ラジオは茶の間の主役だった』世界思想社，2002年
菊池清麿『日本流行歌変遷史 歌謡曲の誕生からＪ・ポップの時代へ』論創社，2008年
アドルフ・ヒトラー『我が闘争』（上）民族主義的世界観，（下）国家社会主義運動，平野一郎・将積 茂訳，角川文庫，角川書店，1973年
水越伸編『20世紀のメディア ①エレクトリック・メディアの近代』ジャスト・システム，1996年，93-115頁
有馬哲夫『日本テレビとCIA 発掘された「正力ファイル」』宝島SUGOI文庫，2011年
佐藤 毅「高度成長とテレビ文化」南博＋社会心理研究所『続・昭和文化 1945-1989』勁草書房，1990年
NHK放送世論調査所『家族とテレビ ── 茶の間のチャンネル権 ──』日本放送出版協会，1981年
小此木啓吾『家庭のない家族の時代』集英社文庫，1986年
橋元良明『メディアと日本人 ── 変わりゆく日常』岩波新書，2011年

村松泰子『テレビドラマの女性学』創拓社，1979年

第4章
吉原直樹・斉藤日出治編『モダニティと空間の物語 —— 社会学のフロンティア ——』東信堂，2011年
山之内　靖『マックス・ヴェーバー入門』岩波新書，1997年
フィリップ・アリエス『〈子供〉の誕生　アンシャン・レジーム期の子供と家族生活』杉山光信・恵美子訳，みすず書房，1981年［原著：1960年］
小此木啓吾『モラトリム人間の時代』中公文庫，中央公論新社，1981年［原著：1978年］
マーシャル・マクルーハン＆クエンティン・フィオール『地球村の戦争と平和』広瀬英彦訳，番町書房，1972年［原著：1968年］
清水幾太郎『社会心理学』岩波書店，1951年
デイヴィッド・リースマン『孤独な群衆』加藤秀俊訳，みすず書房，1964年［原著：1950年］
ダニエル・ダヤーン＆エリユ・カッツ『メディア・イベント　歴史をつくるメディア・セレモニー』浅見克彦訳，青弓社，1996年［原著：1992年］
W・リップマン『世論（上・下）』掛川トミ子訳，岩波文庫，1987年［原著：1922］
ダニエル・J・ブーアスティン『幻影（イメジ）の時代　マスコミが製造する事実』星野郁美・後藤和彦訳，東京創元社，1974年［原著：1964年］
ジョージ・オーウェル『1984年』新庄哲夫訳，早川書房，1972年［原著：1949年］
ミッシェル・フーコー『監獄の誕生 —— 監視と処罰』田村俶訳，新潮社，1977年［原著：1975年］
大塚英志『まんがの構造　商品・テキスト・現象』弓立社，1987年
ヴァルター・ベンヤミン『複製技術時代の芸術』ヴァルター・ベンヤミン著作集2，佐々木甚一編集解説，晶文社，1970年［原著：1936年］
倉田喜弘『「はやり歌」の考古学　開国から戦後復興まで』文春新書，2001年
水野博介「メディア文化論②若者はなぜポピュラー音楽が好きなのか？」『埼玉大学紀要　教養学部』第45巻第1号，193-200頁，2009年
筒井清忠『西條八十と昭和の時代』ウェッジ，2005年
中村とうよう『ポピュラー音楽の世紀』岩波新書，1999年
大和田俊之『アメリカ音楽史　ミンストレル・ショウ，ブルースからヒップホップまで』講談社，2011年
菊池清麿『日本流行歌変遷史　歌謡曲の誕生からJ・ポップの時代へ』論創社，2008年
マイク・モラスキー『戦後日本のジャズの文化　映画・文学・アングラ』青土社，2005年
有賀夏紀『アメリカの20世紀（下）1945年〜2000年』中公新書，2002年

佐藤忠男『アメリカ映画』第三文明社，1990年
奥田恵二『「アメリカ音楽」の誕生　社会・文化の変容の中で』河出書房新社，2005年
東　理夫『エルヴィス・プレスリー』文春新書，1999年
森　正人『大衆音楽史　ジャズ，ロックからヒップ・ホップまで』中公新書，2008
きたやまおさむ『ビートルズ』講談社現代新書，1987年
南田勝也『ロックミュージックの社会学』青弓社，2001年
岡島紳士・岡田康宏『グループアイドル進化論「アイドル戦国時代」がやってきた！』マイコミ新書，2011年
烏賀陽弘道『Jポップとは何か　巨大化する音楽産業』岩波新書，2005年
竹山昭子『太平洋戦争下その時ラジオは』朝日新聞出版，2013年

第5章

ロバート・スレイター『コンピュータの英雄たち』馬上康成・木元俊宏訳，朝日新聞社，1992年［原著：1987年］
ジョージ・オーウェル『1984年』新庄哲夫訳，早川書房，1972年［原著：1949年］
喜多千草『インターネットの思想史』青土社，2003年
梅田望夫『ウェブ進化論――本当の大変化はこれから始まる』ちくま新書，2006年
J．リップナック＋J．スタンプス『ネットワーキング　ヨコ型情報社会への潮流』日本語版監修，正村公宏，社会開発統計研究所訳，プレジデント社，1984年［原著：1982年］
アラン・カーティス・ケイ『アラン・ケイ』鶴岡雄二訳，浜野保樹監修，アスキー出版局，1992年［原著：1977年］
若林直樹『ネットワーク組織　社会ネットワーク論からの新たな組織像』有斐閣，2009年
J．リップナック＋J．スタンプス『ネットワーキング　ヨコ型情報社会への潮流』日本語版監修，正村公宏・社会開発統計研究所訳，プレジデント社，1984［1982］年
村井　純『インターネット』岩波新書，1995年
渋井哲也『ネット心中』生活人新書，2004年
荷宮和子『声に出して読めないネット掲示板』中公新書ラクレ，2003年
稲葉三千男・新井直之編『新聞学［新版］』日本評論社，1988年
岡田朋之・松田美佐『ケータイ社会論』有斐閣，2012年
中村　功「生活状況と通信メディアの利用」水野博介他『情報生活とメディア』第3章，北樹出版，1997年
夏野　剛『iPhone vs. アンドロイド　日本の最後の勝機を見逃すな！』アスキー新書，アスキー・メディアワークス，2011年
木村忠正『デジタルデバイドとは何か　コンセンサス・コミュニティをめざして』岩波書店，2001年

第6章

藤竹　暁『都市は他人の秘密を消費する』集英社新書，2004年

エリザベス・ボット「都市の家族 —— 夫婦役割と社会的ネットワーク」『リーディングス　ネットワーク論　家族・コミュニティ・社会関係資本』第2章，勁草書房，2006年〔原著：1955年〕

内閣府『平成23年版　子ども・子育て白書』2011年

NHK「無縁社会プロジェクト」取材班編著『無縁社会"無縁死"三万二千人の衝撃』文藝春秋，2010年

G・W・オルポート＆L・L・ポストマン『デマの心理学』南博訳，岩波書店，1958年〔原著：1947年〕

山崎　亮『コミュニティデザインの時代　自分たちで「まち」をつくる』中公新書，2012年

マッキーヴァー『コミュニティ —— 社会学的研究：社会生活の性質と基本法則に関する一般的試論』中久郎・松本通晴訳，ミネルヴァ書房，1975年〔原著：〕

関谷直也『風評被害　そのメカニズムを考える』光文社新書，2011年

S・ミルグラム「小さな世界問題」野沢慎司編・監訳『リーディングス　ネットワーク論　家族・コミュニティ・社会関係資本』第3章，勁草書房，2006年〔原著：1967年〕

M・S・グラノヴェター「弱い紐帯の強さ」野沢慎司，前掲書，第4章

梅田望夫『ウェブ進化論 —— 本当の大変化はこれから始まる』ちくま新書，2006年

山下清美・川浦康至・川上善郎・三浦麻子『ウェブログの心理学』NTT出版，2005年

池尾伸一『ルポ　米国発ブログ革命』集英社新書，2009年

松下慶太『デジタル・ネイティブとソーシャルメディア　若者が生み出す新たなコミュニケーション』教育評論社，2012年

山田　順『本当は怖いソーシャル・メディア　2015年「メディア融合時代」を考える』小学館101新書，小学館，2012年

J・S・コールマン「人的資本の形成における社会関係資本」野沢慎司編・監訳『リーディングス　ネットワーク論　家族・コミュニティ・社会関係資本』第6章，勁草書房，2006年〔原著：1967年〕

白河桃子『震災婚　震災で生き方を変えた女たち　ライフスタイル・消費・働き方』ディスカヴァー携書，ディスカヴァー・トゥエンティワン，2011年

石川幸憲『「フェイスブック革命」の真実　ソーシャルネットワークは世界をいかに変えたか？』アスキー新書，アスキーメディアワークス，2012年

津田大介『動員の革命　ソーシャル・メディアは何を変えたのか』中公新書ラクレ，2012年a

神田敏晶『Twitter革命』ソフトバンク新書，2009年

小川克彦『つながり進化論　ネット世代はなぜリア充を求めるのか』中公新書，2011年

守屋英一『フェイスブックが危ない』文春新書, 2012年
神田敏晶『YouTube 革命　テレビ業界を震撼させる「動画共有」ビジネスのゆくえ』ソフトバンク新書, 2006年
佐々木俊尚『ニコニコ動画が未来を作る　ドワンゴ物語』アスキー新書, アスキー・メディアワークス, 2009年
津田大介『ウェブで政治を動かす！』朝日新書, 2012年 b
中川淳一郎『ウェブはバカと暇人のもの　現場からのネット敗北宣言』光文社新書, 2009年
コグレマサト＋まつもとあつし『LINE なぜ若者たちは無料通話＆メールに飛びついたのか？』マイナビ新書, 2012年
樋口　進『ネット依存症』PHP 新書, 2013年
山岸俊男・吉開範章『ネット評判社会』NTT 出版, 2009年
藤代裕之『ネットメディア覇権戦争　偽ニュースはなぜ生まれたか』光文社新書, 2017年
慎武宏・河鐘基『ヤバい LINE　日本人が知らない不都合な真実』光文社新書, 2015年
ジグムント・バウマン＆デイヴィッド・ライアン『私たちが, すすんで監視し, 監視される, この世界について　リキッド・サーベイランスをめぐる 7 章』伊藤茂訳, 青土社, 2013年［原著：2012年］

第 7 章

浅田　彰『構造と力　記号論を超えて』勁草書房, 1983年
中川淳一郎『ウェブはバカと暇人のもの　現場からのネット敗北宣言』光文社新書, 2009年
中野独人『電車男』新潮社, 2004年
ジョシュア・メイロウィッツ『場所感の喪失　電子メディアが社会的行動に及ぼす影響（上）』安川一他訳, 新曜社, 2003年［原著：1985年］
平野啓一郎『私とは何か「個人」から「分人」へ』講談社現代新書, 2013年
ジャン・ボードリヤール『シミュラークルとシミュレーション』竹原あき子訳, 法政大学出版局, 1984年［原著：1981年］
フェルディナン・ド・ソシュール『一般言語学講義』小林英夫訳, 岩波書店, 1972年［原著：1915年］
ジム・マグウィガン『モダニティとポストモダン文化　カルチュラル・スタディーズ入門』村上恭子訳, 彩流社, 2000年［原著：1999年］
水野博介「都市メディア論⑩「アニメの聖地巡礼」とコミュニティ～アニメ作品をきっかけにつながる若者と住民～」『埼玉大学紀要　教養学部』第49巻第 1 号, 2013年 b, 247－252頁
アラン・ブライマン『ディズニー化する社会　文化・消費・労働とグローバリゼー

ション』能登路雅子監訳，森岡洋二訳，明石書店，2008年［原著：2004年］
鈴木謙介『ウェブ社会の思想 〈遍在する私〉をどう生きるか』日本放送出版協会，2007年
海部美知『ビッグデータの覇者たち』講談社現代新書，2013年
M・フォード『ロボットの脅威 人の仕事がなくなる日』松本剛史訳，日本経済新聞出版社，2015年
伊東 寛『「第5の戦場」サイバー戦の脅威』祥伝社，2012年
吉田純『インターネット空間の社会学 情報ネットワーク社会と公共圏』世界思想社，2000年
村上春樹『1Q84』（BOOK1〜3）新潮社，2009〜2010年
ミッシェル・フーコー『監獄の誕生 ── 監視と処罰』田村俶訳，新潮社，1977年［原著：1975年］
城所岩生『著作権法がソーシャルメディアを殺す』PHPビジネス新書，2013年
神田敏晶『YouTube革命 テレビ業界を震撼させる「動画共有」ビジネスのゆくえ』ソフトバンク新書，2006年
セス・シュルマン『グラハム・ベル空白の12日間の謎 今明かされる電話誕生の秘話』吉田三知世訳，日経BP社，2010年［原著：2008年］

第8章

伊東寿朗『ケータイ小説活字革命論 ── 新世代へのマーケティング術』角川SSC新書，2008年
佐々木俊尚『電子書籍の衝撃 本はいかに崩壊し，いかに復活するか？』ディスカヴァー携書，ディスカヴァー・トゥエンティワン，2010年
マーク・ポスター『情報様式論』室井尚・吉岡洋訳，岩波現代文庫，2001年［原著：1990年］
吉本佳生・西田宗千佳『暗号が通貨になる「ビットコイン」のからくり』ブルーバックス，2014年
ジャン・ボードリヤール『シミュラークルとシミュレーション』竹原あき子訳，法政大学出版局，1984年［原著：1981年］
小林雅一『ウェブ進化 最終形「HTML5」が世界を変える』朝日新書，2011年
吉川尚宏『ガラパゴス化する日本』講談社現代新書，講談社，2010年
鈴木伸元『新聞消滅大国アメリカ』幻冬舎新書，2010年
河内 孝『新聞社 破綻したビジネスモデル』新潮新書，2007年
武田 徹『なぜアマゾンは1円で本が売れるのか ネット時代のメディア戦争』新潮新書，2017年
小林直毅「環境としてのテレビを見ること」田中義久・小川文弥編『テレビと日本人「テレビ50年」と生活・文化・意識』第四章，法政大学出版局，2005年

中川淳一郎『ウェブはバカと暇人のもの　現場からのネット敗北宣言』光文社新書，2009年
西田宗千佳『スマートテレビ　スマートフォン，タブレットの次の戦場』アスキー新書，2012年
梅田望夫『ウェブ進化論──本当の大変化はこれから始まる』ちくま新書，2006年
NHKスペシャル取材班『グーグル革命の衝撃』新潮文庫，2009年
ドン・タプスコット『デジタルネイティブが世界を変える』栗原潔訳，翔泳社，2009年
橋元良明『メディアと日本人──変わりゆく日常』岩波新書，2011年
浪田陽子・福間良明『はじめてのメディア研究──「基礎知識」から「テーマの見つけ方」まで』世界思想社，2012年
ジグムント・バウマン＆デイヴィッド・ライアン『私たちが，すすんで監視し，監視される，この世界について　リキッド・サーベイランスをめぐる7章』伊藤茂訳，青土社，2013年［原著：2012年］

第9章

レイチェル・ボッツマン＆ルー・ロジャース『シェア〈共有〉からビジネスを生みだす新戦略』小林弘人監修・解説，関美和訳，NHK出版，2010年［原著：2010年］
クラウス・シュワブ『第四次産業革命　ダボス会議が予測する未来』世界経済フォーラム訳，日本経済新聞出版社，2016年
竹中平蔵『第4次産業革命！　日本経済をこう変える。』PHPビジネス新書，2017年
小笠原治『メイカーズ進化論　本当の勝者はIoTで決まる』NHK出版新書，2015年
水野博介「ポストモダン文化論①ポストモダン期におけるハイブリッド文化とシミュラークルの諸相」『埼玉大学紀要　教養学部』第51巻第1号，2015年，155-163頁
ジャン＝フランソワ・リオタール『ポストモダンの条件　知・社会・言語ゲーム』小林康夫訳，水声社，1986年［原著：1979年］
池上彰・津田大介『テレビ・新聞・ネットを読む技術』KADOKAWA，2016年
佐々木俊尚『電子書籍の衝撃　本はいかに崩壊し，いかに復活するか？』ディスカヴァー携書，ディスカヴァー・トゥエンティワン，2010年
東浩紀『動物化するポストモダン　オタクから見た日本社会』講談社現代新書，2001年
秋葉原ボーカロイド研究会『初音ミクの謎』笠倉出版社，2011年
烏賀陽弘道『Jポップとは何か　巨大化する音楽産業』岩波新書，2005年
新海誠『君の名は。』角川文庫，2016年
さやわか『AKB商法とは何だったのか？』大洋図書，2013年

〈インターネット〉
内閣府世論調査　www8.cao.go.jp
文化庁ホームページ　www.bunka.go.jp

@nifty ビジネス business.nifty.com
東京国立近代美術館フィルムセンター　www.momat.go.jp
新聞広告の歴史 lovelocal.jp/cm/sinbun.html
Wikipedia　ペニーオークション詐欺事件（2017年3月6日参照）

■事項索引■

3D（化，映画，映像，元年，テレビ） 221-224
ＡＩ（人工知能） 205,206,252
AKB商法 263
ARPA（Advanced Research Project Agency＝高等研究計画局） 143
ARPAネット 143,144
BBS（Bulletin Board System） 174
BS（Broadcasting Satellite） 156
BS放送 96
CATV局 30
CD 89,131,225,259,262-264
CGM（Consumer Generated Media：消費者作成メディア） 180
CM（Commercial Message） 27,30,43,86,91,93,246
CS（Communication Satellite） 156
CS放送 96
CTS（Computerized Typesetting System） 155
ENG（Electronic News Gathering） 31,95
ENIAC（Electronic Numerical Integrator and Computer） 136,137
F.E.N.（Far East Network） 118
GE（General Electric） 46
GHQ（連合国軍総司令部） 90
GS（グループ・サウンズ）ブーム 125

HTML5 229
i-modeサービス 159
IoT（Internet of Thing） 11
iPad 230
iPhone 160,188,230
iPod 132,230
J-WAVE 130
Jポップ 130,262,267
KDKA局 28,85
LINE（ライン） 188,190
LP（Long Play） 124,131
『PPAP（Pen-Pineapple-Apple-Pen）』 261
SNS（Social Networking Servis） 163,179,180,238,246
SNS疲れ 211
SP（Standard Play） 71,124,131
SPレコード 124
T型フォード 50
UGC（User Generated Contents：ユーザー作成コンテンツ） 180
UHF 30
VHF 30
Vチップ 109
web2.0 173,174,231
Windows95 144
YouTube 38,183,215,216,261
β（ベータ）版 257

あ 行

アイドル 129,225,263,266
アイドル戦国時代 129
アウラ（オーラ） 112

アーカイブス 258,259
カセットテープ 132,249,259
アップル社 141,160,188,230
アナログ（analog） 136,219

アニメ（アニメーション） 25,78
アニメの聖地巡礼 203,211
『アバター（Avater）』 222,223
アバター（分身） 177,201,208
アプリケーション（アプリ） 161,188
アベノミクス 7,14
アマゾン 22
アメリカ的生活様式 94
アメリカニゼーション 51
アメリカン・コミック（アメコミ） 111
アラブの春 35,186,187
一億総中流 13
一億総白痴（論,化） 30,154
一家団欒 86,245
移民 73
インスタグラム 240
インターネット・オークション 149
インターフェイス（interface） 20
インフラストラクチャー（インフラ） 158,163
ウィキペディア 35,149
ウェスタンカーニバル 123
ウェブ（WWW） 148
ウェルテル効果 211
ウォークマン 89,132,161
『ウォール・ストリート・ジャーナル』 235
受け手 105
うわさ 163,166,167,170,171,184
うわさ社会 163,166
うわさの公式 168
映画館 62,68,75,87,220
映画産業 73
映画スタジオ 74
衛星放送 156
エスタブリッシュメント 231
絵巻 81

縁 165
演歌 60,113,114,130
演歌師 60,114
炎上 37,190
演説歌 60,113
大きな物語 4,14,200,256
送り手 105
おたく文化 11,250
オープン（・システム） 36,157
折り込み広告（チラシ） 234
オリジナル・ディキシーランド・バンド 117
おり鶴オフ（会） 153
オリンピック 88
オルターナティヴ・ファクト 108
音楽配信 224
オンデマンド放送 241
オンライン化 155
オンラインゲーム 177

か行

街頭テレビ 93
『街頭録音』 90
カウンターカルチャー（対抗文化） 122
科学技術 15
科学的管理 51
課金 246
学園闘争 8,12
寡占 75,243
家族（庭）団欒 95, 161
『カチューシャの唄』 114
活版印刷術 23
家庭メディア 86,95
歌謡曲 89
カラオケ 89
カラー化 72,93
ガラパゴス化 11,229
ガラパゴス・ケータイ（ガラケー） 161,188,229

事項索引 281

かわいい文化　11,250
間欠運動　69,78
監視社会化　249
関東大震災　63,65,86,87
管理社会　110
機械化の原理　67
キー局　30
記号　11,19,228
記号乗り物　19
絆　230
規制　77
既読　192
キネトスコープ（パーラー）　49,69
機能代替　97
『君の名は。』　263
キャプテンシステム　156
キャンプ（基地）　118
キュレーションサイト　233
協同　34
共同研究　200,216
教養　30,243,258
玉音放送　90,130
玉石混交　174,232
近代化　17,112
空想世界（ファンタジー空間）
　　　　　　　　　　207,210
グーグル　149,175,232,247
口コミ　163,166,167,184
クラウド（cloud）　227
クラウドコンピューティング　227
クラウドファンディング　34,38
グランドデザイン　257
グループ・アイドル　129
クローズド・システム　157
軍歌　60,113
軍楽（隊）　60,113
計画生産　255
経済人　101

掲示板　174
啓蒙　29,30,243,258
啓蒙思想　100
系列化　236
劇映画　76
経済大恐慌　61
ケータイ小説　225,260
ケーブルテレビ（CATV）　156
検索エンジン　149
検索サイト　175
言論統制　27
言論の自由　105
工業化　17,44
公共放送　91
広告メディア　27
公衆電話　161
高度経済成長（期）　6,10,94,95
高度情報社会化　10
国民国家　25,29,104
擬似環境　106-108,245
個人視聴化　96
個人主義　99
ご当地アイドル　11
ご当地ヒーロー　11
孤独死　6,166
コミック・ストリップ　79
コミックマーケット（コミケ）　215,261
コミュニティ　170,171,230
娯楽（エンターテインメント）　88
コラボレーション　34,149,200,243,251
コントロール革命　28,42
コンピュータ・ウイルス　150
コンピュータ・グラフィックス（CG）
　　　　　　　　　　222

　　　　　さ　行
サイバー空間（サイバースペース）
　　　　　　　　　　155,207
細分化（セグメンテーション）　243

サイレント映画（無声映画）　68,71
サウンド・トラック　72
サービスエコノミー（経済）化
　　　　　　　　　　　253,254
サブカルチャー　11
産業化　26,70
産業社会　100
三種の神器　94
シェア　33,156,251,253
シェアリングエコノミー　253
時間芸術　67
自国第一主義　13
自殺サイト　151
システム産業　49
システム思考　45,48
視聴率　95,240
シニフィアン（記号形式）　202,227,228
シニフィエ（記号内容）　202,227
シネマ　70
シネマコンプレックス（シネコン）
　　　　　　　　　　　76,221
シネマトグラフ　70
シミュラークル（化，空間）
　　　　　5,201-204,208-210,228,261
シームレス　229,230
社会関係資本（social capital）　177,178
写真銃　69
ジャズ　61,116
ジャズ・エイジ　61
ジャスミン革命　5,186
集合知　34
集合痴　37
集団的営為　212
「集団」的行為　213
集中システム　21,47
自由民権運動　60
受信契約　93
受信料　30,93,240

主体性　100,197,199
"純粋"仮想空間　208,209
ショーウィンドー　56
唱歌　113
蒸気機関　49
商業放送　27,43,86
消費革命　55
消費社会　11
消費的ライフスタイル　17
消費ブーム　54
商品化　117
情報資源　22
情報システム　20
情報社会化　9
情報操作　89,109,139
情報端末　230,247
女優　64
知る権利　105
シールズ（SEALDs）　5
進化　15,256,259
新劇　114
新興住宅地　63
震災婚　179
『真相はかうだ〔＝こうだ〕』　90
進駐軍　118
新聞広告　246
新聞離れ　234
深夜放送　91,127,176
深夜ラジオ　89,91
信頼関係　167
垂直統合システム　28
垂直統合スタジオ・システム　75,242
スウィング・ジャズ　117
スクリーン投影方式　70
スターシステム　74
スタンプ　190
ステルス・マーケティング（ステマ）　190
ストーリー漫画　111

スーパーコンピュータ（スパコン）　206
スマートウォッチ　205
スマート（賢明）化　254
スマート革命　254
スマートグラス　205
スマートテレビ　241,242,246
スマートファクトリー（工場）　254,255
スマートフォン（スマホ）　160,188,204
スマホテレビ局　241
棲み分け　33
スモール・ワールド　179
製作委員会　243
セカンドライフ　176,177,208
接合　34,156,231
接続　155
折衷　32
先願主義　52,216
戦時宣伝　27
鮮人暴動流言　86
相互監視　212
相互乗り入れ　37,155
想像のコミュニティ　176
ソーシャル・メディア　177,180,184,186,236,237,247

た 行

タイアップ　262
大学紛争　9,12
大河ドラマ　94
大衆（mass マス）　25,67,103,105,242
大衆迎合　29
大衆社会（マス・ソサエティ）　11,67
大衆消費（社会，文化）　44,51
大衆新聞（mass paper）　25
大衆宣伝　27,77
大衆文化（マス・カルチャー）　18,58,67,112,242
大衆メディア　29
『タイタニック』　222

タイタニック号事件　85
大本営発表　86,89
第4次産業革命（インダストリー 4.0）　254
大量生産　44,50
宝塚少女歌劇団　63
宝塚大劇場　63
宅配（システム）　29,234,243
多チャンネル化　156
脱工業社会化　9
ターミナル・デパート　63
ダンバー数　164
チェーンメール　150
地球村（the global village）　24,103
蓄音器（プレーヤー）　45,49,130,115
地上デジタル化（地デジ化）　158,244
中間層　9,13,242
中流（層）　9,13
著作権　212,213,215,227
著作者　213
著作物　213
ツイッター（Twitter）　38,151,172,180,192,193,231,237,242
ツイート（つぶやき）　192,194
つながり　34,243
帝国劇場（帝劇）　58
ディズニーランド　204,210
ディズニーアニメ　72
デジタル化　155,157,219,223,225-228,243
デジタルカメラ　221
デジタル・コンピュータ　10,135,136
デジタル・デバイド（情報格差）　162
デジタルネイティブ　247,248
デジタル録音　131
データベース　258-261
鉄道　42,56,62
デパート　55,57,62,68

デモ　5,185-187
テレスクリーン　109,139
テレビアニメ　83
テレビ機能　245
テレビ電話　92
テレビ討論　108
テレビ離れ　96,238,244
電化（生活，製品）　41,59
電気革命　254
電気紙芝居　30,154
電気供給システム　47,58
電子書籍　33,226
電信　53
伝送路（チャネル）　240
電電公社→日本電信電話公社
電灯　68
電波　30,85,92
電報　54
電話　52,84,91
東映動画　83
動画　83
動画投稿　215
同時多発テロ　12,27,175
東部エスタブリッシュメント（支配階級）　73
童謡　60,115
トーキーアニメ　80
トーキー映画　64,72
トーキー化　71
ドキュメンタリー　94,237
独裁者　109
ドクター・キリコ事件（宅配毒物自殺事件）　151
匿名性　212
独立系（インディーズ）　75
特許　52,216
特許料　73
トリクル・ダウン現象　55

取引（transaction）　174
トレンディドラマ　238,262

な 行

ながら視聴　236
流れ作業　50
浪花節（浪曲）　89
『なまくら刀』　83
二項対立　8,32,101
ニコニコ動画　183,184,215,216,245
二次創作　214,215,250,260,261
日劇（日本劇場）　123
2ちゃんねる　153,198
日本音楽著作権協会（JASRAC）　214
日本劇場（日劇）　58
日本テレビ放送網（NTV）　93
日本電信電話公社（電電公社）　156,158
日本放送協会（NHK）　30,86,90
ニューオーリンズ　61,116
ニュースアプリ　244
ニュータウン　63
ニューメディア（時代）　96,156
人間の拡張　22
ネット依存　189
ネット心中　152
ネット同時配信　241
ネット配信　264
ネットワーキング（運動，組織）　141,146,146
ネットワーキング運動　141,145
ネットワーキング組織　146
ネットワーク　20,28,35,48,142,145,164
ネットワーク化　155
ネットワーク研究　172
ノイマン型コンピュータ　137

は 行

配給（網）　75,78
ハイパー消費　13

ハイビジョン（高品位テレビ） 93
ハイブリッド化 32,237,251
ハイブリッド車 32
ハイブリッド・システム 21
ハイブリッド消費 254
ハイブリッド世界 211
ハイブリッド（折衷）文化 8,256,249
ハイブリッド・リーディング 33
バイラル（viral） 189
バイラルメディア化 190
白熱電球 45
バズ（buzz） 189
バズメディア化 190
パソコン通信（パソ通） 142,144,148
パーソナル・コンピュータ（PC）
　　　　　　　　　　　135,140,141
パーソナル・ネットワーク（人間関係）
　　　　　　　　　　　170
バーチャル（仮想）空間 207-210
バーチャル・コミュニティ 171,176
ハッカー（文化・精神） 35,36
ハッカー文化 35
パックス・アメリカーナ 44
パッケージ 224,226,264
バナー広告 246
パノプティコン（一望監視装置）
　　　　　　　　　　　110,212
パブリシティ（無料広告） 46,75,194
パブリックアクセス 106
バラエティ番組 126,239
パラマウント判決 75
ハリウッド 26,61,75,76
ハリウッド映画 73,74,78,242
阪急百貨店 63
万国博覧会（万博） 68
反戦フォーク 126
反知性主義 197
東日本大震災 191,193

ビッグデータ 205,206
ビッグブラザー 109,138
ビットコイン 227
ビデオテックス 156
ビデオリサーチ 95
ビートルズ 123-125,128
ビーバー・ジャスティン 38
日比谷映画街 58
標準時 43
ピラミッド組織 102
ヒルビリー・ミュージック（白人音楽）
　　　　　　　　　　　121,122
貧困（層） 13
ファクトチェック 232
フィルム 220,221
フェアユース（公正利用） 213
フェイクニュース（嘘ニュース）
　　　　　　　　　　　5,232
フェイブック（facebook） 181,182
フェイスブック疲れ 182,232
フェス（フェスティバル） 262
フォーク（ブーム） 126-129
フォーディズム（フォード方式） 50
フォロワー 192
複製芸術 112
武道館 124
富裕層 13
プライバシー（個人情報） 182
フラッシュ・モブ（Flash Mob） 6,186
フラット 9,198
プラットフォーム 34
ブランド化 47
フルアニメ 84
フルカラー（総天然色） 73,80
ブルース 116
フロー 258
ブログ（BLOG） 175
プログラム内蔵方式 137

プログラム・ピクチャー　75
ブロードウェイ　59,61
ブロードウェイ・ミュージカル　59
プロトコル　21,147
プロバイダー　145
プロパガンダ　26,27,77,89,105
文化（カルチャー）　88,91
文化映画　83
文化侵略　78
文化帝国主義　78
分離システム　22
"並行"（平行）仮想空間　208,209
ヘイトスピーチ　6
ページランク　175
ペニーオークション　190
ベビーブーマー　119
ベビーブーム　119
ベビーメタル（Baby Metal）　267
ベルトコンベア　50
弁士（活動弁士）　71
変身　201
邦画　78,242
放送（メディア）　26,43,84
放送技術研究所（技研）　93
報道メディア　31
暴力表現　77
暴力描写　108
ホテル家族　96
ボーカロイド（ボカロ）
　　　　　　214,224,261,265
補完財　253
ポケベル（ポケットベル）　159
保護貿易主義　13
ポスト・トゥルース　4,108
ポータルサイト　149,247
ボードビル　58,71
ポピュラーカルチャー（文化）　11,17
ポピュリズム　29

ホームページ（HP）　148
ボン・マルシェ　55

ま行

マイクロ・コンピュータ　141
マイクロソフト社　142
マイコン　141
マスメディア集中排除原則　235,236
摩天楼　61
漫画映画　82
漫画週刊誌　111
漫才（ブーム）　88,239
マン＝マシーン・システム　21
ミッキーマウス　80
三越少年音楽隊　62
三越百貨店　57,62
ミニテル　157
見逃し放送　241
ムーアの法則　140
無縁死　6,166
無線（電信）　84
メインストリーム　122
メインフレーム・コンピュータ（大型汎用計算機）
　　　135,137,139,140,142,143,206
メタ物語　14
メディアイベント　106
メディア・コミュニケーション　25
メディアミックス　38
メディアライフ　45
メール　149,151,208
もう一つの事実（オルタナティブ・ファクト）　4,232
モジュール（化）　255
モバイル情報端末　162
モラトリアム期　102
モールス信号　84,85
モンタージュ理論　77

や 行

野球　88
ヤフー　175,247
ヤフー知恵袋　37
やらせ（演出）　71
融合　37,155,156,231,250,252,263
遊歩　68
有料化　70
ユダヤ人　73
ユーチューバー　190
ユビキタス（遍在）　10,228,229
ゆるキャラ　11
洋食　64
予備免許第一号　93
弱い紐帯（弱い絆）　172,173

ら 行

ライブコンサート　262-264
落語　88
ラジオドラマ　88
リア充　207
リアル空間　103,106,155,207-209
リアル世界　211
リキッド・モダン（液状化する社会）　249
リゾーム　4
リツイート　192
リテラシー（literacy）　25,247-248
リナックス　35
リーマンショック　233

リミテッドアニメ　84
流行歌　60,115
ルネサンス（文芸復興・人間復興期）　99
冷戦（関係）　8,10,17,43
冷戦体制（米ソ冷戦）　6,138,143
レコード　26,60,71,117,128,130,249,259
レコード会社　61
レース・ミュージック（race music）　121
連続テレビ小説（朝ドラ）　94,239
ロカビリー（・ブーム）　122,123
6次の隔たり　172,179
ロケーション撮影（ロケ）　75
ロケーション・ハンティング（ロケハン）　75
ロック音楽　76
ロックンロール（ロック）　120,122,123,127
炉辺談話　27,77,90
ロングテールの法則　178
ローン制度　51

わ 行

ワイドショー　95
和楽器バンド　267
若者　11,102,119
若者文化　89,91,119
和製ポップス　125,129
湾岸戦争　12,27

■人名索引■

あ 行

アインシュタイン，A.　102,200
浅田彰　197
東浩紀　260,261
アタナソフ，J.V.　136

アームストロング，ルイ（サッチモ）　116
アームストロング，E.H.　85
アンドリーセン，マーク　144
井上一馬　73

梅田望夫　173
ヴェーバー, M.　14,101
ウォズニアック, スティーブ　141
エイゼンシュテイン, C.　77
永六輔　126
エジソン, T. A.　26,44,194,216
エッカート, J. P.　136
エプスタイン, ブライアン　124
オーウェル, G.　5,109,138
岡林信康　127
オルポート, G. W.　168

か 行

川上音二郎　114
キートン, B.　71,74
キャメロン, ジェームズ　222
きゃりーぱみゅぱみゅ　11
キューブリック, スタンレー
　　　　　　138,139,222
久米宏　95
グリフィス, D. W.　71
クリントン, ヒラリー　231
グレイ, E　53,217
ケイ, A.　141
ゲッベルス, J.　90
ケネディ, J. F.　108
五所平之助　64,72
五島慶太　63
後藤新平　87,88
小林一三　63
コール, E.　79

さ 行

西條八十　115
坂本九　126
佐々木俊尚　260
ザッカーバーグ, マーク　181,182
サドゥール, G.　72,73
ジェファーソン, T.　234
渋谷慶一郎　267

嶋正利　141
島村抱月　114
ジャスティン・ビーバー　38
正力松太郎　92-94
ジョージ川口　118
ジョブズ, スティーブ　141,161,230
ジョルスン, A.　72
新海誠　263
瀬尾光世　83
添田啞蟬坊　114

た 行

ダーウィン, C.　102,200
高柳健次郎　93
田中絹代　64,72
チャップリン, C.　71,73,74,76,80
津田大介　180,184
ディズニー, W.　77,80,204
ディラン, ボブ　127
ディーン, ジェームズ　74,119,122
デカルト, R.　15,100,197
手塚治虫　64,83,111
テッド・ホフ　141
寺山修司　211
天皇　90
冨田勲　266
トランプ, D.　4,193,231

な 行

中村八大　118,126
中山晋平　60,115
ニクソン, R.　108

は 行

バエズ, ジョーン　126
橋元良明　248
初音ミク　214,215,224,261,265-267
花菱アチャコ　88
ピケティ, T.　14
ピコ太郎　38,261,262
ヒトラー, A.　27,90

ビーバー，ジャスティン　38
ビル・ゲイツ　142
フェセンデン，R. A.　85
フォード，H.　44,50
フォレスト，L. D.　85
フォン-ノイマン，J.　137
福澤諭吉　246
フーコー，M.　110,211
ブシコー，A.　55
ブラックトン，J.S.　79
プレスリー，エルヴィス
　　　　　　　120,122,123,128
フロイト，S.　101,102
ヘイリー，B.　76,120
ベニガー，J. R.　28,42
ベリー，チャック　120,123
ベル，A. G.　52,217
ヘルツ，H.　85
ベルリナー，E.　130
ベンサム，J.　110,211
ベンヤミン，W.　112
ポスター，マーク　227
ポストマン，L. L.　168
ボードリヤール，J.　5,201,202,204,228
ホリー，パディー　123

ま　行

マクルーハン，M.　22,67,103
政岡憲三　83
真下飛泉　113

松井須磨子　114
マッケイ，W.　79
松下慶太　176,185
マードック，R.　235
マルクス，K.　102,200
マルコーニ，G.　84,85
ミルグラム，スタンレー　172
村井純　147,148
村上隆　250
村上春樹　210
メスマー，O.　79
モークリー，W. M.　136

や　行

ユーミン（荒井由実，松任谷由実）
　　　　　　　　　　　　　265
横山エンタツ　88
吉田拓郎　128

ら　行

リオタール，J.=F.　5,14,256
リースマン，D.　104
リップマン，W.　15,107
リーフェンシュタール，L.　90
リュミエール兄弟（オーギュストとルイ）
　　　　　　　　　　　26,70,76
ルルー，C.　60,113
レオナルド・ダ・ヴィンチ　99
レノン，ジョン　123
ローズヴェルト（ルーズヴェルト），F. D.　27,77,90

＜著者略歴＞

水野　博介（みずの　ひろすけ）

1950年2月	兵庫県尼崎市生まれ
1979年3月	東京大学大学院社会学研究科（新聞学専攻） 博士課程単位取得退学
1990年9月 〜 1992年3月	フルブライト客員研究員として渡米（ペンシルベニア大学及び南カリフォルニア大学の双方のアンネンバーグ・スクールに在籍）
現　　在	埼玉大学名誉教授，明治大学兼任講師など
〈主要業績〉	単著：『メディア・コミュニケーションの理論』 学文社 翻訳：フェスティンガー他著『予言がはずれるとき』勁草書房

ポストモダンのメディア論2.0
～ハイブリッド化するメディア・産業・文化～

2017年4月30日　第一版第一刷発行

著　者　水野博介
発行所　株式会社　学文社
発行者　田中千津子

〒153-0064　東京都目黒区下目黒3-6-1
電話(03)3715-1501（代表）　振替　00130-9-98842
http://www.gakubunsha.com

落丁，乱丁本は，本社にてお取り替えします。　　印刷／東光整版印刷㈱
定価は，売上カード，カバーに表示してあります。　　〈検印省略〉

ISBN 978-4-7620-2725-3
Ⓒ2017　MIZUNO Hirosuke　　Printed in Japan